그럼에도 불구하고 살아갈 이유

그럼에도 불구하고 살아갈 이유

힘겨운 삶에 지친
이들을 위한 철학 처방전

오카다 다카시 지음 | 홍성민 옮김

책세상

일러두기

1. 이 책은 저자의 기출간서《삶의 고통을 뛰어넘는 철학「生きづらさ」を超える哲学》(PHP研究所, 2008)을 대폭 개정하고 제목을 바꿔 펴낸《인생을 살아가기 위한 철학生きるための哲学》(河出書房新社, 2016)을 우리말로 옮긴 것이다.

2. 지은이의 주는 미주로, 옮긴이의 주는 ★ 부호를 써서 각주로 표기했다.

3. 원서에서 권점으로 강조한 부분에는 권점을 표시했다.

4. 책은《 》로, 영화·방송 프로그램·책 속의 챕터는〈 〉로 표시했다.

프롤로그

삶의 고통을 짊어진 사람에게

어려운 시대 상황 속에서 삶의 고통을 짊어진 채 힘들어하는 사람이 늘어나고 있다. 자신이 생각하는 대로, 느끼는 대로 거침없이 생활에 열중할 수 있으면 좋겠지만 그렇게 살 수 없는 사람이 많다.

평소에는 밝고 건강한 사람도 벽에 부딪쳤을 때, 불합리한 처사를 당했을 때, 자신의 노력으로는 어쩔 수 없는 사태에 처했을 때 여러 가지 정신적 고통을 겪는다. 이런 삶에 무슨 의미가 있나 하면서 견디지 못하고 꺾여버리거나 아무리 애를 써도 희망이 보이지 않는다며 좌절한다.

심한 경우, 자신이 누구인지 알지 못해 인생을 살아가는데 망설임과 위화감을 느끼며 어떻게 해야 할지, 어떻게 하고 싶은지 몰라 흔들린다. 스스로에게 자신감을 갖지 못하고 까닭 없이 죄악감과 불안을 느끼는 사람도 있다. 본래라면 서로에게 가장 소중한 존재일 부모와 자식 관계에서 마음의 응어리를 안고 살아가는 사람도 있다. 누가 봐도 부러워할 인생을 살고 있음에도 삶의 공허함과 무의미함에 힘들어하는 사람도 있다. 그런 고뇌의 밑바탕에는 인생을 어떻게 살 것인가 하는 근본에 관한 문제가 얽혀 있다.

고민과 무관한 인생을 살아온 것처럼 보이는 사람도 인생의 한 시기에 마음속 물음에 대한 답을 찾기 위해 어려운 고비를 겪을 때가 있다. 신뢰했던 배우자와의 관계에 절망하거나 인생의 기로에 서서 어디로 나아가야 할지 갈피를 못 잡고 답을 찾다 지쳐버리기도 한다.

그럴 때 사람은 과학이나 논리로는 답을 얻지 못하는 문제, 즉 답이 없는 물음에 직면한다. 수학 문제라면 '답 없음' 이 정답일 수도 있지만 인생의 문제는 그것으로 끝나지 않는다. 답을 찾을 수 없다고 답을 내지 않을 수는 없다. 그것이 인생이다. 인생을 살아가기 위해서는 나름의 선택을 하고 결단을 내리는 수밖에 없다.

자신이 직면한 사태를 어떻게 받아들여야 할까. 어떻게 생각하고 어떤 선택을 해야 할까. 자신에게 닥친 일은 대체 무엇이고 어떤 의미가 있을까. 이 고통을 어떻게 해야 극복할 수 있을까. 어떻게 이 고통을 수용하고 어떻게 생각해야 어렵고 힘든 상황에 꺾이지 않고 살아남을 수 있을까.

그렇게 느끼고 괴로워하고 번뇌하면서 사람은 정답이 없는 문제에 나름의 답을 내려 한다. 정답이 없는 물음을 던지는 것이야말로 철학이며 만물의 영장인 인간만이 가질 수 있는 특성이다. 단, 여기에 필요한 것은 철학하기 위해 철학하는, 학문으로서의 철학이 아니다. 더 절실하게, 아슬아슬한 생존의 끈을 지탱하기 위한, 인생을 살아가기 위한 철학이 필요한 것이다. 사람에게는 빵과 물이 필요하듯 누구에게나 인생을 살아가기 위한 철학이 필요하다. 철학과는 관계없이 사는 사람도 인생을 살아가기 위한 나름의 철학을 갖고 있다.

나는 커다란 시련을 짊어지고 인생의 위기에 직면한 사람들을 만나왔다. 그 과정에서 강렬하게 느낀 것이 있다. 과학적인 접근이나 학문으로서의 의학 지식만으로는 사람을 고통에서 벗어나게 할 수 없다는 것이다. 큰 시련일수록 그것을 극복하려면 형이상形而上의 정신적인 작용이 필요하다. 그런 국면을 과학적 합리주의로 해결하는 데는 명백한 한계가 있다. 아무리 합리적인 논리를 들이대도 상대의 기분을 짐작할 수 없고 도움도 되지 않아 사태를 악화시킬 뿐 아무런 쓸모가 없는 경우도 많다.

예를 들어 '사람은 어떻게 사는 걸까?'라고 과학적으로 물으면, 의학과 생리학은 DNA라는 분자 수준까지 거슬러 올라가서 세포 한 개에도 외부의 스트레스로부터 자신을 지켜내 스스로 유지하려는 시스템이 있다고 설명할 것이다. 세포가 호흡해 에너지를 생성하는 구조, 위험을 피하기 위해 갖춰진 여러 가지 반사 조건, 먹을 것을 얻고 자손을 남기기 위한 본능적인 행동을 일으키는 과정에 대해서도 상세히 설명해줄 것이다.

그러나 살아가기 위한 그런 시스템을 아무리 설명한들 우리가 답을 구하는 물음, 즉 인생을 산다는 것은 무엇인가, 어차피 죽을 존재인 우리가 고통을 받으면서도 살려고 하는 데는 어떤 의미가 있는가 하는 물음에 대한 답이 될 수는 없다.

왜냐하면 그 물음에 합리적인 정답이나 과학적인 해답은 없기 때문이다. 죽고 싶다고 하는 사람에게 죽지 말고 살아야 할 합리적인 이유를 들어 설득하기란 불가능하다. 철학자 루트비히 비트겐슈타인Ludwig Wittgenstein(1889~1951)은《논리-철학 논고Tractatus Logico-Philosophicus》를 "말할 수 없는 것에 관해서는 침묵해야 한다"는 말로 끝을 맺는데, 그에 따르면 합리적인 과학은 죽고 싶다는 사람을 설득할 말을 갖지 못한다. 비트겐슈타인에 의하면 인생의 문제는 말하는 것이 불가능한 문제로, 말을 나열하는 것은 논리적으로는 무의미할 뿐이다.

비트겐슈타인의 이 말은 오늘날 학문으로서 철학이 처한 상황을 단적으로 말해준다. 철학이라는 학문은 이제 인생의 문제에 침묵할 수밖에 없다. 철학은 기묘한 자가당착에 빠져 있다. 엄밀함을 고집한 나머지 자기 입에 재갈을 물리고 말았다. 과학처럼 논리를 내세우려다 보니 답이 정해져 있지 않은 문제에 대해 말하는 것을 스스로 금해버렸다.

그러나 지금 죽을까 살까 하는 문제에 직면해 고뇌하는 사람들에게 논리적으로 무의미하니 어떤 말을 해도 소용없다고 끝낼 수는 없다. 눈앞의 목숨이 위기에 처했는데 침묵할 수는 없다. '죽지 마라', '살아라' 하면서 어깨를 잡고 흔드는 것이 아무 말도 하지 않는 고상한 철학보다 훨씬 도움이될 수 있다. 답이 나오지 않는 문제에 대해서도 자기 나름대로 내린 답을 믿고 부딪치는 수밖에 없다. 그 절실한 신념과 행동은 인간의 본성에 기인한 것으로, 그것이 바로 본래의 철학이다.

철학이 정확함과 정합성을 고집해 침묵하는 것은 잘못을 범하지 않는다는 점에서 안전한 방법일 수는 있으나 현실의 인생에서는 지나치게 겁먹은 행위, 책임 회피로 보이기까지 한다. 한 마디의 말이나 사소한 사고방식에서 구원과 광명을 찾으려 하는 인간의 행위에 애매함이 있다고 해도 답을 내려는 필사적인 노력에 인간이 인간다울 수 있는 진실이 있다. 답이 나오지 않는 물음을 던지는 것, 그리고 애매하더라도 어떤 의미를 끌어내려 하는 것은 인간의 어쩔 수 없는 충동이고 인생을 살아가기 위해 필요한 영혼의 행위인 것이다.

"말할 수 없는 것에 관해서는 침묵해야 한다"고 했던 비트겐슈타인도 논리적으로 무의미하다고 판단한 행위를 전혀 하지 않았던 것은 아니다. 오히려 그만큼 그 행위를 필요로 했던 사람도 없었다. 그는 말하는 것의 한계를 넘어 말을 자아냈다. 말할 수 없는 것에 관해 불완전하지만 어떻게든 말로 표현하려고 함으로써 자기 나름의 답을 찾으려고 했다.

1차대전에 참전했던 이 철학자는 최전선에서 적의 맹공격을 받으며 죽음의 위험에 직면했을 때 직접 쓴 글에서 이렇게 묻는다.

"인간이 자신의 의지를 이해할 수 없고 세계의 모든 고난에 시달려야 한다고 가정해볼 때, 무엇이 그를 행복하게 만들 수 있을까?"

그런 물음을 던진 뒤에 그는 자신의 답을 말했다. 그 답에 대해서는 본문에서 언급하기로 하겠다. 여기서 내가 지적하고 싶은 것은 말할 수 없는 것에 관해 비트겐슈타인은 절대 침묵하려 하지 않았다는 점이다.

나는 이 책에서 삶의 고통을 짊어지고 고난과 불합리한 시련에 직면하면서도 어떻게든 살아가기 위해 정답이 없다는 것을 알더라도 끊임없이 물음을 던질 수밖에 없는 인간, 의미와 용기를 얻기 위해 고투하는 시행착오, 그리고 그것이 다다른 궁극의 지혜를 말하려 한다.

그것은 결코 말로는 표현할 수 없는 것일 수 있으나 거기에 감도는 기분은 느낄 수 있을 것이다. 그리고 같은 고뇌를 공유하는 사람은 그 의미를 알 수 있다. 왜냐하면 지금부터 내가 제시하는 사색과 결단과 행동은 실현성 없는 철학이 아니라 전부 누군가의 실제 인생에서 생긴 현실의 고뇌 속에 있었던 것이며 그 고뇌를 극복하는 데 나름대로 역할을 했기 때문이다. 답이 나오지 않는 물음에 대한 답을 찾아 삶의 고통을 뛰어넘은, 적어도 한 인간을 구제한 살아 있는 철학이기 때문이다.

이 책에는 많은 사람의 삶 속 일화와 기록이 담겨 있다. 유명한 인물을 비롯해 일반인의 사례도 있다. 유명인의 이야기는 출판된 평전, 전기, 서간, 자서전 및 자전적 작품을 토대로 했다. 책의 맨 끝에는 참고하거나 인용한 문헌을 소개했다. 일반인의 사례는 실제 케이스에서 힌트를 얻어 재구성한 것으로, 특정 케이스와는 무관함을 밝혀둔다.

이 책에서 말하는 철학은 도서관에서 먼지를 뒤집어쓴 채 방치된, 흔히 말하는 철학이 아니다. 그런 전통적인 틀에 얽매이지 않고, 삶이라는 시련의 근저에서 사람들에게 실질적인 도움을 주는 철학에 도전한다. 당연히 여기서는 철학 용어만을 고집하지 않는다. 인간의 생생한 절규는 인생을 살아가기 위한 철학을 말하는 것이고, 말로 표현할 수 없는 삶의 모습에는 인생을 살아가기 위한 철학이 드러나 있다.

바꿔 말하면, 말뿐인 철학은 쓸모없다. 말로 할 수 없는 것을 말로 표현하려 할 경우, 말은 그림을 그리는 데 필요한 물감과도 같다. 그런 물감이 과하게 존재감을 드러내면 오히려 그림이 전달하려 하는 바를 방해한다. 물감 자체가 아니라 물감을 매개로 해서 표현된 그림을 보고 무언가를 이해하는 것이 중요하다.

풍요로운 시대가 끝나가고 있다. 가난한 시대, 어렵고 힘든 시대, 과거의 상식이 통용되지 않는 시대가 다시 찾아왔다. 인생을 살아가기 위한 철학, 생존을 위한 철학은 이런 시련의 시대에야말로 더욱 필요하다. 이 작은 책과의 만남이 삶의 고통을 초월해 자신답게 살기 위한 용기와 지침을 발견하는 실마리가 되기를 바란다.

차례

3장 • 자신답게 살 수 없는 사람에게

4장 • '굴레'에 속박된 사람에게

5장 • 자신이 누구인지 모르는 사람에게

6장 • 절망을 희망으로 바꾸는 철학

7장 • 인생을 살아가는 의미를 찾아서

1장

부모와 사이가 나쁜 사람에게

한 통의 유서

내 기억에 선명하게 새겨진 한 통의 유서가 있다. 원고지에 만년필로 쓴 유서에는 혈흔이 생생히 남아 있었고, 한 청년이 짊어진 고뇌와 삶에 이별을 고하는 글이 쓰여 있었다. 마지막에는 오랫동안 어머니를 힘들게 한 것에 대한 사죄의 말과 함께, 그를 지켜주었던 애인에게 전하는 감사의 말이 짧게 남겨져 있었다.

청년은 술과 함께 수면제 브로발린 100알을 입에 털어 넣고 주방의 가스 밸브를 열고는 조용히 바닥에 누웠다. 30분만 늦게 발견되었어도 되돌릴 수 없는 사태가 벌어졌을 것이다. 그러나 다행히 그날따라 불길한 느낌이 들어 가슴이 두근거렸던 애인이 때마침 그의 집을 찾아갔다. 평소와는 다른 낌새를 눈치채고 문을 열고 안으로 들어간 그녀는 가스로 가득한 방에서 혼수상태에 빠진 채 누워 있는 청년을 발견했다. 청년은 이전에도 여러 번 자살을 기도했으나 미수에 그쳤는데 이번에는 그때까지와는 달리 위험한 상태였다. 아무

1장 부모와 사이가 나쁜 사람에게

반응을 보이지 않는 그의 모습을 지켜본 애인은 청년이 죽었다고 생각했다. 유서에 남은 혈흔은 애인이 그를 따라 목숨을 끊기 위해 주방 칼로 손목을 그었을 때 생긴 것이다. 그러나 그 순간 애인은 생각을 고쳐먹고 그를 구하기 위해 피를 흘리면서 구급차를 불렀다.

청년은 이틀 동안 생사를 헤맨 끝에 기적적으로 회복했다. 그때의 후유증으로 몇 년이나 심한 두통으로 고생했지만 그 일을 계기로 무언가가 달라졌다. 이후 그는 더 이상 삶을 포기하려 하지 않았다. 뒤돌아보면 그때가 사실상 마지막 자살 시도가 되었다.

몇 년이 지나 완전히 안정을 찾은 후에도 그는 그 유서를 부적처럼 소중히 간직했다. 청년의 마음속에서 어떤 변화가 일어났고, 이 아슬아슬한 생환이 인생의 터닝포인트가 된 것이다.

청년은 왜 여러 번 자살을 시도했을까. 그런 깊은 절망으로부터 어떻게 삶의 의미를 되찾았을까.

나는 정신과 의사로 일하기 시작하면서 죽음의 충동에 사로잡힌 사람들과 매일 마주하게 되었다. 의사로서 환자를 대하는 상황인 만큼 그 상황에서는 의학적인 진단에 기준해서 대처하는데, 그것만으로는 아무 도움도 되지 않을 때가 있다. 의사와 환자라는 입장을 떠나 똑같은 인간으로 마주해야만 그들의 마음을 이해할 수 있다.

이 청년의 경우를 먼저 소개하는 이유는 내가 의사가 되기 전에 한 인간으로서 만나 알고 지낸 사람이기 때문이다. 아직 의대생도 아니었던 나는 청년을 사로잡고 있는 불안정한 상태를 하나의 증상이나 정신장애로 인식하지 못하고 단순히 인간의 고뇌로 받아들였다.

만약 내가 정신과 의사로서 그를 만났다면 '경계성 인격장애'라는 진단을 염두에 두고 그의 행동과 불안정한 심리를 이해해서 대처했을 것이다. 그러나 그가 안고 있는 괴로움과 고독에 인간으로서 공감하고 때로는 대립하고, 때로는 내가 심적으로 도움을 받으며 그가 자신이 안고 있는 문제를 극복해나가는 과정을 그와 대등한 시선으로 가까이서 공유할 수는 없었을 것이다.

그도 필사적으로 살기 위해 모색했지만 나 역시 자신의 인생을 찾기 위해 필사적이었다. 그와의 대화는 무언가 필연성을 갖고 있었고 그 필연적인 과정이 역할을 다하면서 둘의 인생은 각자의 방향으로 나뉘어 서로 다른 길을 걷기 시작하게 되었다.

이 경우를 언급한 또 다른 이유는 이 청년이 자신이 짊어지고 있었던 심각한 위기를 보란 듯이 극복해 이후의 인생을 의미 있게 꽃피웠기 때문이다.

청년의 이름을 T라고 하자. T는 싱글맘 가정에서 자랐다. 그가 네 살 때 아버지는 집을 나가 다른 여자와 살게 되었다. 원래 아버지와 어머니는 주위의 축복을 받지 못한 결혼을 했다. 어머니는 부잣집 딸로, 부모님의 반대를 무릅쓰고 도망치듯이 아버지와 결혼했다. 그래서 남편이 생활비를 주지 않아도 친정에 손을 벌릴 수 없었다. 자존심이 허락하지 않았기 때문이다.

결혼 전까지 했던 교사 일을 다시 시작할까 생각했지만 어린 아들을 돌보며 생활을 꾸려가야 했기에 그녀는 직원 기숙사의 보모 일을 택했다. 어머니는 미모가 뛰어나서 주위 남자들로부터 구애를 받았고 재혼 이야기까지 있었지만 전부 거절했다.

결혼에 망설인 이유는 아들 때문이기도 했지만 결혼이라면 이제 지긋지긋하다고 여기게 된 탓도 있었을 것이다. 게다가 자신을 버린 남편에 대한 생각도 남아 있었다. 평생 어머니는 재혼하지 않았다.

T는 어릴 적 기억을 말하며 어느 날 밤 잠을 자다 눈을 떠보니 어머니가 무서운 눈으로 자신을 뚫어지게 보고 있었다고 했다. 어린 마음에도 그 서늘한 시선이 자신이 아닌 다른 사람을 응시하는 것이라고 느꼈다. 그는 아버지를 닮았다. 생김새뿐만 아니라 성격도 아버지를 쏙 빼닮았다고 어머

니는 말하곤 했다. 그 어투에서 헤어진 남편에 대한 조소를 느낄 수 있었다. 아들을 최우선으로 생각하고 자신의 인생을 희생했지만 동시에 아들의 모습에서 자신을 버린 남편을 보며 냉소를 짓지 않을 수 없었던 것이다.

T는 공부와 운동에 모두 뛰어나서 교육열이 강한 어머니의 기대에 부응했다. 그런데 중학교 2학년 때부터 자랑스러운 아들이 문제를 일으키기 시작했다. 싸움을 하고 동네 불량배와 어울리는가 하면 연상의 여자를 사귀어 여자 집에 살다시피 했다. 싸움 정도는 너그럽게 봐주었던 어머니도 연상의 여자에게 빠져서 자신을 속이고 만난 아들에 대해서는 냉정해질 수 없었다.

어느 날, 어머니는 중학생인 T를 멀리 떨어진 학교로 강제로 전학시켰다. 아들의 장래를 위해 어머니가 어쩔 수 없이 내린 결단이었다. 어머니와 떨어져 친척 집에 맡겨진 T는 그곳에서 고등학교에 들어갔는데 끝까지 다니지는 못했다. 애인과 강제로 헤어져 낯선 곳에 보내진 그때 일은 청년의 마음에 치유하기 어려운 상처를 남겼다.

그 후에도 T는 우수한 성적을 거두고 운동에서도 두각을 나타냈지만 가는 곳마다 연애 사건을 일으켜 문제아 취급을 당했다. 고등학교 신임 여교사가 T와 육체관계를 가진 것이 발각되어 학교를 그만두자 그는 교무실에서 의자를 휘두르며 날뛰었다. 학교는 사건이 드러나는 것을 막기 위해 T를 퇴학시켰다. 성적 욕구를 채우려 하고 모성적 애정을 갈구하는 마음은 T를 출구 없는 엽색獵色 행각으로 내몰았다. 이런 상황이 20대 초반까지 계속되었다.

처음에는 T에게 매료되어 사랑에 빠진 여성들도 자신들의 사랑이 이루어질 수 없는 궁지에 몰린 것을 깨달으면 예외 없이 모습을 감추었다. 무엇보다 그녀들에게 상처를 준 것은 T와의 성행위가 순간의 쾌락으로 끝나버린다는 것이었다. 그는 상대 여성이 임신해도 절대 출산을 허락하지 않았다. 경제적·사회적 문제보다는 심리적인 문제가 컸다. 그에게 자신의 아이가 생긴다는 것은 말할 수 없는 공포로, 절대 받아들일 수 없었기에 어떤 희생을 해서라도 저지해야만 했다. 상대 여성은 T의 행동을 이해할 수 없었다. 목적 없는 쾌락은 견디기 어려운 수렁으로 변한다. 여러 번 중절 수술을 강요받아 심신에 상처를 입은 여성들은 새로운 인생을 살기 위해 T에게서 떠날 수밖에 없었다.

그러던 시기에 T는 한 여성을 만났다. 그녀가 바로 자살을 기도했던 그를 죽음에서 구한 여성이다. 그녀는 그의 모든 것을 받아들였다. T를 위해 일해서 생계를 책임지고 술값과 유흥비를 대주는 것은 물론, 아기를 갖는 것도 포기했다. 모든 것을 그에게 바치고 헌신했다. 그러나 그런 그녀조차 믿을 수 없었던 T는 생트집을 잡고 기분이 언짢으면 폭력까지 휘둘렀으며, 가리지 않고 다른 여자에게 손을 댔다. 그래도 그녀의 마음이 변하지 않는 것을 깨달은 T는 아닌 밤중에 홍두깨 격으로 어느 날 갑자기 그녀에게 혼인신고서 용지를 내밀었다. 당황한 그녀에게 혼인신고서를 작성하게 한 후 2인용 자전거를 타고 관공서에 가서 제출했다.

T는 시골에 있는 그녀의 친정집에서 살게 되었고 그곳에서 따뜻한 가족의 정을 알게 되었다. 그녀의 아버지는 성실한 장인匠人이었고, 어머니는 모성애가 넘치는 사람이었다. 남동생은 게이였는데 그(그녀?) 역시 상냥해서 T가 위로받는 일이 많았다. 그곳에서 지내는 몇 년간 T는 정신적으로 안정을 찾았고 자살에 대한 유혹도 희미해졌다.

그런 평온한 시간이 흐르고 T는 다시 도쿄로 나가 자기 나름의 인생을 펼쳐보고 싶었다. 아내를 남겨두고 홀로 상경해 어머니 가까이에 아파트를 얻어서 생활하기 시작했다. 당초에는 어머니에게 의지할 생각이 없었는데 오랜만에 다시 만난 어머니가 근처에 살면 좋겠다고 부드럽게 말해서 그도 어머니의 말을 따랐다.

내가 T를 만난 것은 그 무렵이다.

그는 내가 그때까지 인생에서 만난 어떤 사람보다 매력적이고 유쾌했다. 나는 T에게 매료되어 순식간에 친밀한 사이가 되었다. 그런데 그와 가까이 지내면서 그에게는 밝은 얼굴과는 다른 얼굴이 있다는 것을 알게 되었다. 나로서는 도저히 이해할 수 없는 이유로 그는 갑자기 심기가 불편해지고 우울해졌다. 나는 T의 기분이 어머니와의 관계에 좌우된다는 것을 알게 되었다. 기분이 심하게 나빠 침울해져 있을 때는 대개 어머니가 그를 찾아온 후였다. 평소에는 밝은 얼굴인 그가 어머니에 대한 이야기를 하면 어투도 무거워지고 좋은 말이 나오지 않았다.

또 하나 당황스러운 것은 T의 어머니 역시 나와 단둘이 있을 때면 그의 험담을 늘어놓았다는 것이다.

왜 저런 인간과 친구로 지내냐며 자기 아들의 결점을 늘어놓았다. 처음에는 겸손한 분이라 그렇게 말하는 줄 알았다. 그러나 그런 상황이 몇 번이고 반복되다 보니 내 생각이 틀렸다는 것을 알게 되었다. 아들을 진심으로 헐뜯는 그의 어머니에게 당황하면서도 나는 T의 장점을 그의 어머니에게 이해시키려고 이것저것 시도해보았다. T는 어머니에 대해 냉정하게 말했지만 사실 그는 어머니를 필요로 했고 누구보다도 어머니의 인정을 받고 싶어 한다고 느꼈기 때문이었다.

그러나 둘 사이가 가까워지는 것은 애당초 불가능하다는 것을 증명이라도 하듯이 둘 사이에 내가 개입할수록 T와 어머니의 관계뿐만 아니라 T와 나의 관계까지 이상해졌다.

어머니는 T 앞에서 계속 나를 칭찬하며 나만 평가했는데, 그것이 차츰 T의 신경을 날카로워지게 했던 것이다.

내가 떠난 후 모자지간에 여러 번 큰 싸움이 있었던 모양인지 결국 T는 어머니와 헤어졌다. 두 사람이 헤어지지 않았다면 나와 T의 관계가 갈라졌을지도 모른다.

결국 T와 어머니는 멀리 떨어진 다른 곳에서 살게 되었고 서로 안정을 되찾았다. 2, 3년에 한 번 얼굴을 보는 정도라면 T도 불쾌한 기분을 갖지 않고 어머니를 만날 수 있었다. 어머니 역시 독을 내뿜지 않고 웃는 얼굴로 아들과 헤어질 수 있었다. 이 두 사람에게는 모자 관계라는 사실이 너무 무거운 속박이 되어버렸다. 지나치게 짧은 쇠사슬로 이어지는 것은 서로에게 불행이었다.

어느 날 T를 만나자 평소와 달리 기운이 없었다. 원인은 어머니가 아니었다. 아버지와 재혼한 여성이 보낸 편지를 받고 철들기 전에 헤어진 아버지가 병으로 사망했다는 소식을 알게 되었기 때문이었다. 그는 네 살 때 헤어진 이후로 딱 한 번 아버지의 얼굴을 보았다. T는 초등학교 입학 전인가 후에 인편에 들은 주소 하나에 의지해 자전거를 타고 아버지와 애인이 사는 집을 찾아간 적이 있다. 그때 아버지는 무뚝뚝한 얼굴로 아들을 바라보고는 "다시는 여기 오지 마라"고 말했다고 한다. 애인인 여자가 부드럽게 말을 걸어주었지만 T는

　　　　1장 부모와 사이가 나쁜 사람에게

뿌리치듯 그곳에서 뛰어나왔다.

어머니가 일을 그만두고 고향에 돌아가자 그의 생활은 안정을 되찾았다.

그러나 직업을 갖지 않고 아내의 수입에 의존해 은둔형 외톨이나 다름없는 생활을 했던 T가 일을 시작한 것은 그로부터 몇 년이 흐른 후였다. T도 30대 중반이 되었다. 그는 작은 학원을 시작했고 일이 조금씩 궤도에 올랐다. 다시 아내와 살기 시작했어도 아기를 갖는 것만큼은 단호히 거절했던 T였지만 아이들과 어울리는 것만은 좋아했다.

T의 매력이 10대에게 잘 받아들여질 거라고 생각한 나는 기회가 있을 때마다 그에게 입시전문학원에서 일해보라고 권했다. 처음에는 내켜하지 않던 T도 40세 때 사무실 임차 문제로 학원 문을 닫게 되자 어쩔 수 없이 대형 입시전문학원에 원서를 냈다. T로서는 뜻밖에도, 면접 자리에서 당신이 바로 우리가 찾던 인재라는 말을 들으며 그 자리에서 채용되었다. 반신반의하는 마음으로 아이들 앞에 섰는데 1년 만에 그의 인기는 뛰어올랐고, 2년째에는 연 수입 2,000만 엔(약 2억 원)을 버는 몸이 되었다.

생활만 안정된 것이 아니었다. T의 집에는 학원생과 옛 제자들이 모여들어 식사를 하고 때로는 잠을 자고 가기도 했다. 그는 제자들과 마치 대가족처럼 지냈다. 그는 자신을 찾아오는 제자들에게 아버지 같은 존재였다. 자신에게 그런 아버지가 있었으면 좋겠다고 바랐던 아버지의 모습을 그 자신이 연기하고 있는 것 같았다.

그로부터 20년의 시간이 흘렀다. T는 여전히 학생들을 가르치고 있다.

T가 살아온 궤적을 생각할 때면 어릴 적에 그가 짊어졌던 마음의 짐과 빈틈을 완전히 해소하기 위해 얼마나 무거운 고통과 긴 시간을 필요로 했는지 나는 다시 한 번 깨달았다. 죽느냐 사느냐 하는 시련에서 그가 빠져나오지 않았다면 극복할 수 없었을 것이다. 그 상처의 무게를 덜기 위해서는 자신뿐만 아니라 아내마저도 자식을 품에 안는 것을 포기하는 희생을 치러야 했다.

그러나 동시에 T는 인간은 살아가기 위해서 여러 가능성을 시도하고 탐색해 결국 자신을 회복하는 계기를 발견하여 살아갈 길을 찾는다는 것을 자신의 인생을 통해 직접 보여주었다. 마음에 지고 있던 짐과 공허함을 다른 수단으로 채우고 메울 수 있다는 것도 가르쳐주었다. 자식을 갖지 않은 T는 더 많은 아이들의 스승이 되는 것으로써 씻어버릴 수 없었던 부모에 대한 거부감과 이상적인 부모에 대한 갈망을 동시에 해소한 것일지도 모른다.

T가 스스로 목숨을 끊으려 했던 것도 기사회생의 계기

를 얻기 위한 필사적인 도박이었을지 모른다. 그는 나중에 아내가 될 여성에게 발견되어 다행히 살아남을 수 있었다. 그는 그 기적을 계기로 자신은 살아야 할 운명이라고 스스로 되뇌었다. 그러나 항상 그런 행운이 기다리는 것은 아니다. 그때 그는 짧은 인생을 끝냈을지도 모른다.

그렇다 하더라도 대체 왜 T는 몇 번씩이나 죽으려고 했던 걸까.

그런 생각을 할 때 가장 먼저 내 뇌리에 떠오르는 것은 그의 어머니가 보여준 냉랭한 얼굴이다. 그의 어머니는 비난하는 눈빛과 쌀쌀맞은 어투로 아들에 대해 말했다. 어머니에게 인정받지 못하는 아들의 슬픔을 T는 마음속으로 느끼고 있었던 것이다.

염세주의 철학자

T처럼 부모와의 관계로 고민한 인물로는 '염세주의 철학자'로 알려진 아르투어 쇼펜하우어Arthur Schopenhauer(1788~1860)가 있다. 쇼펜하우어는 산다는 것에 강한 위화감과 허무함을 느껴 고뇌한 지극히 현대적인 인물로, 인생을 살아가기 위해 철학을 필요로 했다.

쇼펜하우어는 신경질적인데다 죄악감과 불안을 느끼기 쉽고 우울증에 빠지기 쉬운 기질과 성격을 갖고 있었다. 그렇게 된 데에는 아버지에게서 물려받은 유전적 소질도 있었지만 그가 자란 환경이 그것에 못지않은 영향을 미쳤다. 그리고 이런 영향은 그의 철학 속 비관적 세계관에도 진하게 새겨져 있다.

그는 어머니와 사이가 나빠서 어머니에 대해 말할 때는 저절로 불쾌한 표정이 되었다고 한다. 어머니 역시 신경질적인 아들을 무거운 짐처럼 느꼈다. 어머니는 아들과 떨어져 살 때는 부모다운 애정을 보이기도 했지만 같이 살기 시작하면서 잦은 다툼으로 두 사람의 사이는 완전히 틀어져버렸다. 두 사람은 어느 한쪽이 나갈 때까지 말다툼을 끝내지 않았다. 쇼펜하우어의 센 고집과 불안정함, 그리고 기본적인 신뢰감의 결핍은 어머니와의 살벌한 관계와 깊이 연관되어 있었다.

그런데 왜 쇼펜하우어는 그렇게까지 어머니를 싫어하게 된 걸까. 우선 그 경위를 알아보자. 거기에서 그의 염세주의의 근원이 보일 것이다.

엇갈리는 부부

쇼펜하우어의 부모는 발트 해 연안에 위치해 북해 무역도시로 번창했던 단치히(현재 폴란드 중북부의 그단스크)의 시민계급 출신으로, 거상巨商이었던 쇼펜하우어 집안은 단치히에서 명문가로 손꼽혔다. 아버지 하인리히 플로리스 쇼펜하우어Heinrich Floris Schopenhauer는 자긍심과 독립심이 강한 인물로, 당시 단치히를 수중에 넣으려 했던 프로이센의 프리드리히 대왕에 대해서도 한 치도 양보하지 않는 자세를 보였다. 한편으로 어머니 요한나 헨리에테 트로지에너Johanna Henriette Trosiener는 하인리히보다 스무 살 연하인, 세상물정 모르는 열여덟 살의 아가씨였다.

왜 요한나는 자신보다 두 배 넘게 나이가 많은 남성의 구혼을 받아들였을까. 사실 그 후 요한나는 소설가로 유명해지는데 그 이유를 직접 글로 써서 남겼다. 그 내용에 따르면, 요한나는 목숨을 건 사랑에 실패한 후 거의 자포자기 상태가 되었다. 트로지에너 집안은 재산이나 가문 모두 쇼펜하우어 집안에 미치지 못해서 요한나는 마음의 상처를 잊기 위해 부잣집으로 시집가기로 마음먹었다.

그러나 부부가 되어 보니 스무 살이나 연상에 높은 긍지를 가진데다 처세술에도 뛰어난 남편은 당연히 독재적이었

다. 요한나도 자기주장이 강한 여성이기는 했지만 결혼생활
은 당초부터 남편이 주도권을 잡게 되었다. 요한나는 제멋대
로인 남편의 방식에 불만을 느끼면서도 따를 수밖에 없었다.
특히 그녀를 당황하게 한 것은 첫 출산 때였다. 태어난 아기
는 후에 철학자가 되는 쇼펜하우어인데, 그는 런던 태생의
영국인이 될 뻔했다.

  임신 사실을 알았을 때 요한나는 런던에 있었다. 그녀는
당연히 단치히의 친정에서 출산하기를 바랐지만 남편은 아
내가 런던에서 아기를 낳을 것을 강하게 요망했다. 거기에는
사정이 있었다. 프로이센이 하인리히를 눈여겨보고 있었기
때문에 은밀히 런던으로 이주할 것을 생각했던 터라 자신의
아이가 영국 국적을 갖는 것은 그 상황에서 안성맞춤이었다.
아내가 이국땅에서 임신한 것도 어떤 의미에서 완전히 계산
적이었다. 요한나는 불안했지만 남편의 희망을 받아들였다.
사교에 재능이 있었던 요한나는 런던 생활에도 익숙해져서
친한 친구들도 여럿 생겼다.

  그런데 산달이 다가올수록 이번에는 하인리히가 불안
해했다. 아내가 사교계에서 사랑받는 것에 질투와 소외감을
느꼈기 때문이라고도 하고, 고국을 버린 것에 대한 두려움과
죄악감에 사로잡혔기 때문이라고도 한다. 어쨌든 하인리히
는 몸이 무거운 아내를 마차에 태우고 항구로 가서 배로 해

협을 건너 단치히로 돌아갔다. 당시의 교통 사정을 생각하면 이것은 매우 무모한 행위였다. 남편은 아내와 배 속의 아기를 소중히 하기보다는 자신의 불안을 진정시키는 것을 우선시한 셈이다.

이것은 하나의 상징적인 일이라고 할 수 있다. 남편에 대한 존경은 차츰 불만과 불신으로 변해갔다. 부부 사이에는 아르투어가 태어나기 전부터 메워지기 어려운 골이 생기기 시작했다.

인형 놀이에 질린 어머니

이런 결과는 요한나가 결혼에 응한 동기를 고려할 때 이미 정해졌던 것일지도 모른다. 실패한 연애의 타격을 잊기 위해 다른 상대와 결혼하는 것은 현대에도 있을 법한 일이다. 단, 그런 불순한 동기에서 시작했어도 진짜 애정이 생겨나 행복한 결혼생활을 하는 경우도 있다. 그러나 요한나의 경우는 그렇지 못했다.

요한나는 말년에 자신의 결혼생활을 돌아보며 실패한 결혼이었다고 분명히 말한다. 그녀의 경우 그것을 명확히 자각하고 자신의 인생을 되찾으려 한 만큼 어떤 의미에서 고뇌로부터 해방되었다고 할 수 있을 것이다. 그러나 그것은 아들 아르투어에게는 용서할 수 없는 배신으로 비쳤다.

아직 이 시기에 아르투어는 갓난아기였다. 무조건적인 애정이 무엇보다 필요했다. 그러나 남편을 사랑하기는커녕 사랑하는 시늉조차 하지 않게 된 요한나는 남편과의 사이에서 생긴 아이에 대해서도 냉정한 애정밖에 보일 수 없었다. 그렇다고 해서 아이에게 아예 무관심했던 것은 아니다. 어머니로서의 형식적인 관심은 보였다. 하지만 자신을 희생하면서까지 자식을 위해 헌신하는 것은 인생을 방해받는 것 같아 참을 수 없었다. 요한나는 이렇게 회상한다.

"다른 모든 젊은 엄마와 마찬가지로 나도 나의 새 인형과 놀았다"[1]라고. 그러나 요한나에게는 인형 놀이도 금세 따분하고 지겹게 느껴졌다. 아이에게 얽매이는 것 자체가 숨막힐 것 같았다. 요한나는 아기의 얼굴을 봐도 진정한 기쁨을 찾을 수 없었다. 그녀는 항상 허공에서 눈앞에 없는 다른 것을 보고 있었다.

아버지의 자살과 어머니가 찾은 제2의 인생

단치히가 프로이센에 속하기 직전, 아버지 하인리히는 함부르크로 이주한다. 하인리히는 가히 동물적이라 할 위기 감지 센서를 갖추고 있어서 위기가 닥칠 때마다 간발의 차이로 도 망치는 재주를 보이곤 했다. 때마침 함부르크는 한창 호경기 로, 그곳에서 실수 없이 지반을 구축해 장사는 더욱 번성했 다. 그 후 단치히가 비참한 운명을 걷게 된 것을 생각하면 능 란하고 적절한 판단이었다.

당시 함부르크는 단치히 이상으로 자유로운 무역도시 였다. 쇼펜하우어 집안은 함부르크의 부유층이 사는 일대에 호화 저택을 마련해 화려한 파티를 열며 상류사회에서도 유 명한 존재가 되었다. 어머니 요한나는 육아보다 파티와 사교 에 열심이었다.

반면에 아들은 유복한 생활을 하면서도 마음이 고독했 다. 그의 상대가 되어주는 것은 보모와 하녀였다. 그는 이렇 게 말한다.

어느 날 밤, 산책에서 돌아온 부모는 불과 여섯 살이었던
내가 절망 상태에 빠져 있다는 것을 알았다. 나는 갑자기
부모에게서 영원히 버림받았다고 믿었기 때문이다.[2]

열 살이 되자 아르투어는 교육을 위해 프랑스의 르아브 르로 보내진다. 아버지의 지인 집에서 지내게 되는데, 그곳

에서 그는 처음으로 가정다운 가정을 경험한다. 그는 먼 훗날에도 거기서 보낸 2년을 그리워했다.

아르투어는 열두 살 때 함부르크로 돌아와 아버지의 일을 이어받기 위해 실업에 무게를 둔 상업학교에 다닌다. 그러나 그는 차츰 문학과 예술과 철학에 흥미를 갖게 되고, 학문의 길에 들어설지 사업을 해야 할지 고민하게 된다. 아버지는 당연히 아들이 자신의 사업을 잇기 바랐다. 아버지가 예전의 의욕이 왕성한 아버지였다면 아들의 희망은 일고의 가치도 없었을 것이다. 그러나 다행히 아버지도 나이가 들어서 성격도 원만해졌다. 더욱이 당시 시대 상황이 아버지의 생각을 유연하게 만들었다. 그도 그럴 것이 세계 정세가 불안정해지면서 자유무역도시로 번영을 구가했던 함부르크에 가장 먼저 암운이 드리워지기 시작했기 때문이다. 시대의 흐름에 민감했던 하인리히는 장사를 물려주는 길이 반드시 좋은 결과로 이어지는 것은 아님을 느꼈다. 그는 사업을 접는 것도 고민하기 시작했다.

사업을 접을 거라면 아르투어가 굳이 사업에 뛰어들 필요는 없었다. 이때 아버지는 아들의 마음을 시험해보려고 이렇게 말을 꺼냈다고 한다. 앞으로 장사를 할지 학문을 할지 너 스스로 결정해라. 선택은 네 자유지만 그에 대한 책임도 네가 져야 한다. 학문의 길을 선택하면 지금과 같은 넉넉한 생활은 포기해야 한다. 따라서 이번에 계획한 여행에도 데려갈 수 없다. 아버지는 사업을 접고 여러 나라를 여행하기로 했었다.

아르투어는 고민 끝에 여행에 따라가기로 했다. 학문이 아니라 장사를 선택한 것이다. 여행의 매력을 버리기 어려워서 아버지의 유도에 넘어간 걸까. 아니면 아버지가 학문보다 장사를 선택하기를 은근히 기대하고 있다는 것을 알아차린 결과였을까.

1년이 넘는 긴 여행이 끝날 무렵 아르투어는 우울한 기분에 젖어 있었는데, 아버지와 약속한 대로 함부르크의 다른 가게에서 일하기 시작할 수밖에 없었다. 학문에 미련은 남아 있어서 주위의 눈을 속이고 장사와는 관계없는 책을 읽거나 강연을 들으러 다녔다. 아르투어는 세상 물정에 익숙해지기는커녕 사람을 싫어하는 버릇이 강해져 이전보다 더 침울한 인간이 되었다. 그러나 아버지와의 약속을 어기는 것은 생각도 할 수 없었다. 그런데 그로부터 1년도 지나지 않아 그의 인생을 완전히 바꿔버리는 일이 일어난다.

오랜 여행에서 돌아온 아버지는 컨디션이 좋지 않아 휠체어 생활을 하면서 차츰 우울해져 사람을 만나는 것을 싫어하게 되었고 자질구레한 일까지 걱정하는가 하면 심한 건망증에 걸렸다. 정확한 원인은 알 수 없지만 우울한 상태를 동반하는 치매를 앓았을 수도 있다. 그렇게 쇠약해진 남편을 아내 요한나는 더욱더 귀찮아했다. 그 모습을 냉정한 눈으로 관찰한 아들은 나중에 이렇게 회상한다.

> 나의 아버지는 병을 오래 앓아서 휠체어에 참담하게 고정된 채 늙은 하인이 의무적으로 애정을 쏟지 않으면 완전히 외톨이로 고독하게 지냈다. 아버지가 고독하게 지내는 동안 어머니는 연회를 베풀었다. 또한 아버지가 극심한 고통으로 괴로워하는 동안 어머니는 매일 즐겁게 지냈다. 그것이 여인들의 사랑이다.[3]

그리고 4월의 어느 날 아침, 아버지는 창고 뒤 수로에서 변사체로 발견된다. 그 죽음의 비밀은 오랫동안 덮여 사고사로 다뤄졌지만, 어머니와의 관계가 완전히 깨졌을 때 아들은 어머니에게 편지를 보낸다. 아버지가 자살한 것은 당신 탓이라고.

해방된 두 사람

그러나 아이러니하게도 아버지의 죽음은 아르투어를 의무감이라는 속박에서 해방시켰다. 먼저 본보기를 보인 것은 어머니 요한나였다. 남편이 죽은 지 반년도 지나지 않아서 남편이 남긴 호화 저택과 상점을 처분해 사업 정산에 착수했다. 교외에 임시 거처를 마련하고 남편의 유산을 완전히 정리한 후 제2의 인생을 시작하기 위해 요한나는 견습 중인 아들을 남겨두고 바이마르로 이사를 갔다. 그곳은 당시 독일 문화의 정수가 꽃을 피우고 있던 지역으로, 괴테를 비롯한 문학자와 예술가 들이 살고 있었다.

아버지의 상점이 없어지면 아버지의 일을 잇기 위한 견습 생활도 무의미해진다. 그래도 의무감이 강한 아르투어는 어머니처럼 가볍게 행동할 수 없었다. 아버지가 죽었다고 해서 아버지와 한 약속과 아버지의 소원을 간단히 어기는 것은 그의 방식이 아니었다. 아버지가 죽었기 때문에 그것들은 한층 더 무거운 의무가 되어 그를 속박했다.

아르투어는 마음에 들지 않는 일을 계속했다. 약삭빠르지 못한 그는 아버지를 업신여기는 어머니의 방식에 화가 났고, 아버지에 대한 배신으로 여겼다. 내심 불만과 갈등을 느끼면서도 그는 2년여 동안 함부르크에서 견습 생활을 한다. 이 시기에 그는 아직 울분을 겉으로 드러내지 않고 오히려 어머니의 비위를 맞추기 위해 편지를 쓰고, 어머니가 부탁한 물건을 바지런히 조달해 바이마르에 보낸다. 대도시인 함부르크에 비해 바이마르는 예전이나 지금이나 작은 시골 도시였기 때문이다.

아르투어는 어느 누구에게도 속마음을 털어놓지 못하고 매일을 우울하게 보낸다. 사랑하는 사람이라도 만났다면 그의 인생은 다르게 전개되었을지도 모르지만 애욕에 몸을 맡기기에는 자존심이 너무 강했고 신경질도 심했다.

그런 중에 아르투어는 이런저런 철학에서 구원을 찾으려는 모색을 시작한다. 그러나 이 시기에 그가 만난 어떤 철학도 그를 구원하지 못했다. 결국 이 어중간한 상황에서 아르투어를 구원한 것은 그보다 앞서 탈피脫皮를 이룬 어머니가 보낸 한 통의 편지였다. 거기에는 어머니가 스스로 찾은 인생을 살기 위한 철학이 쓰여 있었다.

어머니가 기나긴 편지를 통해 아들에게 호소한 것은, 한마디로 말하면, 자신의 인생을 건 선택에 자신 이외에 어느 누구도 대신 책임져줄 수 없다, 자신의 진짜 속마음이 무엇인지 정확히 파악해 그것을 따르는 용기를 갖는 수밖에 없다는 것이었다. "자신의 마음을 거스르는 인생을 사는 것이 무엇을 의미하는지 나는 잘 알고 있다."**4**

어머니는 자신이 맛본 고통을 아들에게는 느끼게 하고 싶지 않다고 말했다. 실제 체험을 토대로 한 어머니의 말은 아들의 마음을 움직인다. 어머니에 대해 복잡한 감정을 갖고

1장 부모와 사이가 나쁜 사람에게

있었던 아들도 이때만큼은 어머니의 편지에 눈물을 흘렸다. 아들을 고통으로부터 구원한 것이 아버지와의 애정 없는 생활에서 어머니가 배운 교훈이었다는 것은 모순이었지만, 어머니의 호소를 순수하게 받아들인 것은 결과적으로 아르투어를 속박으로부터 해방시키는 효과를 낳았다. 아버지에 대한 의무감과 죄악감으로 꼼짝도 못 했던 그는 자신의 마음에 따라 행동하기로 결심한다. 아르투어는 상점에서의 견습 생활을 그만두고 학문의 세계로 돌아가게 되었다. 이들 모자도 어느 정도 거리를 두고 있을 때는 좋은 관계를 유지할 수 있었다. 요한나는 뛰어난 조언자로서 아들을 이끌었다.

이렇게 해서 어머니와 아들 모두 과거의 멍에로부터 해방되었는데 인생의 이 방향 전환은 어머니와 아들에게 행운을 가져다준다. 먼저, 어머니와 아들 모두 천직을 만나게 되어서 어머니는 작가로 유명해지고 아들도 철학자로 후세에 이름을 남긴다. 그뿐만이 아니다. 아버지의 사업을 지키려 했다면 그들은 파산했을지도 모른다. 얼마 안 있어 함부르크를 점령한 나폴레옹이 대륙봉쇄령*을 내려 무역이 큰 타격을 받기 때문이다. 게다가 전쟁이 벌어져 시가지는 불타 무

★ 나폴레옹의 대對영국 경제봉쇄정책. 영국과의 통상을 금하고 영국 및 영국 식민지에서 온 상선이 유럽 대륙의 항구에 기항하는 것을 금지했다.

너지고 전염병이 만연하는 죽음의 도시로 변해버렸다. 간발의 차이로 그들은 재산을 지킨 채 무사히 철수해 신천지로 옮겨갈 수 있었다.

어머니의 성공과 위축된 아들

바이마르로 옮겨간 후 요한나는 마치 물 만난 물고기처럼 그곳 문화인들과 교류하며 성공을 거둔다. 당시 정치가이기도 했던 문호 괴테는 요한나를 마음에 들어 해서 종종 그녀 집을 찾았는데 괴테를 만나기 위해 다른 문인들도 몰려들었다. 요한나의 집은 바이마르에서도 가장 인기 있는 살롱이 된다. 요한나는 그런 생활을 한껏 즐긴다. 거기에 작가로서의 재능도 꽃피운다. 그리고 결국 요한나는 독일에서 가장 유명한 여류 작가가 된다.

    반면에 아르투어는 고타의 김나지움*에 들어가 공부를 다시 시작했지만 어머니처럼 잘 풀리지는 않았다. 동급생보다 나이가 많고 성적도 아주 좋아서 주위의 인정을 받기는 했지만 강한 자만심이 화를 불렀다. 교사를 조롱하는 시를

★ Gymnasium. 독일의 중등교육기관으로, 우리의 고등학교에 해당된다.

낭독한 것이 큰 문제로 발전해 학교를 그만두게 되었다. 그 결과, 그는 어머니 밑으로 들어가게 되고 말았다.

어머니의 빛나는 모습을 가까이서 보게 되자 아르투어의 마음에는 질투가 뒤섞인 비아냥거리는 감정이 다시금 커졌고, 기분이 언짢아져서 침울해질 때가 많아졌다. 아르투어는 어머니가 자신에게만 애정과 관심을 쏟아주기를 진심으로 바랐을 것이다. 어머니의 인기가 많아질수록 그는 깊은 소외감을 맛보았고 버려졌다는 느낌을 받았다. 어머니 역시 언짢아하는 아들을 주체하지 못하게 된다. 결국 둘 사이는 틀어지고 차츰 험악해졌다.

다시 어머니와 멀어진 아르투어는 괴팅겐 대학에서 2년을 보낸다. 어머니로부터 거리를 두는 것으로 아르투어는 정신의 안정을 되찾았다. 당초에 아르투어는 의대 소속이었는데 그의 관심은 갈수록 철학으로 향했다. 그리고 자신이 가야할 길을 확실히 알게 되었다. 이 무렵 그는 이렇게 말한다.

삶은 고통이다. 그러나 나는 결심했다, 이 삶을 숙고하는 것으로 이 고통스러운 삶을 살아가기로.[5]

괴팅겐 대학에 있다가, 갓 설립된 베를린 대학으로 옮긴 그는 본격적으로 철학을 연구해 학위를 취득하려고 준비한다. 그런데 전쟁이 시작되어 한동안 바이마르에 돌아가 지내는데, 그것은 꽤 오랫동안 잠잠했던 어머니와의 언쟁의 불씨를 다시 키우는 것이 되었다.

게다가 어머니가 열두 살이나 어린 젊은 공무원 게르스텐베르크와 몰래 사귀기 시작한 것이 모자의 관계를 더욱 악화시켰다. 아르투어는 자신과 어머니의 중간 나이인 남자가 어머니 옆에서 지내는 것을 용서할 수 없었다. 그것은 죽은 아버지에 대한 배신으로 여겨졌다. 옥신각신한 끝에 어머니와 아들은 서로 말도 하지 않게 되었고 어머니는 아들에게 집에서 나가라고 요구한다.

> 너에 대한 나의 의무는 끝났다. 그러니 내 집에서 나가거라. (중략) 나는 더 이상 네 일에 상관하지 않을 거야. (중략) 내게 편지 쓰지 마라. 네가 편지를 보내도 읽지 않을 테고 답장도 안 보낼 테니. (중략) 다 끝났다. (중략) 너는 나를 너무 힘들게 해. 너만이라도 행복하게 살아라.**6**

결국 아르투어는 어머니의 집에서 나왔다. 그 후로 두 사람은 두 번 다시 만나지 않았다. 가끔 편지를 보내도 상대를 비난하거나 상처를 주기 위한 것일 뿐이었다.

그 무렵 아르투어는 일기에 이렇게 쓴다.

우리는 어둠 속에서 살려는 강한 충동에 따라 차례로 깊이 악덕과 죄과罪過로, 죽음과 무無로 향한다. 결국에는 삶의 분노가 거꾸로 자신에게 돌아와 우리도 우리가 선택한 길이 무엇인지, 우리가 바랐던 세계가 어떤 것인지 깨닫게 된다. 우리는 고통과 경악과 공포에 의해 자신에게 다다르고 자신 안으로 들어간다. 고통으로 더 나은 인식이 생겨난다.[7]

이 글을 보면 어두운 염세주의가 그의 마음을 적시기 시작했음을 느낄 수 있다. 소용돌이치는 이 부정적인 감정에 빨려 들어가지 않도록 그는 최대한 의식을 맑게 하려고 애쓴다. 그러기 위해서 고통조차 이용하며 차가운 시선으로 세상을 본다. 그런 고통으로 생겨난 인식 역시 매정하고 냉랭할 것이다. 그러나 아르투어는 이렇게 함으로써 배신당하고 상처받는 것만은 면할 수 있었다.

그는 이렇게 적고 있다.

진정으로 행복한 것은 삶 속에 있으면서 삶을 바라지 않는 자, 즉 삶의 재산을 얻으려 노력하지 않는 자뿐이다. 그렇게 해야만 짐을 가볍게 할 수 있기 때문이다. 기둥 위에 놓인 짐과 그 아래 웅크리고 있는 인간을 상상해보

라. 그가 일어서면 짐은 그대로 그의 어깨에 실린다. 그러
나 자세를 낮춰 몸을 움츠리면 무게가 실리지 않아서 편
해진다.[8]

위 글을 보면 쇼펜하우어 특유의 철학이 싹트고 있음을
확실히 알 수 있다. 쇼펜하우어 철학의 밑바탕에는 어머니
에게 사랑받지 못한 자가 느낀 깊은 절망, 그리고 그 절망
속에서 어떻게 살아가야 할지 고민하는 자신과의 싸움이
있다.

《의지와 표상으로서의 세계》와 그 후

어머니와 결별하고 다음 해부터 쇼펜하우어는 주요 저서
《의지와 표상으로서의 세계Die Welt als Wille und Vorstellung》를 집
필하기 시작한다. 책을 완성한 것은 3년 후의 일이었다.
쇼펜하우어 철학은 칸트의 인식론에서 출발해 그의 철
학적 한계를 극복해나갔다. 칸트에 의하면 우리가 세계를 인
식할 때, 우리의 인식 능력의 형식, 예를 들면 시간과 공간,
인과율에 따라 재구성된다. 즉, 우리가 세계라고 생각하는
것은 우리가 만들어내는 표상일 뿐이다. 우리는 세계 자체를

직접 알 수가 없다. 그것을 두고 칸트는 '물자체物自體'*라고
불렀다.

쇼펜하우어의 철학은 '물자체란 무엇인가'라는 물음에
대한 일종의 직감에서 생겨났다. 쇼펜하우어는 물자체란 살
려고 하는 맹목적인 의지라고 생각했다. 쇼펜하우어가 '의지'
라고 부른 것은 논리가 통하지 않는 어두운 에너지 같은 것
이다. 말과 이미지로 인식하려 해도 이내 빠져나가 버리는,
실체를 알 수 없는 존재다. 우리가 인식할 수 있는 것은 표상
으로서의 세계지만 의지로서의 세계도 확실히 존재해서 그
것을 느끼고 그것에 자극을 받는다. 왜냐하면 의지는 우리
외부가 아닌 우리 내부에 있기 때문이다.

쇼펜하우어의 철학은 지극히 불교적이다. 이 세계가 광
란하는 번뇌와 업보로부터 지배받고 있다고 불교가 보았듯
이 쇼펜하우어는 맹목적인 의지로 말미암아 삶이 고통스럽
다고 말했다. 맹목적인 충동인 의지가 기세를 떨치는 세계를
보는 것이다. 거기로부터 자유로워지는 것은 결코 쉽지 않
다. 불교에서 말하는 해탈이 쉽지 않은 일이듯 말이다. 우리
는 그 거친 파도에 몸을 맡길 수밖에 없다. 할 수 있는 것이

★ das Ding an sich. 칸트 철학의 중심 개념으로, 인식 주관에 나타나는 현상現
  象으로서의 물物이 아니라, 그 자체로서 존재하는 물物이다.

라곤 욕망에 번롱당하지 않도록 금욕에 힘쓰거나 인생을 높은 곳에서 바라보듯이 달관하는 것뿐이다.

즉, 거기서 나오게 된 것이 현실 생활로부터 한 걸음 물러섬으로써 욕망과 감정의 소용돌이에 휘말리는 일을 피하려는 생활 방식이다. 그런 생활 방식은 현실과 농밀하게 관계하는 것을 피함으로써 상처받지 않으려는 삶의 방식이다. 타인과 지나치게 친밀해지려 하거나 애써 어려움에 도전하거나 자신을 완전히 드러내려는 일을 처음부터 하지 않음으로써 실패와 거절당할 위험을 막는 것이다. 그리고 제3자의 시선으로 인생과 세계를 방관함으로써 안전을 확보하는 것이다. 그렇게 하면 어떤 고난일지라도 강 건너 불구경하듯이, 또는 관람석에서 축제를 바라보듯이 느낄 수 있을 것이다.

쇼펜하우어에게는 그런 철학을 만들어낼 수밖에 없는 사정이 있었다. 그렇게 사색하는 것으로 쇼펜하우어는 자신을 자극하는 의지의 맹위로부터 조금이라도 자유로워지려 했다. 그의 철학은 인생을 살기 위한 철학이었고, 살기 위한 행위이기도 했다.

그러나 쇼펜하우어가 자신의 철학을 완성한 순간부터 그의 철학은 인생에서 역할을 다한 것처럼 보인다. 그가 낳은 철학은 그의 일면이기는 하지만 그 자신은 아니었다. 그 후 쇼펜하우어는 자신의 철학을 충실히 실천하지도 않았고 철학의 완성으로 구원을 받지도 않았다. 오히려 그가 말하는 의지의 지배에 끊임없이 놀림당했다. 쇼펜하우어는 금욕하기는커녕 엄청난 대식가였고, 성적 욕구도 그다지 신사적이지 않은 방법으로 처리했다. 몸가짐이 헤픈 여배우나 어린 처녀를 짝사랑해서 농락당하거나 퇴짜를 맞는가 하면 바느질하는 처녀에게 폭력을 휘둘러 고소당해 몇 년간 재판을 받느라 괴로워하기도 했다. 어머니에 대해서도 점점 옹고집이 되어 증오하고 공격하는 정도가 심해졌다. 어머니가 경제적 위기에 빠지자 오히려 복수할 기회로 이용했다.

쇼펜하우어는 그런 말썽과 불쾌한 일을 의지의 맹위라 달관한 채 남의 일처럼 방관하지는 못했다. 그러나 의지에 지배당해 이리저리 휘둘리는 것이 어떤 의미에서 인간의 삶이라면 쇼펜하우어는 그런 삶의 의지에 자신을 일체화시켜 인생의 고락을 맛보았다고 할 수 있을 것이다.

결과적으로 보면 쇼펜하우어의 삶에서 가장 창조적이었던 시기는 어머니와 관계가 나빠져서 심한 언쟁을 벌였던 시기와 일치한다. 아버지의 속박에서 해방된 일 이상으로 어머니에 대한 애정 갈구와, 그것이 충족되지 않는 데에서 오는 격렬한 욕구불만이 그에게 창조적인 에너지를 공급했다. 어머니에 맞서기 위해서라도 그는 홀로 살아갈 수밖에 없었다. 어머니처럼 크게 성공하지는 못했지만 그는 패배를 인정하지도 않았다. 그는 나름대로 자신을 확립하고 자신을 긍정했다. 그런 의미에서 어머니와 갈라서고 반목을 계속한 것이 그에게는 인생을 살아가는 원동력이 된 셈이다.

어쨌든 쇼펜하우어는 많은 위기를 극복하고 노년까지 살았다. 지극히 낙관적으로 살고 있다고 보였던 사람이 자살하는 일도 있고, 자신감이 넘치고 늘 긍정적이며 어떤 어려움도 아랑곳하지 않는다고 여겨졌던 인물이 어이없이 꺾여버리는 경우도 있는 것을 생각하면 그의 염세적인 철학은 역설적인 방식으로 그의 인생을 지켜준 것은 아닐까 싶다. 인생에 아무것도 기대하지 않음으로써 상처받는 것을 피하려는 그의 전략은 어느 정도 성공했다고 할 수 있다. 처음부터 사랑받기를 포기하면 배신당해 낙담할 일도 없는 것이다.

쇼펜하우어의 철학은 인생을 살아가기 위해 어쩔 수 없이 하는 행위로부터 발생했는데, 이런 비관적인 겉모습 뒤에 인생을 살아가기 위한 만만찮은 지혜가 있었다.

젊은 시절에는 완전히 무시당했던 그의 철학도 시간이 흐르면서 좋은 평가를 받게 되었다. 높아지는 성원에 쇼펜하우어 자신도 부끄러워할 만큼 당황해했다. 행복과 성공이 염세주의 철학자에게는 낯간지러웠을 것이다. 그의 철학은 시대를 뛰어넘어 니체와 비트겐슈타인 같은 후세 사상가들에게까지도 큰 영향을 미치게 된다.

자기부정과 죄악감으로
고통받는 사람에게

아버지 어머니가 내 마음속을, 하나의 빛줄기가 지옥 불
처럼 불타는 이 검은 동굴을 들여다볼 수 있다면, 너는 죽
는 게 낫다며 기꺼이 죽게 놔둘 거예요. (중략) 이 정신병
원 전체 ***도, 미래도 현재도 과거도 모조리 불속에 던져
넣고 나도 뒤따라갈 수 있다면…….
나는 ***에서 처음엔 웃는 것을 배웠고, 그리고 우는 것을
배웠어요. ***에서도 배운 것이 있어요. 그것은 저주하는
것이에요.[1]

이 글은 열네 살 때 정신적으로 불안정해져서 치료 시설
에 강제로 들어가게 된 소년이 열다섯 살 때 쓴 편지의 일부
다. 이 소년은 수개월 후에도 어머니 앞으로 다음과 같은 편
지를 보냈다.

저 어두운 마음의 고통이 그대로, (중략) ***에서 체험한
모든 일이 떠올랐어요. 나는 즉시 닥치는 대로 책 몇 권
을 집어 들어 ***에 가서 팔아 권총을 샀어요. 지금은 방

에 돌아왔고 내 앞에는 녹슨 그것이 있어요.**2**

　소년의 어머니는 깜짝 놀라 당장 아들이 지내는 하숙집으로 달려갔다. 소년은 매우 흥분하며 어머니에게 욕설을 퍼부었다.

　정신적으로 불안정한 이 소년을 내가 전에 근무했던 의료소년원*의 재소자라고 해도 이상하지 않을 것이다. 그러나 이 소년은 훗날 노벨문학상을 수상하는 헤르만 헤세Her-mann Hesse(1877~1962)다.

　그 후에도 헤세는 여러 차례 불안정해져서 자살한다고 말하는 바람에 부모를 당황하게 했다. 헤세는 청년 시절에 자살의 위기와 아슬아슬하게 동거하는 날들을 보냈다. 중년이 되어서도 헤세는 여전히 그 상처를 지우지 못하고 여러 번 강한 자살 충동을 느꼈다. 그의 인생은 삶의 고통을 완전히 극복하지는 못했지만 죽음으로부터 간신히 살아남은 역사이기도 했다. 죽음에 대한 유혹으로부터 깨끗이 졸업할 수 있었던 것은 쉰 살 이후의 일이었다.

　헤세는 왜 삶의 고통과 고뇌를 떠안게 되었을까. 그리고

★ 심신에 현저한 장애를 보이는 12세 이상 26세 미만의 청소년을 수용하는 소년원이다. 의료소년원은 일본 전국에 네 곳이 있다.

그것을 어떻게 극복해 살아남았을까. 인생을 살아가기 위한 헤세의 철학은 어떤 것이었을까.

소년이 등에 짊어진 것들

《수레바퀴 아래서Unterm Rad》,《유리알 유희Das Glasperlenspiel》등과 같은 걸작으로 유명한 작가 헤르만 헤세는 1877년 스위스 국경과 가까운 남독일의 칼브에서 태어났다.

헤세가 최초로 기억하는 것은 폐허가 되어버린 오래된 성의 난간 벽에서 숙부가 자신을 높이 들어 올린 순간이다. 세 살이었던 그가 본 것은 끝없이 펼쳐진 나락의 공포였다. 그 후 소년 헤세는 악몽을 꾸면 번번이 빨려 들어갈 것 같은 나락에 대한 공포에 휩싸였다.

살아남은 4형제 가운데 둘째로 태어난 헤세는 키우기 힘든 아이였다. 매일 밤 비명을 지르며 울고, 짜증을 부리며 미친 듯이 화를 내는가 하면 자신의 껍질 안에 틀어박혀 입을 다물어버렸다. 요즘 같으면 발달장애를 지닌 게 아닐까 의심했을 것이다.

아버지 요하네스 헤세Johannes Hesse는 신에 대한 봉사와 복종에 생애를 바치겠다고 결심한 선교사였다. 친할아버지는 의사였는데, 아내가 죽을 때마다 새 아내를 맞아들여 총 세 번의 결혼을 했다. 요하네스는 첫 번째 아내와의 사이에서 태어난 아이였다. 사춘기 시절, 요하네스는 반항과 우울을 반복한 탓에 부모와 떨어져 강제로 김나지움에 들어갔는데 그곳에서 신앙에 눈뜨게 되었다.

남편보다 다섯 살 연상인 어머니 마리 군데르트Marie Gundert는 전도 활동을 하는 경건한 가정에서 태어났다. 마리도 가혹하고 기구한 인생을 살았다. 그녀의 가족은 인도에서 정열적으로 전도 활동을 했고, 마리도 인도에서 태어났다. 마리가 네 살이 되기 직전, 부모는 마리를 데리고 인도를 떠나 유럽으로 돌아왔다. 그런데 부모는 마리를 바젤의 한 시설에 맡기고 다시 인도로 가버렸다. 울며 슬퍼하는 마리를 부모는 과자로 위로하려 했지만 어린 마음에 마리는 강한 분노를 느꼈다. 나중에 마리는 "세상이 나를 속였고, 부모에게 버려졌다는 기분을 느꼈다"고 말했다. 그 후 열다섯 살 때까지 가족과 헤어져 지낸 마리는 규율이 엄격한 여학교에 들어가면서 반항심이 커졌다.

그 상황을 전해 들은 아버지는 마리에게 학교를 중퇴하고 혼자 인도로 오라고 명령했다. 인도로 향하는 배에서 마리는 존 번즈라는 청년과 사랑에 빠진다. 그러나 아버지는 두 사람의 관계를 인정하지 않았고 번즈로부터 연락도 끊어져 마리도 체념할 수밖에 없었는데 사실은 아버지가 번즈의 편지를 전부 없애버렸던 거였다. 마리는 아버지의 바람대로 전도사 청년 찰스와 결혼한다. 찰스와 마리 사이에 아이도 생겼지만 찰스는 병으로 죽는다. 네 살, 한 살짜리 어린 두 아이와 함께 남겨진 스물여덟의 마리 앞에 나타난 것이 스물셋의 요하네스였다.

아이는 태어나면서부터 이미 부모의 유전자뿐만 아니라 그들이 떠안고 있던 역사도 등에 지게 된다. 헤세 역시 부모가 떠안고 있던 무거운 두 역사를 짊어지게 되었다.

집에서 쫓겨난 소년

헤세는 어릴 적부터 기억력이 좋고 읽기 쓰기도 빨랐지만, 문제 행동을 점점 심하게 일으켰다. 무화과를 훔치고, 물건을 고장 내고, 거짓말을 하고, 짜증을 심하게 부리는 등, 그 나이대의 문제아가 할 만한 짓들을 차례로 저질렀다. 그때마다 엄격한 아버지는 벌을 주었고 어머니는 용서를 빌게 했다. 그래서 헤세는 어린 시절부터 자신이 죄를 저지른다는 공포를 느끼게 된다. 부모는 헤세가 연이어 일으키는 문제에만 주목한 탓에 달과 구름을 질리지 않고 관찰하고, 리드 오

르간으로 즉흥곡을 만들어 연주하는 아들의 섬세한 성향에
대해서는 제대로 평가하지 못했다. 헤세의 부모에게 그들의
유년 시절을 돌아볼 여유가 조금이라도 있었다면 자신들이
부모에게 느꼈던 절망을 자식에게 그대로 느끼게 한다는 사
실을 깨달았을 것이다.

그러나 타인에 대해서는 객관적인 시각을 가진 훌륭한
인물도 자기 일과 관련해서는 눈앞의 것밖에 보지 못한다.
자신들의 힘으로 아이를 키우는 데 한계를 느낀 헤세의 부모
는 헤세를 교단의 유치원에 맡긴다. 그곳에서 헤세는 야코프
피스터러Jakob Pfisterer 목사를 만난다. 헤세는 인간적인 따뜻
함을 지닌 이 인물에게서 부모와는 전혀 다른 정을 발견하고
오랫동안 그를 따르게 된다.

집은 헤세가 안주할 수 있는 장소가 아니었다. 애를 먹
던 부모는 헤세를 교단의 남학생 기숙사 학교에 보냈는데,
그곳은 어머니 마리가 인도로 간 부모와 헤어져 지냈던 학교
와 비슷했다. 부모가 멀리 있는 것이 아니라 같은 지역에 살
고 있다는 것만 달랐다. 감수성 예민한 소년은 집에서 쫓겨
났다고 느꼈다. 헤세는 일요일에만 집에 갈 수 있었다. 풀이
죽은 헤세는 집에서 지내는 게 허용된 동생들과 짧은 시간
동안 놀다가 저녁에는 기숙사로 돌아가는 것이었다. 느긋하
고 여유로워야 할 일요일이 그에게는 어수선하고 애잔한 하

루였을 것이다.

　품행이 좋아져서 한동안 집에 돌아가 지낸 적도 있었다. 처음에는 얌전히 지냈지만 헤세는 다시 짜증을 내고 반항을 하기 시작했다. 부모는 그의 행동이 역시나 고쳐지지 않았다며 다시 기숙사로 돌려보냈다. 과연 헤세는 그렇게 나쁜 아이였을까.

　헤세의 부모가 보여준 태도는 오늘날 문제 행동을 일으키는 아이의 부모에게서 볼 수 있는 태도와 매우 흡사하다. 그런 부모들은 "저런 애는 우리 애가 아니다"라고 즐겨 말한다. 아이에 대해 "모르겠다", "필요 없다"고 외면해버리기도 한다. 그러나 부모가 아이를 대하는 방식에도 원인이 있다면 부모 자신이 그것을 깨달아 아이를 대하는 방식을 바꾸지 않는 한, 아이의 행동이 달라지기를 기대하기 어렵다.

　할아버지는 그런 상황을 냉정하게 살피고 헤세의 부모에게 이렇게 말한다. "행동에 전혀 문제없는 아이 때문에 이토록 애를 먹는 너희를 '동정'한다"라고. 할아버지는 헤세의 문제 행동이 자신들이 바라는 것만 인정하려는 부모의 가혹한 성격과 생활 방식 때문에 생겨난 것임을 잘 알고 있었다.

사람에게는 '안전기지'가 필요하다

아이가 안정적으로 성장하기 위해서는 안전기지Secure Base가 되어줄 존재가 필요하다. '안전기지'라는 말을 처음으로 사용한 것은 심리학자 메리 에인스워스Mary Ainsworth로, 그녀는 어머니와의 관계(애착)가 안정된 상태일 때 어머니는 아이에게 안전기지로서 기능한다는 사실을 알아냈다.

아이에게 안전기지가 되어주는 어머니의 특징은, 항상 아이 곁에 있지는 않지만 아이를 배려하고 아이에게 뭔가 곤란한 일이 생겨서 자신을 필요로 할 때는 즉시 응해준다는 것이다. 아이는 어려움에 처했을 때 안전기지에 의지하지만 그럴 필요가 없어지면 자유로운 탐색으로 돌아간다. 안전기지를 가진 아이는 불안을 쉽게 느끼지 않고 탐구심이 있으며 사람들과의 관계도 활발하고 사회성과 지적 발달도 뛰어나다. 이런 특징은 생존하는 데에도 유리하다.

아이뿐만 아니라 어른에게도 안전기지라는 존재는 마음을 안정시켜주고 스트레스와 시련으로부터 지켜준다. 안전기지에 대한 사람의 욕구는 매우 강렬한데, 안전기지를 갖는 것이 생존에 그만큼 중요하기 때문이다.

작가 엘리 위젤Elie Wiesel(1928~2016)은 자신이 10대 때 아우슈비츠 강제수용소에서 겪은 경험을 바탕으로, 10여 년이 지나 《나이트Night》라는 작품을 완성시켰다.

그는 아우슈비츠에 도착하자마자 어머니, 여동생, 할머니와 헤어졌는데 어린 여동생과 연로한 할머니는 그대로 사망했고, 어머니도 얼마 지나지 않아 죽었다.

어린 엘리가 살아남을 수 있었던 이유는 아버지와 함께 있었기 때문이다. 아버지도 마찬가지로, 아들을 지키기 위해 살아남아야 했다. 자신이 살아서 아들을 지키는 것이 사명이고 책임이라 생각했다. 아버지가 생존할 수 있었던 이유는 그것이 전부가 아니었다. 아버지 역시 아들로부터 평온과 용기를 얻었다. 얼마 안 되는 빵을 서로 양보하며 아들과 아버지는 자신이 굶주리는 것보다 상대가 죽는 것을 더 두려워했다. 두 사람은 서로 눈앞에 없으면 불안해서 견딜 수 없었다. 이것은 애착이라는 현상으로밖에 설명할 수 없는데, 애착을 갖는 대상을 가까이서 느끼는 것이야말로 안심감의 원천이다.

아이에게 이런 경향이 심해서 불안이 강해지면 아이는 부모 곁을 떠나려 하지 않는다. 애착을 갖는 존재에 달라붙어 있으려고만 한다. 어른도 마찬가지다. 몸의 상태가 좋지 않을 때나 스트레스를 받았을 때 어른 역시 애착 행동을 하는 것으로 마음의 안정을 찾으려 한다.

스트레스를 받았을 때 속마음을 털어놓을 수 있는 친한

친구와 술을 마시거나 어리광을 받아줄 사람에게 메일을 보내거나 전화를 하는 것도 불안을 진정시키기 위한 애착 행동이다. 평소에는 배우자에게 어리광부리지 않는 사람도 몸이 아플 때는 배우자가 부드럽게 위로해주길 기대한다.

엘리 위젤의 아버지도 자신이 병으로 자리에 누웠을 때 아들이 곁에 있어주기를 바랐다. 그러나 그들이 있는 곳은 강제수용소였다. 빈사 상태에 빠져 아들을 그리워하고 아들의 이름을 부르던 아버지가 얻은 것은 간수가 가한 몽둥이 일격이었다. 위젤은 간수가 휘두르는 폭력이 두려워서 아버지 곁에 가지 못한 것에 대해 평생 죄의식을 갖고 살았다.

안전기지의 조건

안전기지가 제대로 기능하기 위해서는 몇 가지 조건이 필요하다. 먼저, 아이의 안전을 위협하지 않아야 한다. 학대는 안전기지와는 정반대되는 말이다. 그러나 언뜻 좋은 부모라고 생각되는 경우에도 안전기지로서 기능하지 못하는 경우가 있다. 부모의 가치관과 규범을 지나치게 강요하는 경우다. 아이의 자유로운 주체성이 침해당해 적대적인 가정환경이 되어버리는 것이다.

안전기지란 스트레스와 위험을 느꼈을 때 뛰어 들어갈 수 있는 피난 장소다. 의지하고 싶을 때 의지할 수 있어야 한다.

안전기지로서 의지했던 존재가 거꾸로 그 사람을 필요 이상으로 억제하거나 요구하지 않은 조언과 지도를 해서 행동을 구속하면 그 이유가 아무리 선의에 의한 것이어도 안전기지와는 다른 양상을 띠기 시작한다. 하물며 기대려고 하거나 대가를 요구하거나 지배하려고 하면 더 이상 안전기지가 아니라 '위험기지'가 되어버린다. 어려울 때에도 편하게 의지할 수 없게 되므로 도움 청하기를 망설이거나 다른 의지 상대를 찾으려 할 것이다.

아이가 부모와의 관계를 마음 편한 관계라고 느끼는 경우, 부모는 이런 요건을 만족하는 안전기지로 기능한다. 부모가 아이를 구속하지 않고, 아이에게 어떤 대가도 요구하지 않고 강요도 하지 않는다면 아이는 안심하고 부모에게 의지할 수 있다. 안전기지가 필요 없어지면 아이는 자신감을 갖고 자기가 원하는 활동을 할 수 있다. 구속하지 않는 관계가 신뢰를 동반한 깊은 관계를 만들어 아이를 지켜줄 수 있다. 굳이 부모와 자식 관계가 아니어도 안전기지가 되어줄 존재를 만나는 것은 인생의 보물을 얻는 것과 같다.

2장 자기부정과 죄악감으로 고통받는 사람에게

열네 살의 위기

안전기지를 갖지 못한 아이는 안심감이 결여된 채 불안정한 정서 상태를 보이거나 다양한 문제 행동을 일으킨다. 그런 상태를 '애착장애'라고 하는데 헤세는 애착장애를 일으켰다고 할 수 있다. 헤세의 부모는 사회적으로는 훌륭한 사람들이었지만 헤세라는 한 아이에게 좋은 안전기지가 되어주지 못했다.

가족과 살게 되고 열두 살이 되었는데도 헤세는 전혀 차분해지지 않았다. 오히려 부모가 내린 지시에 반발해서 혼나고 벌 받고 울면서 용서를 구하는 일을 매일처럼 반복했다. 어떤 때는 불장난까지 했다. 헤세는 어릴 적부터 성냥불에 매료되어 바라보는 습관이 있었다고 한다. 때로는 갑자기 화를 내며 폭력을 휘두르기도 했다.

그러나 학교 성적은 월등해서 '신동'으로 불렸는데, 이런 면이 부모의 일방적인 기대를 키우는 꼴이 되었다. 헤세는 신학교에 들어가 성직자의 길을 걷도록 사전에 정해져 있었다. 그 후 헤세가 한층 더 '문제아'가 된 배경에는 부모의 이런 일방적인 기대와 강요가 그를 궁지로 몰아넣은 측면이 강하게 작용하고 있었다.

헤세는 열세 살이 되자 신학교 입학 시험을 치르기 위한 준비 과정으로, 괴핑겐의 라틴어 학교에 들어간다. 집을 떠나 하숙 생활을 시작하자 헤세의 문제 행동은 거짓말처럼 사라졌다. 다음 해에는 신학교 입학 시험에 합격했는데, 이것이 새로운 위기의 시작이 되었다. 신학교 생활은 순조롭게 출발하는 듯 보였다. 헤세가 부모와 가족에게 보낸 편지에는 밝은 소식만 쓰여 있었고 어디에도 곧 다가올 폭풍의 징후는 찾아볼 수 없었다. 그러나 3월 초, 차가운 비가 내리던 날 헤세는 갑자기 학교에서 사라져버린다.

다음 날 비에 흠뻑 젖은 채 웅크리고 있는 헤세를 경찰이 발견했는데 몸은 무사했지만 헤세는 그 전의 헤세가 아니었다. 학업을 계속할 수 있는 상태가 아니라서 어머니 마리는 헤세를 지인인 블룸하르트 목사에게 데리고 갔다.

목사에게 맡겨진 헤세는 순식간에 건강을 회복한 듯 보였지만, 그것은 성급한 기대였다. 헤세는 그곳에서 알게 된 일곱 살 연상의 여성을 사랑하게 되었는데, 이 때문에 주위 사람들에게 건강을 회복한 것처럼 비친 것이다.

그러나 사태는 갑자기 바뀌어, 사랑에 실패해 절망한 헤세는 권총으로 자살을 시도하려 했다. 블룸하르트 목사는 몹시 분개하여, 허둥지둥 달려온 마리에게 즉시 정신병원에 헤세를 입원시키라고 말했다.

그런데 의사는 정신병원에 입원시키기 전에 다른 선택

지도 생각해보는 것이 좋다고 조언했다. 병원 대신에 헤세가 보내진 곳은 중증 지적장애아를 위한 시설이었다. 오래된 성을 개축한 감옥 같은 시설에 갇히게 된다는 것을 안 헤세는 우물에 뛰어들어 죽을 거라며 자포자기 상태가 되었다.

　하지만 아이러니하게도 이 시설에서 지낸 한 달이 그의 마음을 순식간에 치유하게 된다. 헤세는 정원을 손질하고 장애가 있는 아이들을 돌보면서 자신이 인정받고 받아들여졌다고 느낀다. 무조건적인 수용이야말로 그가 줄곧 진정으로 원했던 것이다.

위험기지가 된 부모

이렇게 해서 헤세는 완전히 건강을 되찾아 집으로 돌아왔다. 하지만 부모와 함께 지내자 헤세는 다시 우울해지기 시작했다. 그는 다른 김나지움에 편입하려 했으나 말썽을 부린 전력을 가진 학생을 받아주는 곳은 없었다. 헤세는 침울해져서 장래가 막힌 자신을 가족도 귀찮아한다고 느꼈다. 입을 다문 채 마음을 털어놓지 않는 헤세를 아버지는 다시 시설로 돌려보냈다. 그러나 헤세는 처음 시설에 보내졌을 때보다 더 거칠어졌다. 이때 헤세는 가족에게 보낸 편지에, 자신은 죽기를 바라며 미래와 현재, 과거를 전부 불 속으로 던져넣고 싶다는 저주의 말을 썼다. 그리고 권총을 사기 위해 7마르크를 보내달라는 말로 편지를 마무리했다.

헤세는 선교사인 부모의 마음을 가장 아프게 하는 말을 닥치는 대로 쏟아냈다. 그 정도로 깊은 상처를 받은 것이다.

부모는 헤세가 어렸을 때 잘 따랐던 피스터러 목사에게 아들을 맡기기로 결심한다. 헤세는 목사와 한 달을 지내면서 안정을 되찾았고 공부를 계속하고 싶다는 생각까지 하게 되었다. 그래서 다시금 김나지움 편입을 목표로 시험 준비를 하기 위해 칸슈타트로 거처를 옮긴다. 그러나 공부를 시작하자 헤세는 다시 불안정해져서 책을 팔아 권총을 사고 자살을 암시하는 편지를 집에 보내 어머니를 당황하게 만드는가 하면 나쁜 친구를 사귀고 술집에 틀어박혀서 공부를 제대로 하지 않았다.

하지만 어떤 의미에서 이 시기가 큰 전환점이 되었다. 헤세는 부모의 기대에서 벗어나 이탈함으로써 자신을 구속했던 모든 것을 깨려고 했기 때문이다.

만일 내가 작년의 일로, 실망과 사랑의 고통으로 슬퍼한다거나 자살하려 했던 것을 후회해 괴로워하고 있다고 생각한다면 착각입니다. 세계, 사랑, 예술, 인생, 지식 등과 관련해서 나의 이상이 무너진 것에 대해서는 슬퍼하지 않아요. 왜냐하면 그런 꿈과 사랑받고 싶은 바람은 전부 쓸모없고 시시하니까.**3**

이렇게 말함으로써 결국 헤세는 오랜 세월 자신을 지배해온 가치관을 전부 무無로 돌려버리려 한 것이 아닐까. 지금까지 자신을 구속했던 모든 것이 무의미했다고 선언함으로써 그것으로부터 자유로워지려 했을 것이다. 아무리 훌륭한 가치관일지라도 자기 선택이 아닌 부모의 선택이라면 인생을 살아가는 데 방해가 될 뿐이다. 부모가 지어준 옷을 벗어버리지 않으면 자기가 본래 원하는 삶을 입을 수 없기 때문이다.

하지만 오랜 세월에 걸친 부모의 지배는 강력해, 외적인 측면뿐만 아니라 내적인 측면에서도 힘을 미쳐 구속한다. 무엇보다 부모에게 인정받고 싶다, 사랑받고 싶다, 부모를 슬프게 하고 싶지 않다는 아이의 바람이 부모의 가치관에서 벗어나는 것을 어렵게 한다. 그러나 거기에서 벗어나지 않으면 마음은 질식당해버린다. 사람은 자기 자신으로 살기 위해서 부모를 부정하고 부모로부터 주어진 가치를 부정하고 그것을 몸에 걸친 자신조차 일단 부정해야 한다. 그렇게 하려면 목숨을 걸 만큼 죽을힘을 다할 필요가 있다. 그러지 않으면 부모도 납득시킬 수 없고 자신도 벗어날 수 없다. 이제까지 집착했던 것을 끊고 일단락을 지어 새로운 출발을 할 수도 없다.

헤세가 학교생활을 그만두고 자살하려 했던 것도, 학교에서 이탈해 모든 것을 내던지고 방탕한 생활을 하게 된 것도 다른 관점에서 보면 자기 자신의 인생을 살아가기 위한 방법이었다. 진정한 자신으로 살아가기 위해 사람은 과거의 자신을 묻고 죽으려고까지 하는 것이다.

그런 과정은 상징적인 죽음을 통해 짧은 기간에 극적으로 이루어질 수 있다. 하지만 가슴에 품고 있는 것이 무겁고 자신을 강하게 구속할 경우에는 오랜 세월을 거쳐 여러 번 위기를 겪으면서 차츰 달성되기도 한다.

부모의 기대에 응하는 착한 아이인 자신을 묻어버리는 것은 괴롭고 슬픈 시련이다. 자칫 잘못하면 정말 목숨을 잃을 수도 있고 타인에게 큰 피해를 줄 위험도 있다. 부모가 자녀의 고통, 슬픔의 의미를 깨닫고 자녀가 벗어던지려 하는 것에 대한 집착을 함께 극복할 수 있다면 그 과정은 훨씬 순조로울 것이다. 그러나 부모가 집착을 버리지 못하고 자녀에게 배신당했다는 생각에 피해자처럼 행동한다면 그 과정은 그야말로 난산이 된다. 고통만 커지고 그 과정은 전혀 진행되지 않는다.

헤세의 경우에도 그 과정은 평범한 방법으로는 해결되지 않았다. 그의 부모는 아들에 대한 일방적인 기대에서 쉽게 벗어나지 못했다. 그런 기대가 소용없다는 것을 알면서도 아들이 자신들의 기대를 저버렸다는 생각에서 벗어나지 못했다.

힘들게 겨우 입학한 김나지움을 헤세는 반년 만에 중퇴하고 만다. 그곳 생활도 결국 그가 바랐던 생활이 아니었다. 김나지움을 졸업하고 대학에 진학할 수 있으리라 기대한 부모도 현실을 받아들이지 않을 수 없었다. 헤세도 자신이 낙오자라는 사실뿐만 아니라 부모의 기대에 응하지 못했다는 사실에 더욱 깊은 상처를 입었다. 이때 받은 충격은 오래 지속되어서 헤세가 느끼는 이유 없는 죄악감의 한 요인으로 작용하게 되었다. 그리고 학업을 포기해 대학에 가지 못한 것은 콤플렉스가 되어 오래도록 그를 따라다녔다.

기계공 헤세

정규 교육과정에서 벗어나 학문으로 성공하는 길도 막혀버린 헤세에게 부모는 더 이상 큰 기대를 하지 않게 되었다. 헤세는 서점의 견습 점원으로 일하기 시작했으나 이내 견디지 못하고 사흘 만에 모습을 감춰버린다. 헤세는 집으로 끌려 돌아왔지만 어슬렁거리며 아무 일도 하지 않고 시간을 보냈다. 헤세는 중증 지적장애아를 위한 시설에 있을 때 재미를 붙인 정원 가꾸는 일을 하거나 할아버지가 남긴 문학과 동서양의 철학, 신비 사상에 관한 책을 섭렵했다. 아버지의 눈에는 그런 아들이 성실하지 못한 게으름뱅이로 보일 뿐이었다. 두 사람이 얼굴을 마주할 때면 험악한 공기가 흘렀다. 아버지만이 아니었다. 가족 모두가 헤세를 노골적으로 멀리했다.

그 무렵부터 헤세는 작가가 되고 싶다는 꿈을 꾸기 시작했는데, 아버지는 그런 허튼소리에는 귀를 기울이지 않았다. 헤세는 8개월 정도 아무것도 하지 않고 지내다가 이듬해 6월부터 시계탑의 시계를 조립하는 작은 공장에 일하러 나가게 되었다. 헤세는 뜻밖에도 그 일이 마음에 들었던 모양이다. 그때까지와는 딴판으로 규칙적인 생활을 했고 일을 마치고 돌아오면 독서를 하고 편지와 시를 쓰는 데 전념했다. 헤세는 스스로 '기계공 H. 헤세'라고 편지에 서명하는 등, 그 생활에 만족해했다. 화려하지는 않지만 오랜만에 찾아온 평온한 삶 속에서 심신의 건강을 되찾았다. 이처럼 틀에 박힌 듯 규칙적인 일도 안전기지를 대신할 수 있다.

그러나 건강해지고 마음에 여유가 생기면서 기계공의 일이 본래 자기가 원하던 일이 아니란 것도 분명해졌다. 헤세는 또다시 자신이 의도하지 않던 일을 하게 되었다는 생각에 사로잡혔다. 때로는 브라질과 인도로 가려는 엉뚱한 계획을 진지하게 생각하기도 했다. 두통이 일고 기분이 우울해질 때도 많았다. 이렇게 되자 더 이상 일하는 것은 무리였기에 헤세는 친절한 주인에게 일을 그만두겠다고 말했다.

헤세는 그 전과는 달랐다. 자신이 진심으로 하고 싶은 것이 무엇인지 알고 있었다. 그는 작가가 되고 싶었다. 그리고 작가가 되기 위해서 책을 다루는 일을 하고 싶었다. 그는 신문에 일자리를 구하는 광고를 냈고, 튀빙겐에 있는 서점에서 연락이 왔다. 그는 그 서점에 서류를 보냈고 채용되었다.

그리하여 헤세는 자신의 길을 향한 여행을 떠나게 된다. 그 서점에서 헤세는 3년간의 견습 기간을 마치고 최초로 자립에 성공하면서 시집을 출판하는 기회를 얻게 된 것이다.

자유로워지기 위한 대가

그러나 헤세가 어렵게 처녀 시집을 출판했을 때 어머니는 아들이 하는 일을 신에 대한 배신과 타락으로 여겼다. 그 일을 평가하고 격려해주기는커녕 오히려 비난했다. 헤세는 우울했다. 아들과 화해하지 않은 채 어머니는 4년 후 세상을 떠났다. 따라서 헤세가 어머니에게 인정받을 기회도 영원히 사라졌다.

헤세의 인생에 감도는 우수와 죄의식은 부모에게 인정받지 못한 자의 슬픔에서 비롯되었다. 부모의 기대를 저버렸다는 마음속 부담이 늘 그림자처럼 그를 따라다녔다.

헤세의 부모는 신앙과 전도를 위해 한평생을 산 사람들로 의무감과 사명감이 아주 강했다. 스스로에게 신에 대한 헌신을 요구했을 뿐만 아니라 아들 헤세에게도 마찬가지로 그럴 것을 요구했다. 그의 부모에게는 그것이 당연한 일이었다.

부모는 공부를 잘했던 헤세에게 큰 기대를 걸었다. 헤세는 신학교에 가서 아버지 일을 이어받도록 정해져 있었다. 그러나 헤세는 지극히 자유로운 인간이었다. 자유를 빼앗기고 의무감에 구속되는 것은 그것이 비록 신에 대한 헌신을 위한 것일지라도 견딜 수 없었다. 신이라는 절대적인 가치를 부모가 제시할수록 헤세는 더욱 괴로워했다. 부모의 뜻을 어기고 자신을 확립하지 않으면 안 되었을 뿐만 아니라, 신의 뜻을 거스르는 자신을 자책하게 되었기 때문이다.

심리적으로 부모에게 지배받은 사람은 강한 죄악감과 자책감을 품기 쉽다. 부모의 뜻을 거스를 때마다 "미안해요, 어머니" 하고 사과하며 성장한 아이는 자신을 가치 없고 몹

2장 자기부정과 죄악감으로 고통받는 사람에게

쓸 인간이라고 생각하게 된다. 성공할 것을 믿고 앞으로 나아가기보다, 실패해서 비난받을 거라는 생각 때문에 자유롭게 도전할 힘과 용기를 갖지 못한다.

하지만 부모의 주술에 걸렸다고 해도 헤세는 부모가 원하는 길이 아닌 자신이 원하는 길을 걸으려고 애썼다.

왜 헤세는 신학교에서 갑자기 사라져 하루 종일 빗속을 헤매야 했을까? 왜 학교에서 이탈해서 감옥 같은 시설에 보내질 만큼 자신을 막다른 지경까지 내몰았을까? 왜 애써 입학한 김나지움을 겨우 반년 만에 그만두었을까?

그 이유는 헤세가 부모가 아닌 자신이 원하는 길을 걷고자 했기 때문이다. 자신이 원하는 인생을 살기 위해서는 그런 결심이 필요했던 것이다.

결과적으로, 그런 모든 것이 타락인 동시에 새로운 시작이었다. 좌절과 실패는 부모의 주술에서 해방되는 데 큰 도움이 되었다. 신경쇠약에 걸려서 시설에 보내진 것도, 신학교와 김나지움을 중퇴한 것도 아들이 성직자가 되기를 바라는 부모를 단념시키기 위해서 필요한 일이었다. 부모가 헤세에게 가졌던 큰 기대를 포기하자 그는 비로소 처음으로 자유로운 몸이 될 수 있었다. 헤세는 자기 인생을 살 권리를 되찾았다. 성직자가 되기를 바라지 않는다는 것을 그렇게밖에 나타낼 수 없었다. 그렇게까지 하지 않았으면 부모는 그를 포기하지 않았을 것이다.

헤세가 그만큼 희생을 치른 데는 의미가 있었다. 자신이 원하는 인생을 살 수 없다면 그것은 어떤 의미에서 죽음보다 더 큰 고통이기 때문이다.

"당신의 신神과 같이하는 것이 더 이상 싫다. 차라리 죽는 편이 낫다"고까지 말하지 않으면 안 되었던 헤세는 깊은 슬픔을 느꼈다. 그가 느낀 고통과 슬픔은 현대에도 보편성을 갖는다. 부모가 아이에게 강요하는 신은 비단 신앙만이 아니다. 부모가 좋다고 믿는 것이야말로 아이에게는 고통스러운 강요가 될 수 있다.

자살 충동을 벗어난 마지막 방법

헤세는 이후에도 종종 허무함과 우울함에 사로잡혔다. 《수레바퀴 아래서》, 《데미안Demian》 같은 청춘 소설로 베스트셀러 작가가 되고 나서도 헤세는 우울증으로 고통스러워했다. 그래서 그는 오랫동안 정신분석 치료를 받았다. 카를 구스타프 융Carl Gustav Jung의 치료를 받은 적도 있었다.

마흔여섯 살 때는 가정 문제와 경제 문제, 건강 문제까지 겹쳐서 결국 자살 충동이 부정할 수 없을 만큼 강해졌다.

그때 헤세는 이렇게 생각하는 것으로 그 위기에서 벗어났다.

한동안 나는 절망에 사로잡혀서 사는 것이 싫었습니다.
하지만 마침내 탈출구를 찾았습니다. 이렇게 생각했어
요. 50세 생일을 맞았을 때, 그러니까 앞으로 2년 후에도
자살하고 싶다면 목을 맬 권리를 자신에게 주자고. 그러
자 지금까지 귀찮게 여겨졌던 것들이 다르게 보였어요.
아무리 귀찮아도 2년밖에 지속되지 않을 테니까.**4**

그때까지도 여러 번 사용한 방법이지만 확실히 효과가
있었다. 그렇게 결정하자 마음이 좀 편안해졌고, 어떻게든
자신을 납득시킬 수 있었다. 다행히 50세 생일을 맞았을 때
헤세는 마음이 매우 가벼워져서 자살할 필요가 없다는 것을
깨달았다.

오랫동안 우울증과 함께한 헤세가 우울증에서 탈출하
기 위해 자주 사용한 방법은 온천에서 느긋하게 시간을 보내
고, 여행을 하고, 친구를 만나 대화하는 것이었다. 실제로 헤
세는 친구를 매우 소중히 여겼다. 그는 놀랄 만큼 자주 친구
와 편지를 주고받았고 직접 친구를 찾아가기도 했다. 헤세가
살아갈 수 있었던 이유도 친구에게 의지하고 자신을 솔직히
드러내면서 대화할 수 있었기 때문이다.

안전기지의 부족함을 메워주는 것들

헤세는 부모라는 안전기지를 갖지 못했지만 친구와 관계를 맺고 편지와 글을 쓰는 행위로 그 빈 곳을 메우려고 했다. 안전기지란 자신이 필요할 때 응해주는 존재다. 지도나 명령이나 비판을 하는 게 아니라 있는 그대로 받아들여주고 편하게 해주는 존재다. 그런 존재가 도와준다면 사람은 어떤 고통스러운 체험도 비교적 쉽게 극복할 수 있다. 편지와 일기를 쓰는 것도 안전기지와 비슷한 작용을 한다. 안전기지가 되어줄 존재를 갖지 못한 경우에는 매우 유용한 방법이라고 할 수 있다.

어른이 되면 어릴 때처럼 응석을 부릴 수 없게 된다. 스킨십과 포옹 같은 부드럽고 기분 좋은 접촉을 바란다 해도 어른이 되면 그런 욕구를 겉으로 드러내기 힘들어서 쉽게 충족할 수가 없다. 어엿한 어른으로서의 자존심과 겉모습, 사회적 입장이 어릴 때처럼 응석을 부릴 수 없게 한다.

응석을 부리는 것이 허락되는 유일한 상대는 연인이나 배우자인데 불행하게도 서로가 상대의 안전기지로서 역할을 제대로 하지 못하는 경우도 많다. 신혼 때는 예외로 하고, 차츰 스킨십을 하는 것도 부끄럽고 귀찮아서 거의 하지 않게 된다. 서로 속마음을 터놓고 고민을 공유하는 일조차 차츰 없어진다. 함께 살지만 마음의 교류는 희박해진다.

좋은 반려자를 만나는 것만큼 큰 행복은 없다. 반려자가 서로에게 안전기지가 되느냐 되지 않느냐로 인생의 질이 크게 좌우된다.

헤르만 헤세는 세 번 결혼했다. 스물일곱 살 때 결혼한 첫 번째 아내 마리아 베르누이Maria Bernoulli는 그보다 아홉 살 연상으로, 신경질적이고 불안정한 여성이었다. 헤세의 고통을 어떤 의미에서 공유했다고도 할 수 있지만 헤세는 자신이 도움을 받는 이상으로 아내를 돕기 위해 큰 희생을 치러야 했다. 아내는 점차 일방적으로 헤세에게 의존했고 그는 큰 부담을 느꼈다. 둘 사이에 아들도 두었는데 헤세는 가정생활을 지키기 위해 필사적으로 일했다. 결혼생활이 그의 일에 원동력이 되었던 시기도 있었지만 차츰 그는 희망을 잃었다. 결혼생활은 그저 무거운 짐이 되어버렸다.

헤세는 마흔일곱 살 때 두 번째 아내 루트 벵어Ruth Wenger를 만났다. 이 여성은 그보다 한참 연하로 오페라 가수 지망생이었다. 헤세는 이미 이름이 알려진 작가였기 때문에 헤세의 아내가 되면 사회적 신분을 얻어 예술가 대열에 낄 수 있다는 심리도 작용했을 것이다.

그러나 루트는 자신 외에는 관심 없는 제멋대로인 아가씨로, 성실한 헤세와는 기질적으로 맞지 않았다. 결국 일시적인 연애 감정이 사라지자 최초의 결혼생활 이상으로 불행한 만남이란 것을 헤세는 깨달았다. 헤세는 거의 집에 들어가지 않았고 3년 후 결혼생활은 끝나버렸다.

세 번째 아내가 될 니논 돌빈Ninon Dolbin을 만났을 때 그녀에게는 남편이 있었지만 부부관계는 실질적으로 파탄 난 상태였다. 니논은 당시 쉰세 살이었던 헤세보다 스무 살이나 연하였는데, 헤세가 쓴 책의 애독자였다. 두 사람은 정신적인 부분에서 공명했다. 두 사람은 모두 안전기지를 필요로 했고 서로 그 역할을 다하게 된다. 번거로운 이혼 수속 동안에도 두 사람은 서로를 지켜주며 행복한 시간을 보냈다.

실무 처리 능력이 뛰어난 니논은 명성이 높아진 헤세의 훌륭한 비서가 되어 그를 도왔다. 안전기지 역할을 해줄 반려자를 얻음으로써 헤세는 50대 이후로 풍요롭고 안정된 인생을 살 수 있었다.

안전기지를 얻기 위해서는

강한 스트레스에 노출된 현대인은 정도의 차이는 있지만 누구나 고독과 불안을 느끼며 산다. 자신을 지키기 위해 안전기지가 되어줄 존재를 필요로 하지만, 복잡하고 다양한 대인

2장 자기부정과 죄악감으로 고통받는 사람에게

관계 안에서 변치 않고 자기 말에 귀를 기울여주며 괜찮다고 해주는 존재를 만나기란 어렵다.

당신을 최우선으로 여기고 당신이 필요로 하는 위로와 안심을 주는 자상한 배우자나 가족을 누구나 얻는 것은 아니다. 부부나 부모 자식 관계도 어색해지기 쉬워서 서로 속마음을 말하지 못하는 경우가 많다. 불만을 털어놓으면 오히려 비난과 공격이 돌아오기 때문에 쉽게 불만을 말하지도 못한다. 자상함과 위로가 필요할 때일수록 상대를 뿌리치고 모른 척하는 경우도 드물지 않다. 이러다 보면 차츰 타인에게 자기 속마음을 털어놓지 않게 된다. 타인에게 위로와 안심을 구하려고 할수록 기대에 어긋나 상처받을 뿐이라고 깨닫고 아예 처음부터 기대하지 않음으로써 마음의 균형을 유지하는 것이다.

그러나 마음 깊은 곳에서는 자신을 이해해주고, 있는 그대로 받아줄 존재를 찾는다. 몸과 마음을 건강하게 유지하기 위해 그런 존재를 본능적으로 필요로 하기 때문이다. 안전기지는 물, 공기, 영양분과 마찬가지로 살아가기 위해 반드시 필요한 요소다.

필요는 발명의 어머니라고 한다. 불리한 상황에서도 사람은 안전기지를 확보하기 위해 이 방법 저 방법을 시도하고, 예전에는 생각할 수 없었던 새로운 방법도 만들어낸다.

지금은 현대인에게 생활의 일부가 된 이메일, 페이스북과 트위터 같은 소셜 네트워크 서비스SNS는 높은 응답성으로 안전기지의 대용품이 되고 있다. 또한 거기서 진짜 안전기지가 되어줄 존재를 만날 기회를 얻기도 한다.

어떤 방법으로 만나느냐가 중요한 것이 아니라, 안정되고 신뢰할 수 있는 관계로 키워갈 수 있느냐가 더 중요하다. 즉, 서로 상대에게 안전기지가 될 수 있느냐가 중요한 것이다. 그러기 위해 명심해야 할 것은 무엇일까. 의외로 거기에는 인간에 대한 철학적인 관점이 숨어 있다.

사람을 대하는 자세가 소유인가, 공감인가 하는 것이다. 친밀해지면 상대를 물건처럼 소유하려는 사람이 있다. 그런 경향을 지닌 사람은 독점욕이 강해서 모든 것을 자기 뜻대로 구속하지 않으면 직성이 풀리지 않는다. 자신의 이상에 맞게 상대를 바꾸려 하거나 자신에게만 관심을 기울이라고 요구한다. 이런 관계가 안전기지 역할을 방해한다는 것은 쉽게 납득할 수 있을 것이다. 사랑하는 사람을 소유하려는 사람은 상대의 개성이나 의사와는 상관없이 자신의 이상을 강요한다. 이런 관계는 상대를 소유하려는 사람에게만 주체성이 인정되는 일방적인 관계가 되어버린다.

그에 비해 상대에게 공감하는 관계는 상대의 자립과 의사를 전제로 하는 대등하고 상호적인 관계다. 거기에는 강요가 없고 자기 기분을 존중받는다는 안심감과 편안함이 있다.

완벽주의를 추구하는 사람과 자기애가 강한 사람은 때때로 자기 기준을 상대에게 요구한다. 상대가 거기에 맞춰 '인형'이 되어주는 동안은 좋지만 상대가 자기다움을 되찾으려 하기 시작하면 관계는 순식간에 어긋나버린다.

애써 안전기지가 될 사람을 만났어도 그를 소유하고 구속하려는 순간 안전기지는 그 역할을 상실하게 된다. 상대의 기분을 존중하고 공감하는 관계를 지속해야만 안전기지는 안전기지로 남을 수 있다.

따라서 안전기지 같은 존재를 원한다면 자신도 상대에게 안전기지가 되어야 한다. 함께 있을 때 편한 관계를 맺는다면 자연스럽게 상대도 당신에게 안전기지가 되어줄 것이다. 당신이 안전기지를 계속 갖고 싶다면 당신 역시 상대에게 지속적으로 안전기지가 되어주어야 한다.

3장

자신답게 살 수 없는 사람에게

사람이 태어나면서 짊어지는 것들

영국의 철학자 존 로크John Locke(1632~1704)는 갓난아기의 마음은 '타불라 라사Tabula rasa', 즉 아무것도 쓰여 있지 않은 백지와도 같다고 했다. 안타깝게도 사람은 완전한 백지로 태어나지는 않는 듯하다. 선천적이고 유전적인 특성을 갖고 태어날 뿐만 아니라 양육자인 아버지와 어머니가 이미 존재하고, 이들은 두 일가의 오래된 역사를 등에 짊어지고 있다. 인간은 태어났을 때부터 자유로운 가능성으로 가득 찬 것처럼 보이지만 실제로는 많은 제약을 안고 있고, 거기에 구속되기 마련이다.

실제로 유전 요인과 양육 환경 요인이 미치는 영향을 조사한 연구 결과에 따르면, 유년기부터 청년기에 걸쳐서는 양육 환경의 요인이 강하게 나타나기 쉽다. 그에 비해 연령이 높아질수록 유전 요인이 위력을 발휘하기 시작하는데, 이와 동시에 성장한 가정과 부모에게서 받은 영향과는 다른, 당사자가 직접 겪은 체험의 영향도 강해진다. 그러므로 그 사람이 어떤 생활 방식을 갖고 있는지에 따라 부모에 의해 저절로 짊어진 요인으로부터 어느 정도는 자유로워질 수 있다. 같은 집에서 생활하며 부모의 영향 아래에 있을 때는 매우 어두웠던 사람이 독립해서 자신의 인생을 걷기 시작하면 다른 사람처럼 밝은 빛을 내는 경우도 있다.

그러므로 성장해서 부모 품을 떠나는 것은 자기다운 생활 방식을 얻을 수 있는 기회다. 하지만 곁에 없는 부모의 영향에 계속 구속되거나 자기다운 삶을 살 기회를 스스로 놓쳐 버리는 경우도 많다. 자기다운 삶을 발견했다고 생각했는데, 과거의 행동 유형을 재현하기도 한다. 마치 주술에 걸린 듯이 어린 시절부터 겪어온 일들과 부모의 잔소리가 자신을 속박하는 것이다.

부모가 건 저주

부모는 자신도 모르는 사이에 자녀를 저주하는 말을 한다. "이 아이는 성공하지 못할 거야", "혼자서는 아무것도 못하는 아이야", "역시 기대하지 말아야 해", "또 이런 짓을 하다니 한심하다", "얼마나 힘들게 해야 직성이 풀리겠니", "엄마를 더 이상 슬프게 하지 마라" 등등.

이런 식의 한탄과 부정적 평가를 매일처럼 듣고 자란 아이는 자기 자신에 대해 부모를 힘들게 하는 결함투성이 인간이라고 생각하게 된다. 또한 늘 자신을 질책하는 마음을 갖게 된다. 이렇게 되면 아이는 정말 형편없는 인간이 되어버린다. 뛰어난 능력과 장점을 갖고 있더라도 헤세처럼 가족과 교사를 난처하게 만드는 골칫거리로, 문제아로 전락하고 만다. 능력을 발휘하지 못하는 것은 물론, 형편없는 인간이라는 자기부정을 자신의 마음에 새기기 때문에 더욱 큰 손실을 주게 된다. 이렇듯 어릴 적에 내리고 각인된 스스로에 대한 평가는 오랫동안 자기 자신을 구속한다. 그 주술로부터 평생 벗어나지 못하는 사람도 있고, 어느 시점에 자신을 되찾는 사람도 있다.

　　부모가 자녀에게 거는 저주는 부모의 자기애 때문에 생겨난다. 자기애가 강한 부모는 아이가 자기 뜻대로 되는가, 안 되는가 하는 기준으로 아이를 바라본다. 자신의 뜻대로 자기 이상을 따르는 아이는 사랑스럽지만, 그러지 않고 반항하는 아이는 괘씸하다. "저런 애는 우리 애가 아니다", "그런 말 하려면 나가라" 하고 말하고 싶어진다. 아이가 무엇을 필요로 하느냐가 아니라 부모가 무엇을 바라느냐가 우선이 된다. 거기에 따르지 않는 아이는 '나쁜 아이', '부모를 힘들게 하는 아이', '부모를 슬프게 하는 아이'로서 죄를 짊어지게 된다. 그런 저주를 이용해 부모는 아이를 구속하려고 한다. 그러나 그렇게 하면 문제가 해결되기는커녕 나중에 더 큰 문제를 불러일으키게 되고 만다. 그런 부모 밑에서 자란 아이는 자기 인생을 살 수 없게 된다.

M 씨의 경우

부모가 건 주술로 꼼짝 못 하는 일은 헤세처럼 어릴 적부터 문제아 취급을 당한 아이에게만 일어나지는 않는다. 항상 부모 말을 따라온 '순진하고 착한 아이'에게도 일어날 수 있다.

M 씨가 신경증 증상으로 고통을 받게 된 것은 결혼 전후부터였다. 그녀는 회사에서 말도 안 되는 실수를 해서 큰 손해를 끼치거나, 사람이 목숨을 잃는 사고가 일어나지는 않을까 불안했다. 그래서 자기가 한 일을 몇 번이나 다시 생각했고, 신문에 그것과 비슷한 나쁜 소식이 실리지 않았는지 확인하게 되었다.

결국 M 씨는 불안과 강박 증상 때문에 더 이상 일을 할 수 없게 되었다. 결혼을 앞둔 터라 퇴직하기로 하고 가정생활을 시작했다. 그런데 상황은 오히려 더욱 악화되었다. 꿈꿔온 결혼생활이었는데도 신혼을 즐기기는커녕 실수를 하지 않을까, 나쁜 일이 일어나지 않을까 하는 생각에만 언제나 사로잡혔다. 그리고 이미 그만둔 회사 일을 다시 떠올리며 그때 저지른 실수로 지금쯤 큰일이 나지 않았는지 신문을 확인하곤 했다.

병원의 정신과에서 강박신경증(강박성 장애) 진단을 받고 약을 처방받았는데도 증상은 전혀 호전되지 않았다. 2, 3년간 집 밖에도 나갈 수 없었다. 그러던 무렵에 그녀는 필자를 만난 것이다.

증상으로 나타난 강박성 장애는 수면에 떠 있는 빙산의 일각으로, 수면 아래에는 눈에 보이지 않는 진짜 정체가 있다. 강박성 장애에는 약물 요법과 행동 요법이 효과적인데 M 씨처럼 증상이 오래 계속된 경우, 증상만 치료하는 것으로는 완전히 개선되지 않는 난치성인 경우도 많다.

M 씨는 자신이 저지른 실수로 인해 큰일이 일어날 거라는 강박관념에 사로잡혀 있었다. 그런데 이야기를 듣다 보니 그런 생각이 단순히 '병의 증상'일 뿐만 아니라, 그녀의 인생 전반에 깊이 뿌리내리고 있다는 것을 알 수 있었다. 증상을 없애려 해도 되지 않았던 이유는 거기에 있었다. 등 뒤에 숨어 있는 문제를 밝혀내고 해독解毒할 필요가 있었다. M 씨의 경우 '실수를 저지를 것이다'라는 지나친 두려움이 어디서 생겨난 걸까.

M 씨는 학생 시절부터 스스로 자신감을 전혀 갖지 못했다. 행동, 능력, 외모에도 자신이 없어서 남보다 뒤떨어진다는 생각이 강했다. 그래서 취직한 후에 남편이 될 남성을 만나고 자신이 그에게 사랑받고 있다는 것을 알았을 때 꿈처럼 믿기지 않았다. 이런 자신을 좋아해줄 사람이 있을 리가 없다고 생각했기 때문이다.

남자와 교제를 시작하고도 뭔가 실수를 하거나 꼴사나운 모습을 들켜 그가 자기를 싫어하게 되지 않을까 불안해했다. 어차피 버림받을 거라면 자신이 먼저 거리를 두자는 생각도 했다. 그런 M 씨의 미적지근한 태도에 남자는 당황했고 둘 사이는 서먹서먹해져서 결국 헤어지고 말았다. 그러나 그는 M 씨를 잊을 수 없었다. 그래서 반년 후 다시 M 씨 앞에 나타나 결혼해달라고 프러포즈했다. M 씨의 마음도 그와 똑같았다.

결혼을 했으니 행복해야 하는데도 M 씨는 앞서 말한 증상으로 고통을 받기 시작했다. 자신이 뭔가 실수를 범해 큰일이 벌어질 거라는 생각에 안절부절못하게 되었다. 희망찬 결혼생활이 아니라 불안과 공포로 떠는 나날이 되어버렸다. 왜일까?

치료를 해나가는 중에 나는 한 가지 중요한 사실을 알게 되었다. 그것은 M 씨가 그와 헤어지고 나서 반년 후 다시 만나 프러포즈 받기 전에 일어난 일이다. 그동안 딱 한 번이지만 M 씨는 다른 남성과 관계를 가졌다. 그가 자신과 이별한 후 다른 여성을 만난다는 소문을 들은 M 씨는 배신감을 느꼈다. 그러던 어느 날 밤, 다른 남성의 유혹에 끌리는 대로 몸을 허락하고 말았다. 그 일을 M 씨는 거의 잊고 있었다. 떠올리기도 싫은 기억이었기에 의식적으로, 무의식적으로 억눌렀을 것이다. 그러나 나와 이야기를 하는 중에 그녀는 그 사실을 떠올렸다.

남편이 프러포즈했을 때 M 씨는 그를 배신했다는 죄악감을 느꼈다. 그러나 그를 사랑했기에 양심의 가책을 감추고 그와 결혼했다.

되돌릴 수 없는 잘못을 범한 것이 아닐까 하는 강박관념에 사로잡히게 된 직접적 계기는 아무래도 그 일과 관계가 있는 듯했다. 그를 배신했다는 죄악감이 들면서 그렇게 생각하지 않아도 될 일에 대해서까지 죄를 범하지 않았을까 하는 생각에 사로잡힌 것이다.

이 사실을 자각한 것으로 M 씨의 증상은 상당히 가벼워졌고 불안감과 강박관념도 통제하기 쉬워졌다. 그러나 완전한 것은 아니었다. M 씨는 집안일을 해도 뭔가 잘못한 것 같은 기분이 들어서 불안해했다. 친척 아이와 놀아주고 있다가도 자신이 터무니없는 실수를 해서 그 아이를 죽게 하지 않을까 하는 두려움을 느꼈다. 무슨 일을 해도 걱정이 앞서서 편히 즐길 수 없었다. 직접적인 원인이 밝혀졌는데도 실수를 두려워하는 M 씨의 기분은 완전히 사라지지 않았다. 어째서일까.

M 씨가 그를 '배신'했다고 여기는 일에 대해서도 생각해보면, 두 사람은 그 당시 헤어졌었고 그도 M 씨를 '배신'했기 때문에 그렇게까지 죄의식에 사로잡힐 필요는 없었다. M 씨가 그 정도로 강한 죄악감을 느끼는 것 자체가 그녀의 성격이나 가치관과 관계있는 것이라서 그 부분을 제거하지 않고는 진정으로 회복하기란 어려웠다. M 씨는 왜 그렇게까지 실수하는 것에 대해 지나친 두려움과 죄악감을 느끼게 된 걸까. 거기에는 그녀의 성장 과정이 크게 작용하고 있었다.

M 씨와 어머니의 관계는 언뜻 매우 양호해서 아무 문제가 없는 것처럼 보였다. M 씨는 혼자서는 아무것도 못하는 자신을 어머니가 도와주고 하나하나 조언해준다고 했다. 실제로 친정에 있으면 불안해지는 일도 적었다.

그러나 머지않아 M 씨는 어머니와 자신의 관계가 지닌 다른 일면을 내게 털어놓기 시작했다. 자신은 어머니로부터 칭찬받은 기억이 없다는 말로 이야기를 꺼냈다. 그녀로서는 당연한 일이었기에 다른 사람에게 말할 필요가 없다고 생각했던 상황을 내게 이야기했다. 하지만 그 일은 결코 당연한 상황이 아니었고, M 씨와 어머니의 관계는 한쪽으로 치우치는 경향을 띤다는 것이 밝혀졌다.

M 씨의 어머니는 손끝도 야무지고 말도 잘하고 뭐든 척척 해내는 빈틈없는 여성이었다. 그런 만큼 타인에게도 엄격한 편이라서 실수를 하거나 뒤떨어지는 부분이 있으면 솔직하게 비판했다. M 씨에 대해서도 그랬다. 어머니는 동작이 느린 M 씨의 행동에 화가 나서 "너는 됐어"라면서 그녀가 스스로 하기를 기다려주지 못하고 자신이 먼저 해버렸다. 어려운 일이나 조금이라도 위험한 일은 "위험하니까 안 돼", "너는 꼼꼼하지 못해서"라며 시키려고도 하지 않았다. 그리고 M 씨가 무슨 일을 해서 실수하면 "역시 애는 이렇다니까", "그러니까 하지 말라고 했지" 하고 화를 냈다.

오빠는 어머니를 닮아서 뭐든 척척 완벽하게 해냈기 때문에 오빠와 어머니 두 사람이 M 씨에게 쓸데없는 참견을 하곤 했다. 그녀는 어머니와 오빠가 말하는 대로 하는 경우가 많았다. 그러다 보니 M 씨는 혼자 힘으로는 아무것도 할 수 없는 한심한 인간이라고 스스로를 여기게 되어 소극적이고 자신감 없는 여성으로 성장했다. 외모에 대해서도 혹평을 들을 때가 많았다. M 씨는 자신이 '못생겼다'고 생각했다. 이렇게 해서 M 씨가 자기 뜻대로 뭔가 하려 하면 실패한다는 생각에 사로잡히게 된 것이다.

조금이라도 실수를 하면 어머니와 오빠가 왈가왈부하며 역시 쓸모없는 아이라는 식으로 말했다. 어머니는 뒤떨어지는 것이나 못하는 것에는 용서하지 않는 태도를 보이며 가차 없이 부정했다. 그러다 보니 실수를 범하는 것은 나쁜 것이고 창피한 것이라는 생각과, 자신은 어머니와 오빠 말대로 하지 않으면 실수를 범한다는 생각에 사로잡히게 되었다. 그 결과, M 씨는 실수에 대해 극도로 예민해졌고 강한 공포를 갖게 되었다.

이렇게 자란 M 씨가 단 한 번의 실수를 되돌릴 수 없는 죄라고 자책하는 것도 무리는 아니었다. M 씨가 '잘못을 저지르지는 않을까'라면서 까닭 없이 느끼는 불안과 죄악감에서 벗어나기 위해서는 직접적인 원인이 된 잘못(남자를 배신한 것)을 자각하는 것만으로는 부족했다. 성장 과정에서 그녀가 모르는 사이에 습득해버린 것, 즉 그녀의 마음을 옭아맨 주술을 풀어버려야 했다.

M 씨의 마음속에 고정관념으로 자리 잡은 생각을 하나하나 되씹으며 그녀를 구속하는 것이 무엇인지 밝혀내는 작업을 반복했다. 그러면서 그 정체가 어릴 적부터 어머니에 의해 그녀 마음에 조금씩 스며든 것이었다는 사실을 M 씨 자신도 깨달았을 뿐만 아니라 또렷이 실감하게 되었다.

어머니가 하라는 대로 했고, 무슨 말을 들어도 말대꾸할 수 없었던 M 씨는 차츰 어머니의 말과 행동을 비판적인 눈으로 보게 되었다. 그러자 어머니의 사고방식이나 반응하는 방식이 객관적으로 보이는 동시에 어린 시절 자신에게 어머니가 했던 말의 의미가 오버랩되어 납득할 수 있게 되었다. 어머니는 조금이라도 생각대로 되지 않거나 불쾌한 일이 있으면 그것을 남 탓으로 돌려서 비난했다. 자신의 기준에 맞지 않는 사람은 호되게 험담하기도 했다. 누군가 사소한 실수를 하면 조롱하고 그 사람의 인격 전체를 부정하는 식으로 말했다.

어머니가 그런 식으로 행동해왔다는 것을 알게 되면서 M 씨는 자신도 그렇게 취급받았다는 것을 깨달았고 그런 어머니에게 자신이 구속당했다는 사실에 슬퍼했다. 여태껏 어머니에게 말대꾸 한 번 하지 못한 그녀였지만 도저히 묵과할 수 없을 때에는 "그런 식으로 말하지 않아도 되지 않아요?", "그 사람에게는 나름의 기분과 사정이 있어요"라고 어머니의 말에 부드럽게 반론을 제기했다.

그렇게 하다 보니 M 씨는 확실히 달라졌다. 이전에는 자기 의견이나 기분을 말하면 상대가 기분 상할까 봐 두려워서 적당히 맞출 수밖에 없었는데, 자기 기분을 솔직히 말하고 행동할 수 있게 된 것이다. 혼자서는 아무것도 할 수 없다고 생각했지만 그렇지 않았다, 그런 생각을 갖게 만들었던 것뿐이었다고 말했다. 집에서 홀로 있는 것조차 불안했는데 이제는 혼자 쇼핑도 하고 차를 운전해 외출도 할 수 있게 되었다. 강박성 장애 증상도 크게 줄었다.

더욱이 M 씨는 새로운 시각을 갖게 되었다. 그녀는 이런 증상을 앓게 된 이유가 어머니로부터 독립하는 데 큰 불안을 느껴 혼자 힘으로는 잘해낼 수 없고 행복해질 수 없다는 생각에 사로잡혔었기 때문이라는 것을 깨달았다. 그런 생각의 뿌리에는 어머니를 남겨두고 자신만 행복해지는 것에 대해 느끼는 양심의 가책이 있었다.

'그레이트 마더'의 주술

융이 '무의식 분석'으로 찾아낸 '그레이트 마더great mother'의 원형은 위대하면서도 두려운 어머니의 이마고*다. 어머니는 자식을 지배하고 자식의 마음에 군림할 뿐만 아니라 때로는 자식의 행복을 질투한다. 그리하여 어머니는 자신의 말을 거역하면 자식에게 벌을 내리기도 한다. M 씨에게 어머니는

★ imago. 무의식 속에 있는 보편적 원형. 융은 이를 집단무의식과 연결하여 원형 심상이라고 정의했다.

그레이트 마더 같은 지배력을 갖고 있어서 자식의 자립과 행복을 막아버렸다. 어머니는 무의식중에 자식이 자립하지 못하도록, 자신 외의 존재를 통해서는 행복을 찾지 못하도록 주술을 걸었던 것이다.

물론 M 씨의 어머니가 의도해서 그런 것은 아니다. 어머니는 딸을 위한 것이라고 생각해서 혹은 그것이 옳은 일이라고 생각해서 그랬던 것이다. 그러나 결과적으로는 딸이 자신에게 의지하지 않으면 살아갈 수 없게 만들어 딸이 독립하는 것을 방해했다.

부모로부터 지나친 지배를 받은 자식이 청년기 이후에 문제를 일으키는 경우가 최근 들어 크게 증가하고 있다. 핵가족화 및 어머니와 자식 간의 밀착 경향이 그레이트 마더를 쉽게 만들어내고 있다. 이런 현상은 여성뿐만 아니라 남성에게서도 볼 수 있다.

헤세가 부모의 주술에 반기를 들려고 해서 죄악감과 우울증으로 고통받았듯이 M 씨의 신경증은 어떤 의미에서 어머니의 지배로부터 벗어나려 했을 때 그것을 단념시키게 만드는 주술의 힘이 눈에 보이지 않게 작용한 결과라고 할 수 있다. 신경증을 앓는 것으로 결혼생활이 파경에 이르러 M 씨가 어머니에게 돌아오면 어머니가 M 씨에게 건 주술은 그 목적을 달성할 수 있기 때문이다.

주술을 푸는 열쇠

그렇기 때문에 M 씨가 증상이 심해져서 집 밖으로 한 발짝
도 나갈 수 없게 되었을 때 그녀를 곁에서 줄곧 지켜준 남편
의 존재는 그녀에게 큰 의미가 있다. 남편이 도와준 덕분에
M 씨는 자신을 구속한 어머니로부터 벗어날 수 있었고, 마
침내 이전보다 훨씬 더 자신감 넘치고 자유롭게 행동하는 여
성으로 변신할 수 있었다. 그런 자신을 깨달으면서 이전에는
남편에게 불만을 느낄 때가 많았지만, 이제는 남편에게 감사
하는 마음을 갖게 되었다. 그것이 부부 사이를 더 친밀하게
하여 매일 행복한 생활을 할 수 있었다.

　집을 나와 부모로부터 독립하는 일이 진정한 독립으로
달성되기까지는 많은 시간과 큰 시련이 동반된다. 부모에게
지배받아온 사람일수록 그 과정이 어려운데, 그것을 극복해
내지 않으면 진짜 자기 자신은 질식당하고 만다.

　현재 M 씨는 친정과 적당한 거리를 두면서 어머니와 무
리 없이 지내고 있다. 친정과 너무 가깝게 지내면 피해를 입
는 경우도 있는데, M 씨의 경우 어머니를 객관적으로 볼 수
있게 된 후로는 그럴 일도 줄었다. 최근에는 어머니를 관대
한 눈으로 볼 수 있게 되었다. 그도 그럴 것이, 어머니가 외할
머니와의 관계에서 나쁜 영향을 받았음을 이해하게 되었기

때문이다. 어머니 역시 희생자였던 것이다. 어머니는 가혹한 상황에서 자신을 지키며 살기 위해 자신을 질책하기보다는 타인을 질책하는 행동 유형을 갖게 되었다. 어머니도 나쁜 마음이 있어서 그랬던 것이 아니라, 오랜 세월 몸에 그런 습관이 밴 탓에 그랬던 것이었다.

M 씨는 싫다고 느낀 것은 참지 않고 어머니에게 말하게 되었는데, 그렇게 하면 어머니도 조금씩 태도를 고친다는 것을 알았기 때문이다. 지금은 어머니 나름대로 자신을 열심히 키워준 것과 병으로 힘들었을 때 자상하게 돌봐준 것에 대해 감사하고 있다.

당신을 속박하는 부모에 대한 '충성'

대인관계 요법을 개발한 심리 요법가 로나 스미스 벤저민 Lorna Smith Benjamin에 의하면, 그 사람이 갖는 대인관계 유형은 어린 시절에 그 사람에게 중요했던 인물(부모나 교육자)과의 관계를 재현한다고 한다. 어릴 적에는 그런 행동 유형이 살아가는 데 중요한 의미를 갖지만, 어른이 되어 그것이 무의미하고 방해가 된다고 해도 계속하게 된다. 즉, 예전에 애착을 가졌던 존재에 대해 지금도 '충성'하는 것이다. 어떤 의미에서 그것은 '애정의 하사품'이라고 벤저민은 말한다. 그녀는 이렇게 몸에 밴 행동 유형을 지속적으로 반복하는 근저에는 지금도 마음속에 자리하고 있는 소중한 존재에게 인정받고 사랑받고 싶은 바람이 있기 때문이라고 생각한다.

이 유형의 재현은 세 가지 '복사 과정'에 의해 이루어진다. 과거의 중요 인물처럼 되는 것, 그 인물이 마치 그 자리에 있고 지금도 감독하는 것처럼 행동하는 것, 그 인물이 다뤘듯이 자신을 다루는 것이다.

사춘기에는 부모를 비판적인 시선으로 바라보게 되어 그때까지 아무 비판 없이 받아들였던 부모의 사고방식과 행동을 재음미한다. 그래서 때로는 반항하고 반발하고 부모를 비난한다. 그러나 사춘기에 그렇게 할 수 없었던 M 씨의 사례는 부모를 비판적인 눈으로 바라보고 반항하는 것이 얼마나 중요한 과정인지를 가르쳐준다. 어떤 의미에서 M 씨는 사춘기를 너무 평온하게 지냈기 때문에 나중에 사춘기가 찾아온 것이다. 하지만 M 씨는 자신을 구속하는 것이 무엇인지를 자각하면서 본래의 자신과 자유를 되찾았다.

'하지 않으면 안 된다'는 사고가 삶의 고통을 만든다

우울증, 섭식장애, 부부 불화, 학대 등 다양한 문제의 배경에는 '하지 않으면 안 된다'는 사고방식이 자리하고 있다. '이래야 한다'는 완벽한 이상을 기준으로 삼은 채 현실의 자신과 타인을 부정적으로 바라보는 것이다.

원래 '이래야 한다'는 이상은 자신도 모르는 사이에 부모로부터 심어지는 경우가 많다. 부모에게 반발하면서도 부모의 가치관과 이상에 얽매여 부모의 지배에서 벗어나지 못하는 경우도 적지 않다.

반면에, 존재를 있는 그대로 받아들이는 것이야말로 중요하다는 사고방식이 있다. 의무나 체면처럼 이후에 추가되는 가치에 좌우되는 것이 아니라 있는 그대로의 모습을 긍정하는 자세다.

있는 그대로가 가장 좋다는 사상을 최초로 주창한 이는 노자老子다. 그는 무위자연無爲自然을 제일로 하여 어떤 인위적인 작위도 자연의 원리인 도道를 방해하는 것으로 간주했다.

불교의 일파에서도 같은 사상을 볼 수 있는데, 신란*의 자연법이自然法爾(인위를 가하지 않고 자연에게 맡김)와 선종의 무

★ 親鸞. 일본의 불교 철학자로, 정토진종淨土眞宗을 창시했다.

사시귀인無事是貴人(애써 일하지 않고, 있는 그대로의 모습을 드러내는 이가 가장 존귀한 사람) 같은 말에는 인위적인 작위를 싫어하는 사고방식이 나타나 있다.

기독교는 '원죄'라는 개념에서 드러나듯이 인간을 태어나면서부터 죄를 등에 짊어진 죄인으로 간주한다. 교리에 어긋나는 행동을 했다면 당연한 일이지만 나쁜 짓을 전혀 하지 않았다고 해도 존재 자체가 죄가 된다. 있는 그대로의 모습을 긍정하는 사고방식과는 그런 점에서 큰 차이를 보인다.

최근 서양에서 선禪이 인기가 있는 것은 기독교적인 가치관에 비해 '이래야 한다'는 구속이 엄하지 않아서 죄악감으로부터 해방된다는 면도 작용했을 것이다. 선과 악은 전혀 양립할 수 없다는 기독교적인 이원론二元論과는 달리, 선악은 표리일체로 본질적인 차이는 없다고 하는, 선禪을 비롯한 동양 사상은 '이래야 한다'고 하지 않고 '있는 그대로가 좋다', '그렇게 애써서 분발하지 말라'고 가르친다.

이런 이분법을 초월한 시점은 심리 요법 등에도 적극적으로 채용되고 활용되고 있다. 있는 그대로를 받아들이고 음미하는 것으로 이상적인 자신이라는 얽매임으로부터 스스로를 해방하려는 마음챙김(마인드풀니스Mindfulness)과, 나쁜 점을 지적해 개선하려 하는 것이 아니라 좋은 점을 발견해 그대로를 긍정하려 하는 변증법적 행동 요법인 '수용 전략' 같은 치료 기법이 그 예이다. 이 치료 기법들은 우울증 재발 예방, 자기부정과 자해 행위 개선에 도움이 된다는 것이 증명되었다.

그 근본 자세는 이런 모습이어야 한다는 이상적인 자신이 아니라 있는 그대로의 자신을 수용하고 긍정하는 것이다. 괴로워하는 자신, 불안에 사로잡힌 자신, 실패하고 마는 자신, 상처 입은 자신 등 어떤 자신도 바꾸려 하는 것이 아니라 소중히 그대로 수용하고, 더 나아가서 사랑한다. 아무리 힘든 상황에서도 거기에서 반드시 좋은 점을 발견할 수 있다. 왜냐하면 모든 일은 언제나 선도 악도 아닌 양쪽 요소를 포함하고 있기 때문이다. 최악이라는 생각을 하는 이유는 하나의 가치관으로 결정짓기 때문일 뿐이다.

'이래야 한다'고 사고하는 사람은 마음 어딘가에서 사람은 노력하면 매사 뜻대로 할 수 있고, 좋은 결과를 낼 수 있다는 기대감을 갖고 있다. 생각한 대로 좋은 결과가 나오지 않는 것은 노력이 부족하기 때문이라고 생각한다. 그러나 실제로 이 세상에서 일어나는 일들의 대부분은 사람의 지혜와 힘으로는 어떻게 할 수 없는 것들뿐이다. 자신의 노력으로 어떻게든 하려는 사람일수록 실망해 의기意氣를 잃기 쉽다. 오히려 인생을 살아가기 위해 필요한 것은 노력해서 될 일인지 아닌지를 제대로 분간해 자기 힘으로 어떻게 하려 해도 소용없는 것에는 아득바득하지 않는 마음가짐이다.

또한 사람은 각기 다른 행동 기준과 가치관을 갖고 있다. 그런데도 상대에게도 자기와 같은 기준과 가치관을 기대한다. 상대가 내 기대대로 되지 않을 때 실망감과 분노를 느끼고 그것이 알력과 문제를 낳는다. 자신이 이래야 한다고 생각하는 것을 상대에게 강요한 결과, 엇갈림이 생기는 것이다.

그렇기 때문에 상대는 어차피 나와 다른 인간이라 결론을 내리고 기대하지 않는 것이 중요하다. 상대가 자식이나 사랑하는 배우자여도 마찬가지다. 상대에게 많은 것을 기대할수록 기대에 배신당해 불행해진다. 기대가 적으면 배신당하는 일도 줄고, 기대 이상의 것을 해주면 기쁨과 감사하는 마음이 커진다. 주위에 화를 낼 때도 자신이 지나치게 기대하지는 않았는지 돌이켜보면 좋을 것이다.

많은 사람이 자기 힘으로 해결할 수 없는 문제로 고민한다. 과거에 저지른 실수나 장래에 대한 걱정에만 얽매일 때는 그런 생각을 계속하는 것이 어떤 도움이 될지 자문해보라. 아무 도움이 되지 않는데도 자꾸 그런 생각을 하는 경우 자신에게 이렇게 말해본다. '생각해서 이득이 되는 것은 열심히 생각하자. 하지만 생각해도 도움이 되지 않는 것은 생각하기를 멈추자'라고.

이렇게 했는데도 뇌가 멋대로 생각한다는 사람도 있을 텐데, 그런 경우에도 끈기 있게 스스로에게 말하면 된다. 이런 식으로 많은 사람이 차츰 부정적인 생각과 걱정을 내려놓을 수 있다. 이것은 '자기교시법自己教示法'이라 불리는 인지행동 요법의 기법으로서, 효과가 증명되었다.

넘어지지 않는 강함보다 다시 일어나는 힘

고난을 극복하고 살아가기 위해 중요한 것은 실패하지 않는 능력과 넘어지지 않는 강함이 아니라, 실패와 좌절을 딛고 다시 일어나는 힘이다. 아무리 뛰어난 능력과 강인한 체력을 갖고 있더라도 그것을 뛰어넘는 시련이 닥치면 난감하다. 실패한 경험이 없으면 자기 힘이 통용되지 않는 사태를 받아들이지 못하고 계속 싸우려고만 하다가 치명상을 입고 만다. 그러면 단순한 패배에 그치지 않고 마음의 등뼈가 무너져버리게 되고, 더 이상 재기는 불가능해진다. 일어서서 다시 한 번 싸우려는 전의를 상실해버리고 만다.

그러나 자기 힘이 통용되지 않는 사태를 여러 번 맛보고 넘어져도 다시 일어나는 경험을 쌓은 사람은 한두 번의 실패나 실수에도 끄떡하지 않는다. 넘어지면서도 치명상을 입지 않도록 조심하고 그렇게 되기 전에 싸우는 것을 멈춘다. 넘어지는 와중에도 몸을 쉬게 하고 상대의 방심을 이끌어 반격

할 기회를 찾는다. 무엇을 잘못했는지 돌아보고 사태를 역전시킬 새로운 작전을 생각해내려고도 한다.

'이래야 한다'는 사고에 사로잡혀 한 가지 가치관으로만 사물을 보면 실수했을 때 자신감이 무너져 회복하는 데 시간이 걸린다. 넘어져도 다시 일어서기 위해 필요한 것은 시점을 전환하는 것이다. 보는 법을 바꾸면 실패야말로 대성공이된다. 실패하지 않는 인생은 아무리 안전하다 해도 운전학원 안의 도로 같아서 아무런 재미가 없다.

조지프 콘래드*의 《청춘Youth》이라는 소설이 있다. 콘래드는 폴란드의 명문가에서 태어났는데 영국에서 선원이 되었고 이후에 영문학 작가로 활약하는 파격적인 인생을 살았다. 《청춘》에서는 그가 처음 선원이 되어 바다를 항해했을 때 겪은 비참한 체험에 대해 이야기하는데 거기에는 티끌만큼의 슬픔도 없다. 죽을 만큼 힘든 일을 당해도 주인공은 '이것이 청춘'이라 생각하고 기뻐한다. 폭풍우 속에서 배가 침수해 잠시라도 물 퍼내기를 중지하면 바닷속으로 가라앉을지 모를 상황에서도 필사적으로 수동 펌프를 누르면서 그 상황을 바라보며 싱글거린다. 목숨을 건 모험을 하는 것이 주

★ Joseph Conrad(1857~1924). 폴란드 출신의 영국 소설가. 바다와 이국에서 겪은 모험을 화려한 산문체로 생생하게 묘사한 해양 소설로 잘 알려졌다.

인공에게는 너무 기쁜 것이다.

　세상일은 매사 어떻게 받아들이느냐에 따라서 얼마든지 달라진다. 말로 표현할 수 없는 고통도 보기에 따라서는 기쁨이 될 수 있는 것이다.

자신이 선택해야 인생은 살 가치가 있다

인생을 사는 것이 기쁨보다 고통이라고 느끼는 사람은 자기가 하고 싶은 것을 따르기보다 하지 않으면 안 된다는 의무감과 책임에만 얽매여 있는 경우가 많다. 지지 않으면 안 되는 책임을 다한 것으로도 기쁠 수는 있지만 진심으로 자신이 바란 것을 이루는 일이야말로 훨씬 큰 만족을 준다. 가령 그 시도가 달성되지 못하고 헛수고로 끝났다고 해도 자신이 진심으로 좋아하고 하려 했던 것이라면 납득할 수 있다. 그러나 단지 의무감이나 타인의 기대 때문에 한 일이라면 실패한 자신에 대한 실망과 한심스러움 외에 아무것도 남지 않는다. 자신을 타인의 기대에 응하지도 못하는, 미련하고 무능한 존재로 느끼게 된다.

　시각장애인 사회심리학자 시나 아이엔가Sheena S. Iyengar는 저서 《선택의 심리학The Art of Choosing》을 통해, 똑같은 일을 했어도 본인이 선택한 일일 경우에 얻을 수 있는 기쁨과 만족이 현격히 더 크다는 사실을 다양한 자료로 입증한다. 반대의 경우, 즉 자신이 선택하지 않은 일을 억지로 했을 경우에는 똑같은 결과와 똑같은 보수를 얻더라도 기쁨과 만족이 훨씬 작다.

충분히 먹고 보살핌을 받는 동물원 코끼리의 평균 수명이 야생 코끼리의 평균 수명의 절반에도 못 미치는 것도, 가혹한 책임을 지고 스트레스를 받는 사장이 출세하지 못한 직원보다 순환기 계통 질병을 앓을 확률이 낮아 장수를 누리는 것도 같은 이유에서다.

스스로 자유롭게 선택한 것을 하는 사람은 행복하기 때문에 스트레스를 느끼기 어렵지만 자기 의사로 선택한 일을 하지 못하고 타인이 강요하는 인생을 살 수밖에 없는 사람은 불행할 뿐만 아니라 수명도 줄어든다.

그래서 행복한 인생을 살고 싶으면 자신이 선택한 인생을 살아야 한다는 것이다. 그런데도 많은 사람이 자신이 바라는 것과는 다른 인생을 살고 있다. 자기가 바라는 인생은 아니지만 어쩔 수 없다고 체념하고 인내하며 지낸다.

자기 의사로 인생을 선택할 수 있는 사람과 그러지 못하는 사람의 차이는 무엇일까.

《선택의 심리학》에서는 그것과 관련해 개를 사용한 실

험을 소개한다. 두 집단의 개들을 똑같이 불쾌한 전기 충격이 가해지는 실험용 상자에 넣었다. 한 집단의 개들은 머리나 코로 옆 패널을 누르면 전기 충격을 멈출 수 있게 했고, 다른 집단의 개들은 아무리 몸부림쳐도 전기 충격을 멈출 수 없게 했다. 그렇게 통제력이 주어지거나 또는 전혀 주어지지 않는 상황에서 개들이 각자 배운 것을 어떻게 활용하는지 보기 위해 또 다른 실험용 상자에 개들을 넣었다. 그 상자는 낮은 벽으로 분리되어 있었는데, 개가 있는 바닥에는 주기적으로 전기가 흐르고 벽으로 분리된 반대편 바닥에는 전기가 흐르지 않게 했다. 앞선 실험에서 자신의 힘으로 전기 충격을 멈출 수 있던 개들은 전류를 피하는 요령을 금방 터득했다. 하지만 전기 충격을 멈출 수 없던 개들은 바닥에 웅크린 채 불쾌한 자극을 견뎌낼 뿐이었다.

요컨대 불쾌한 시련을 자기 힘으로 통제할 수 있다고 학습하느냐, 불쾌한 시련을 견디는 수밖에 없다고 학습하느냐에 따라 그 후 행동 방식이 완전히 달랐다.

이것은 자기 인생이 불합리한 것이어도 운명이라고 체념하고 순종하며 살지, 아니면 자기 의사로 다른 인생을 선택할지, 그 삶의 방식 차이가 어디서 생겨나는가 하는 물음을 생각할 때 힌트가 될 수 있다. 의존성 인격장애라 불리는 타입의 사람은 주위가 결정한 것, 강요한 것을 거스를 수 없다. 불합리한 요구에도 아니라고 말하지 못한다. 상대의 기분이 상할까 봐 걱정해서 상대의 의향에 맞춰버린다. 이런 타입의 사람은 인생의 덫에 빠지기 쉽다. 상대가 강경하게 말할 때뿐만 아니라 상대가 난처한 듯 꾸며낼 때에도 정에 매어 상대의 요구를 들어준다.

의존성 인격장애는 지배적이고 횡포한 부모의 안색을 살피며 성장한 사람에게서 전형적으로 볼 수 있다. 전기 충격에 참기만 했던 개들과 어떤 의미에서 비슷한 경우라고 할 수 있을지 모른다. 그들은, 운명은 받아들이고 견딜 수밖에 없는 것이라고 학습한 것이다. 그것은 사실이 아니라 편견에 불과하지만. 그 사람은 실제로 무력한 것이 아니라 자신은 무력해서 정해진 운명을 거스를 수 없다고 믿고 있을 뿐이다.

의리와 인정 사이에서

의존성 인격장애 정도는 아니어도 자기 기분대로 솔직하게 사는 것은 그리 쉽지 않다. 상식적인 사회인일수록 의리와 체면에 얽매여 자기 인생이지만 자기 기분보다 주위의 기대와 평판을 우선시할 수밖에 없을 때도 적지 않다.

부모의 기대와 통제도 자신을 구속하지만 자립한 어른

이 되어 반려자를 얻고 가정을 갖고 자식이 생기면 이번에는 반려자나 자식이 자신을 구속하는 부분도 생긴다. 그것은 삶의 보람이고, 기쁨이 되기도 하지만 어느덧 자신이 기대했던 인생과는 차츰 멀어지는 경우도 일어난다.

거기에는 생물학적인 덫도 숨어 있다. 생물학적인 본능은 무조건 자손을 남기기 위해 온갖 계획을 시도한다. 일시적인 열정으로 아이가 생기면 임신한 여성에게는 모성적인 애정이 싹터 그 아이를 지키는 데 필사적이 된다. 남성도 그 열정에 휩쓸려 마지못해 아버지가 되는 것을 받아들인다. 아이가 태어나 응애응애 하고 울기 시작하면 다른 것에 마음을 쓰고 보살피는 것은 이제 무리여서 지금까지 목표로 해서 쌓아온 것들도 뒷전으로 밀려난다.

아이를 제대로 키우기 위해서는 그렇게 해야 하지만 몇 년이 지나면 마법이 풀리듯 자신이 그동안 필사적으로 매달렸던 육아에 대한 열정이 식기 시작한다. 아이에게 속박되는 것이 갑자기 무거운 짐으로 느껴지고 귀찮아진다. 다시 한 번 자유로웠던 시절을 되찾고 싶어진다.

그 무렵에는 아이에 대한 감정 이상으로 자신이 선택한 반려자와의 관계도 답답한 속박으로 느껴진다. 자신의 자유를 방해하는 족쇄처럼 귀찮아진다. 생물학적으로 말하면, 그 반려자와의 사이에서 아이를 만든다는 목적이 달성된 지금 그 반려자와의 사이에 새로운 가능성은 거의 남아 있지 않다는 것이 된다. 새로운 가능성은 미지의 파트너와의 영역에 훨씬 넓게 펼쳐져 있다.

그러나 자신이 선택했다는 책임이 도의적으로도 심정적으로도 지금까지의 관계를 쉬이 끊어버리는 것을 어렵게 한다. 자유롭게 살고 싶다는 바람을 억누르고 타성으로 살려 하지만 마음 깊은 곳에 싹튼 따분함은 파트너에 대한 짜증과 화풀이, 자녀에 대한 무관심으로 나타난다. 그런 기분의 변화는 처음에는 무시할 수 있을 정도지만 조금씩 커지면 관계를 유지하는 데 지장을 주게 된다. 사소한 엇갈림이 늘어나고 그것이 언쟁으로 발전한다.

사람은 자기 마음이 가는 대로 솔직하게 살고 싶다는 바람과 자신을 믿고 있는 사람의 기대를 저버릴 수 없다는 책임감을 동시에 안고 있다. 그 양자가 어긋나지 않고 일치하면 본인도 행복하고 주위도 행복하다.

그러나 시간은 변화를 낳는다. 자녀는 성장하고 어른도 성숙해지면서 원하는 것이 달라진다. 서로가 원하는 것에 차이가 생긴다.

자기 마음이 지금 같은 생활로는 만족할 수 없다는 것을 깨달았을 때, 자기 기분에 따라 자유를 추구할지, 아니면 자녀와 배우자에 대한 책임을 다해 안정된 생활을 지키기 위해서 인내하며 견뎌야 할지, 두 가지 생각 사이에서 갈등하게 된다. 자신이 바라는 삶을 살 것인가, 가족에 대한 의무를 다 할 것인가 하는 영원한 주제와 마주하는 것이다.

조르주 상드는 어떻게 인생을 되찾았을까

자신을 위해서 살까, 가족과 평판을 위해서 살까. 그런 갈등 속에서 지금보다 사회적 구속이 훨씬 심했던 시대에 자기 인생을 선택한 사람이 있다. 바로 프랑스 소설가 조르주 상드 George Sand(1804~1876)다.

그 선택을 하기 전에 그녀는 자기 인생을 살 수 없다는 괴로움, 인생을 살고 있다는 기분이 들지 않는다는 절망감에 빠져 있었다. 그녀의 인생이 빠진 덫은 당시나 지금이나 많은 여성, 그리고 남성이 사로잡혔던 문제였다.

그녀의 인생이 짊어지고 있었던 고통을 이해하기 위해서는 성장 과정을 거슬러 올라가볼 필요가 있다.

상드의 핏줄을 특징지을 유전적 특성으로서, 그녀는 호색가라 할 정도로 연애에 대한 강한 욕구를 조상으로부터 물려받았다. 왕후와 장군으로 이어지는 그녀의 가계家系는 고귀한 귀족 가문인 동시에 아름다운 여성이라면 신분에 관계없이 사랑해 자식을 낳게 하는 것을 주저하지 않았다.

조르주 상드의 교육에 직접 관여하게 되는 할머니 마리 오로르Marie-Aurore de Saxe도 육군 대원수를 지낸 모리스 드 삭스Maurice de Saxe 장군과 여배우 사이에 태어난 사생아였다. 사생아이지만 마리 오로르는 장군의 딸로서 귀족의 피가 흐른다는 것을 인정받아 생시르 수도원에서 다양한 교육을 받을 수 있었다. 그녀는 열일곱 살 때 엘리트 군인과 첫눈에 반해 결혼하지만 젊은 나이에 남편이 갑자기 사망한다. 서른 살 때 재혼한 상대는 32세 연상의 부자 귀족으로 학식도 뛰어난 뒤팽 드 프랑쾨이Dupin de Francueil였다. 두 사람의 결혼생활은 10년도 채 되지 않아 남편의 사망으로 끝나게 되는데, 그 남편과의 사이에 낳은 것이 아들 모리스Maurice Dupin였다.

때는 프랑스 혁명의 폭풍우가 몰아치는 동란의 시대로, 어머니와 어린 아들은 파리에서 멀리 떨어진 프랑스 중부의 시골 노앙의 저택에서 지낸다. 모리스는 할아버지의 피를 이어받은 듯, 아버지처럼 학문의 길을 걷기보다는 군인이 되기를 바랐고 나폴레옹 군대에 지원해 과감하게 활약한다. 그 사이에 원정 중에 만나 사랑에 빠진 것이 소피 빅투아르 들라보르드Sophie Victoire Delaborde라는 네 살 연상의 여성이다. 그들의 연애에는 몇 가지 어려움이 따랐다. 소피는 가난한 서민의 딸이었고, 원정지에 있었던 데도 이유가 있었다.

소피는 모리스의 상관인 장군의 애인으로, 그를 모시기 위해 그곳에 와 있었던 것이다. 게다가 다른 남성과의 사이에서 낳은 딸까지 있었다.

그러나 그런 문제도 젊은 모리스를 단념시키지는 못했다. 어머니의 맹렬한 반대에도 불구하고 모리스는 멋대로 소피와 결혼했다. 그도 그럴 것이 소피는 사랑의 결실인 아기를 임신했기 때문이다. 그 사실을 안 어머니는 충격에 울다 쓰러졌다고 한다.

이윽고 소피는 여자 아기를 출산한다. 할머니와 마찬가지로 오로르라는 이름을 갖게 된 그 아이가 조르주 상드다.

크게 분노한 마리 오로르는 며느리는 물론이고 어린 손녀도 받아들이려 하지 않았다. 그런데 뜻하지 않은 일로 상황이 바뀌어버린다. 상드가 네 살이 되었을 때 아버지 모리스가 낙마 사고로 사망한 것이다.

사랑하는 아들이 남긴 하나뿐인 손녀에 대해 마리 오로르는 완전히 태도를 바꿔 갑자기 집착하기 시작한다. 어린 상드가 죽은 아들을 빼닮은데다 매우 영리하고 매력적인 소녀였다는 점도 그런 마음을 강하게 했을 것이다. 상드의 교육을 둘러싸고 어머니와 할머니 사이에 맹렬한 힘겨루기가 전개되었고 결국 할머니가 후견인이 되는 것으로 마무리되었다. 상드는 노앙의 저택으로 들어가고 어머니는 파리에 남

3장 자신답게 살 수 없는 사람에게

아 있던 또 다른 딸(모리스와 알기 전에 다른 남성과의 사이에서 낳은 딸)과 지냈다. 그 사이에 어린 상드는 어머니와 할머니 사이에 끼어 정신적으로 고통을 받았다. 겨우 다섯 살이었던 상드는 자기 바람과 상관없이 아버지에 이어 어머니도 잃게 된 셈이다.

그럼에도 최고의 교양을 익혀 나중에 작가가 되는 데는 어머니가 아니라 할머니 밑에서 자란 것이 큰 도움이 되었다. 입주 가정교사에게 라틴어 등을 배우며 다양한 교양을 쌓았고, 교양이 풍부하고 예술적 감각이 뛰어난 할머니에게 문학과 음악을 배웠다. 동시에 시골의 자연 속에서 서민 아이들과 같이 뛰어노는 생활은 《사랑의 요정La Petite Fadette》에서도 볼 수 있듯이 자연에 대한 애정과 서민에 대한 자상한 눈빛을 키우게 했다.

그러나 네 살 때 아버지를 잃고, 다섯 살 때 어머니와 생이별하게 된 것은 어린 마음에 깊은 애착의 상처를 주었다. 그 일은 이후 그녀 인생에 영향을 미칠 수밖에 없었다.

열세 살이 된 상드는 더 높은 수준의 교육을 받기 위해 파리에 있는 수도원에서 공부하게 되었다. 파리로 나간다는 것으로 상드는 어머니와 재회해 잃어버린 시간을 되찾기를 기대했다. 그러나 딸의 그런 생각과는 반대로, 다시 만난 어머니는 자기 일만으로도 머리가 꽉 차서 냉담한 반응을 보일 뿐이었다. 딸로 인해 자유로운 생활을 방해받는 것이 싫었던 것이다. 이상화했던 어머니의 환영이 박살 난 상드는 더욱 깊은 상처를 받았다.

그녀는 다음과 같이 회상한다.

1년째, 나는 그때까지도 감당하기 어려운 아이였다. 애정에 대한 일종의 절망, 적어도 무력감이 기분 전환으로 장난질을 쳐서 기뻐 어쩔 줄 모르도록 나를 내몰았기 때문이다. 2년째, 나는 갑자기 불타오르듯이 격렬한 신앙심에 빠졌다. 3년째, 나는 온화하고 흔들림 없는 밝은 신앙 속에 있었다.[1]

어머니의 사랑을 얻지 못해 버려졌다고 느낀 상드를 절망에서 구한 것은 신앙이었다.

하지만 수도원에서 신앙 속에 사는 것은 허락되지 않았다. 몸이 약해져서 불안해진 할머니가 상드를 집으로 다시 부른 것이다. 상드는 무거운 마음을 안고 노앙으로 돌아간다. 할머니가 1년쯤 지나 사망하자, 이번에는 무관심했던 어머니가 갑자기 보호자로 나서서 딸을 파리로 데려간다. 그러나 어머니와 잘 타협할 겨를도 없이 이번에는 상드가 어머니를 귀찮아하게 되었다.

상드는 어머니에게서 떠나 아버지의 옛 지인을 찾아가 그에게 의지하게 된다. 그곳에서 남작 가문의 아들인 카지미르 뒤드방Casimir Dudevant이라는 27세의 소령을 만나 사랑에 빠진다. 18세의 상드에게는 처음이라 해도 좋을 진짜 연애였다.

어머니가 반대했지만 그런 소리는 귀에 들어오지 않았다. 만난 지 두 달 만에 결혼을 결정하고 반년 후에는 노앙에서 같이 살기 시작했다. 남편은 아내의 재산과 영지에서 얻을 수입을 기대하고 군복을 벗었다. 상드가 마음에 어떤 짐을 지고 있는지 알게 된 것은 몇 년이 지난 후였다.

남편 카지미르는 타산적인 합리주의자로, 자기 것이 된 영지를 경영하는 데 적극적으로 나서면서 인정사정없이 불필요한 것을 배제하기 시작했다. 오랫동안 일한 사용인을 해고하고, 상드가 소녀 시절부터 사랑했던 숲을 벌채했다.

상드는 바로 아기를 갖게 되어 아들이 태어나자 아들에게만 몰두했다. 그러나 아기가 젖을 뗄 무렵부터 '말할 수 없는 권태감'이 몰려왔다. 남편의 사랑을 받고 자신도 남편을 사랑하지만 차츰 그 행복한 생활에 뭔가가 빠져 있음을 느꼈다.

남편에게 특별한 결점이 있는 것은 아니었다. 다만, 사냥과 와인, 지방 정치 같은 것에만 흥미를 갖는 남편과 관심을 공유하기가 어려웠다. 마음을 나눌 수 있는 깊은 이야기를 하는 것도, 문학과 예술에 관한 대화도 기대할 수 없었다.

상드는 독서에서 마음의 위안을 찾아 현실 생활의 불만으로부터 눈을 돌리려고 했다. 그럼에도 남편과의 사고방식 차이, 가치관의 차이는 시간이 갈수록 커져갔고 두 사람 사이에는 메워지지 않는 깊은 골이 생겨났다.

남편은 우울해하는 아내를 전혀 이해할 수 없었다. 단순한 남편은 아내에게 기분 전환이 필요하다고 생각했다. 두 사람은 여행을 떠나 연말부터 다음 해 봄까지 파리에 아파트를 빌려서 지냈다. 겨우내 연극을 관람하고 사교를 즐기면 기운을 차릴 것이라고 기대했지만 큰 효과는 없었다. 그다지 기분이 밝아지지 않은 채 봄이 되어 노앙으로 돌아왔는데 상드의 상태는 악화될 뿐이었다. 불안, 초조감, 가슴 두근거림, 두통, 원인 불명의 기침이 계속되어 나쁜 병에 걸린 건 아닐까 걱정할 정도였다.

그런 증상은 온천욕을 하면 개선되었는데, 진짜 이유는 남편과 가정이라는 굴레에서 벗어났기 때문일지도 모른다. 그곳에서 상드는 남편에게 편지로 자신의 괴로운 마음을 솔직히 털어놓는다.

매일 당신과 얼굴을 마주하다 보니 차츰 당신에 대해 잘 알 수 있게 되었어요. 당신의 장점은 하나도 남기지 않고 칭찬했죠. 나 이상으로 애정을 담아 당신을 사랑한 사람은 없을 거예요.

하지만 나는 당신이 뭔가를 배우거나 책 읽는 것을 좋아하는지 어떤지, 당신의 의견이나 취미, 기질이 나와 일치하는지 어떤지 알려고 하지 않았어요…….

당신이 음악에 조금도 애착을 갖지 않는다는 것을 알았기 때문에 나도 더 이상 음악에 열중하지 않게 되었죠. 피아노 소리에 당신은 달아나버리잖아요. 아내에 대한 배려로 당신은 책을 읽으려 했죠. 하지만 몇 줄만 읽어도 따분하고 졸음이 와서 당신의 손에서 책이 바닥으로 떨어져버렸어요. 둘이서 문학과 시와 도덕에 대해 말할 때도 내가 말하는 저자를 모르거나 나의 생각을 두고 광기다, 감정이 고조되었다, 황당무계하다고 해서 더 이상 말하지 않았어요. 앞으로 둘 사이에 관계할 것이 존재하지 않는다고 생각하니 나도 모르는 사이에 마음에는 슬픔이 자리 잡았어요. 나는 이런 고통을 조심스럽게 감췄어요. 모든 것이 싫어졌고 홀로 살아가야 한다는 생각에 소름이 끼쳤어요. 당신의 취미를 나의 취미로 삼으려고 노력도 했지만 잘되지 않았어요.

……당신은 이런 나에 대해 전혀 몰랐어요. (중략) 당신

을 소중히 생각했어요. 하지만 조금도 행복하지 않았어
요. 둘 사이에 내면적인 유대도 없었고, 난로 옆에서 즐겁
게 수다를 떠는 일도 없었죠. 우리는 서로를 전혀 이해하
지 못했어요. 마음속에 두려움의 동굴이 느껴져 잠시도
집에 있을 수 없게 되었어요.**2**

지적 공감과 정신적인 유대에서 애정을 찾으려 했기에
느껴야 했던 고독과 공허함을 솔직히 호소한 것인데, 200년
전에 쓰였다고는 도저히 생각할 수 없다. 현대에도 똑같은
괴로움과 공허함을 가진 여성과 남성이 많을 것이다.

그럼에도 부부라는 굴레는 당시 프랑스에서는 쇠로 만
들어진 족쇄보다 더 강력했다. 남편도 아내의 뜻에 따르기
위해 나름대로 노력했을지 모른다. 두 사람이 그로부터 2년
후에도 부부로 지냈던 것은 확실하다. 왜냐하면 이듬해에 딸
이 태어났기 때문이다.

그러나 딸이 태어났을 무렵에 부부의 끈은 더 이상 재생
이 어려울 만큼 갈기갈기 찢어졌다. 애정이 식었을 때 생긴
아이에게는 관심이 가기 어려운 법이다. 아이에게 죄는 없
지만 자신을 구속하는 족쇄가 하나 더 늘어난 것으로 느껴지기
쉽기 때문이다. 상드도 그런 마음을 느끼기 시작했을 것이
다. 오랫동안 기다려온 딸이었지만 엄마와 아이 사이에 따뜻

한 애정이 흐르지 않았다. 딸이 성장해서도 두 사람의 마음은 계속 엇갈렸다.

마음의 병을 앓고 있던 것은 아내만이 아니었다. 아내가 무관심한 태도를 보이는 기간이 길어지면서 남편 역시 애정 없는 결혼생활에 지치기 시작했다. 술을 마시는 횟수가 잦아지고, 양도 늘어났다. 생활은 점점 거칠어졌다. 술이 들어가면 배짱이 생겨서 무분별해졌다. 그런 허점으로 남에게 속아 손해를 보는 경우가 많아졌다. 아내의 재산은 점점 줄어들었다. 상드는 인생에 절망해 죽음까지 생각하게 되었다.

그런 상드를 구원한 것은 이번에는 신앙이 아닌 한 남성과의 만남이었다. 쥘 상도Jules Sandeau라는 19세의 소설가 지망생으로, 26세의 상드는 지금까지 억눌러온 것을 풀어버리듯 격정적인 사랑에 몸을 맡겼다. 두 사람은 비밀리에 만났는데, 나쁜 소문은 금방 퍼져서 남편 귀에도 들어갔다. 그래도 상드는 좋은 아내라는 겉모습을 유지하려고 했다. 겉으로만 행복한 척하는 쇼윈도 부부를 연기했던 것이다.

그러나 우연한 일로 그런 연기도 의미 없는 것임을 알게 된다. 남편은 만일을 대비해 유언장을 작성해두었는데 그것을 발견한 상드가 내용을 읽어버린 것이다. 놀랍게도 거기에는 아내에 대한 불신감과 비난이 심한 욕설처럼 잔뜩 쓰여 있었다.

결혼한 이래로 8년 동안 자신을 최대한 죽이려 노력하며 남편을 섬겼는데, 결국 불신과 증오만 생겼다는 현실과 맞닥뜨린 상드는 이 생활을 지속하는 것이 무의미한 헛수고임을 깨달았다.

남편과 심한 언쟁을 반복한 끝에 상드는 남편에게서 1년의 반은 파리에서 보내고 나머지 반은 노앙에서 보내게 해준다는 약속을 간신히 받아냈다.

그러나 남편도 만만치 않았다. 아내가 파리에서 놀며 생활할 돈을 넉넉히 주지 않았다. 예술을 향유하고 연극 관람을 하며 작가나 예술가들과 교류를 하는 데도 돈이 필요했는데 그녀가 받은 것은 간신히 먹고 지낼 수 있을 정도의 생활비뿐이었다. 그래서 파리의 다락방을 빌려 그곳에서 조신하게 지내는 수밖에 없었다. 남장을 즐긴 것도 길바닥이 고르지 않은 파리 거리에서 마차를 타지 않은 채 옷을 더럽히지 않고 돌아다니려면 옷자락이 긴 드레스보다 편하다는 실질적인 이유에서였다.

그래도 상드는 행복했다. 그리고 완전히 건강을 되찾았다. 생활비와 연극 관람을 위한 비용을 벌기 위해 잡지와 신문에 글을 쓰는 일을 시작했고 그것이 그녀를 작가라는 천직으로 이끌어주었다. 최초의 소설은 쥘 상도와 합작한 작품이었는데, 조르주 상드가 혼자 쓴 최초의 소설 《앵디아나

Indiana》는 발표되자 일대 선풍을 일으켰다. 그것은 결혼생활에서 억압받은 여성이 스스로 자유를 되찾는 이야기로, 그녀 자신의 이야기이기도 했다. 그 후에도 상드는 차례로 작품을 발표한다. 남편이 보내주는 돈에 의존하지 않고 생활할 수 있을 만큼의 돈을 스스로 글을 써서 벌 수 있게 된 것이다.

상드의 방에는 작가와 예술가가 몰려들게 되었고 상드는 재능 있고 매력적인 남성과도 만남을 갖는 등, 연애와 창작 활동에서 풍요로운 인생을 살게 된다. 알프레드 드 뮈세 Alfred de Musset, 프레데리크 쇼팽 Frédéric Chopin과의 연애는 특히 유명하다.

의무와 자유, 어느 쪽을 택해야 할까

의무와 책임의 중요성을 역설하는 입장, 그리고 개인의 자유와 가능성을 추구하는 입장을 논리로만 따지자면 영원히 접점을 찾을 수 없이 대립한다.

그러나 실제 개개인의 인생에서 이런 경우를 살펴보면 양립하지 않고 이항대립적인 단순한 문제가 아님을 알 수 있다. 예를 들어 의무와 책임에 목숨을 바치는 인생을 선택했다고 하자. 실제로 그런 삶을 선택한 사람은 예전에 많았고,

지금도 많다. 하지만 본심에서 우러나오지 않은 선택을 강요받은 사람은 자기 인생을 진심으로 긍정할 수 없다. 불만과 한탄이 많아지거나 겉으로는 그렇지 않은 경우에도 다양한 행동이라는 형태로 자신 안에 있는 분노와 부정적인 감정을 드러내게 된다. 그것이 결국 주위를 행복하게 하기보다 불행하게 만들어버리는 경우도 많다.

어머니로부터 아버지에 대한 불평만 듣고 자란 아이는 마치 자신이 어머니를 불행하게 만든 원인처럼 여기게 된다. '왜 헤어지지 않는 거야. 그렇게 싫으면 깨끗이 헤어지면 되잖아. 자신이 결정하지 못하는 것을 자식 탓으로 돌리지 마' 하고 속으로 외치는 경우도 적지 않다.

자신은 상대를 위해, 자식을 위해 참고 견뎠다고 생각하지만 아무도 고마워하지 않고 모두가 불행해지는 상황도 많다.

그렇다고 해서 자기 기분대로 살면 되는 것도 아니다. 자기 욕망에만 충실하면 분명 행복할 거라고 생각했으나 의외로 안정되지도 않고 예측도 할 수 없는, 하루 벌어 하루 사는 생활에 빠지는 경우도 많다.

한 여성은 연애결혼을 해서 두 살과 다섯 살짜리 자녀를 두었다. 그때까지 부부 사이가 그다지 나쁘지는 않았지만 남편과의 관계에 신선함을 잃은 것은 부정할 수 없었다. 그런 때 여성은 시간제로 일하는 곳에서 한 남성을 만났다. 자극에 굶주렸던 여성은 남성의 유혹에 가벼운 기분으로 응했다. 그렇게 가벼운 불장난으로 시작했는데 타오른 불길은 통제할 수 없게 되었다. 여성은 집을 나와 남자와 함께 살기 시작했다. 어린 두 자녀와 남겨진 남편은 격노했지만 아무런 소용이 없자 아내에게 돌아와 달라고 애원했다. 아내가 전혀 그럴 마음이 없다는 태도를 보이자 결국 남편은 아내와 이혼할 수밖에 없었다.

이혼 후 자유의 몸이 되어 새로운 인생을 살 수 있게 된 여성은 그로부터 한 달도 지나지 않아 남자와 크게 싸우고 친정으로 돌아갔다. "저런 인간은 최악이다"라고 말하면서도 1, 2주 지나면 다시 합쳤다가 다시 싸우기를 반복했다. 결국 반년도 되지 않아서 그와 완전히 헤어지고 말았다.

여성은 새로운 남자와 사귀기 시작했는데 그때그때 기분과 욕구대로 사는 것은 그다지 부러워할 만한 것은 아닌 듯하다.

둘 사이에서 흔들리는 것이 인간

매사에는 적당함이 중요하다. 어느 한쪽 방식이 완전히 옳은 경우는 거의 없다. 참고 견디는 것이 필요한 시기도 있지만 참고 견뎌 자신을 희생한 경우는 대개 좋은 결과로 끝나지 않는다. 그렇다고 해서 호기심과 욕망대로만 살면 수습이 안 된다.

인생이 어느 정도 안정된 토대를 갖고 결실을 맺기 위해서는 지속성이 필요하다. 계속 달라지기만 하면 모든 것이 어중간하게 끝나버린다. 인내와 끈기도 어느 정도 필요하다.

그런 다음에 더 이상 견딜 수 없는 한계에 다다랐을 때는 참지 말고 자신이 바라는 것에 솔직히 몸을 맡기는 것이 좋다.

이상하게도 철학은 어느 한쪽에 치우치는 경향을 띠기 쉽다. 어떤 철학은 의무와 책임을 다하라고 설득한다. 또 어떤 철학은 자신의 욕망과 가능성을 추구하라고 말한다. 그러나 이런 이분법적인 구도는 머릿속에서 통용되는 것일 뿐, 현실에서는 양자가 둘로 분명하게 나누기 어렵게 얽혀 있다. 따라서 어느 한쪽만 바란다든지, 어느 한쪽은 포기한다든지 하는 성질의 것이 아니다. 바꿔 말하면 양쪽을 다 추구해 손에 넣는 것이야말로 진정한 행복과 만족을 얻는 것이다.

자유도 중요하고, 책임도 중요하다. 사람이 행복하게 살아가기 위해서는 자유와 책임이 모두 필요하다. 그렇기 때문에 자유를 추구하고 책임을 포기할까, 아니면 책임에 목숨을 걸고 자유를 체념할까 하는 이분법적 구도로 나눌 게 아니라 양쪽을 적절히 손에 넣는 삶을 추구해야 한다. 둘 사이에서 흔들리는 것이야말로 지극히 인간답다.

자유분방하게 보이지만 교묘한 균형도

예를 들어 조르주 상드의 삶은 오늘날의 관점에서 보면 어중간하다고 생각될 수 있다. 아내와 어머니라는 입장은 지킨 채 1년 중 반은 파리에서 마음대로 자유를 구가한다. 깨끗이 이혼하고 완전히 새로운 인생을 살아야 하지 않을까. 그러나 그런 방향으로 극단적으로 키를 돌리면 앞서 언급한 여성처럼 모든 것을 잃게 될 위험도 있다. 이번에야말로, 하고 새로운 남자에게 모든 것을 맡겨도 사랑은 결국 끝나버린다.

상드는 인생을 바꿀 만한 연애를 여러 번 경험했고, 그것이 서로에게 영감을 주어 창조력의 원천이 되었다. 그러나 아무리 깊은 사이가 되어도 그녀는 특정한 남자에게만 속박되는 인생을 바라지 않았다. 그렇게 하는 것은 자유로운 에너지를 빼앗아 애정을 없애버린다는 것을 뼈저리게 경험했기 때문일 것이다. 영원히 가질 수 없는 존재로 남는 것이 오히려 자유와 창조성을 보증해준다.

그러나 자유는 불안정한 상태다. 자유롭게 산다는 것은 그 말만큼 홀가분하거나 편안하지 않고 아름답지도 않다. 상대가 난처한 상태에 처해 도움을 가장 필요로 할 때마저도 자기 인생을 지키기 위해 상대를 무시해야 하는 경우도 일어난다.

자신의 뜻이 아닌 상대의 뜻에 따라 행동한다 해도 자신을 억누르며 무리하면 그 결과는 반드시 어딘가에서 나타나게 된다. 언젠가 상대를 증오하게 될지도 모르고 마침내 상대를 버리게 될 수도 있다.

결국 자신이 책임질 수 있는 것은 자기 인생뿐이다. 자식도 어릴 적에나 책임질 수 있을 뿐, 자식이 어른이 된 후에도 똑같이 잔소리를 하려고 하면 괜한 참견이 된다. 자식이 잔소리를 싫어하지 않는다 해도 기뻐해야 할 일이 아니다. 자식을 평생 스스로 책임지지 못하는 어른으로 만들어버릴 수 있기 때문이다.

요컨대 어느 한쪽에 치우지지 않는 균형과 적당함이 중요하다. 체념할 필요도 없지만 지나치게 바라는 것도 구차한 일이다.

인생은 타협의 산물이다. 그리고 완벽한 것과 이상적인 것보다 가까이서 얻을 수 있는 평범한 것들에 의외로 행복과 평안함이 있다.

노년기에 접어든 상드가 마지막으로 의지한 것은 저택의 집사를 지냈던 남성으로, 특별히 재능과 교양을 지녔던 것은 아니지만 그녀를 성실하게 섬긴 인물이었다.

4장

'굴레'에 속박된 사람에게

서머싯 몸과 《인간의 굴레》

《비Rain》, 《달과 6펜스The Moon and Sixpence》 등의 걸작으로 알려진 영국 작가 윌리엄 서머싯 몸William Somerset Maugham(1874~1965)의 작품 가운데 내가 가장 좋아하는 것은 자전적 장편소설 《인간의 굴레Of Human Bondage》다. 그것은 단편소설의 신이라 불리는 몸의 작품들 중에서 특이한 위치를 차지한다. 예술 작품으로 공을 들여 다듬어서 인간성의 어두운 부분을 냉철하게 그려내는 다른 작품과 달리 《인간의 굴레》에는 고뇌하고 주저하면서 인생을 사는 주인공에 대한 따뜻한 공감이 배어 있다.

일찍이 어머니를 여의고 외과 의사인 아버지 밑에서 성장하지만 아버지도 사망해 큰아버지 부부에게 맡겨져 성장하게 된 주인공 필립의 이야기는 약간 설정을 바꿨지만 작가 몸의 이야기이기도 했다.

몸은 1874년 아버지가 부임해 근무하던 파리에서 태어났다. 아버지는 외과 의사가 아니라 영국 대사관의 고문변호사였다. 어머니는 아버지보다 스무 살이나 연하인데다 대단한 미인이었다. 아버지는 체구가 작은 추남으로, 주위 사람들로부터 '미녀와 야수'라는 야유를 받았다고 한다. 어머니는 결핵을 앓아 서른여덟의 젊은 나이에 사망했다. 당시 몸은 여덟 살이었다. 죽기 직전에 어머니는 자신이 언제 죽을지 안 것처럼 힘든 몸으로 무리해서 사진관을 찾아갔다. 아들이 자신의 모습을 기억해주기를 바랐기 때문이다. 촬영을 마치고 돌아온 어머니는 현관에서 쓰러져 병상에 누운 채 다시는 건강을 회복하지 못했다. 몸은 나이가 들어서도 그때의 사진을 침실 탁자 위에 장식해놓았다고 한다.

어머니가 죽고 2년 후 아버지도 사망한다. 아내를 잃은 슬픔에서 겨우 벗어나 아내와의 추억을 떨쳐버리듯이 파리 교외에 별장을 짓고 세간까지 들여놓은 직후였다.

열 살의 몸은 영국 시골 마을의 목사인 작은아버지에게 맡겨지게 되었다. 몸은 이때까지 영국에 살아본 적이 없어서 영어도 잘 몰랐기 때문에 서둘러 대사관의 영국인 목사로부터 영어의 기초를 익혔다.

이런 커다란 환경 변화가 어린 몸의 마음에 무리를 준 것은 틀림없다. 이 무렵부터 몸은 말을 심하게 더듬게 된다.

《인간의 굴레》에서 묘사되는 필립의 불안한 생활은 소년 몸이 맛본, 불안한 상황 그대로였다. 소설 속 주인공은 말

더듬증이 있는 게 아니라 소아마비 후유증으로 다리가 불편한데, 기숙학교에서 동급생의 야유를 받고 따돌림을 당하는 것도 몸 자신이 한 경험이 충실히 그려진 것이다. 큰어머니는 필립을 사랑해주지만 목사인 큰아버지(작품 속에서는 몸의 작은아버지가 큰아버지로 설정되어 있다)는 애정이 부족하고 엄격하기만 해서 예술가가 되려는 필립의 꿈을 인정하려 하지 않았다.

현실에서 몸은 소설 속 주인공보다 어떤 의미에서 더 가혹한 체험을 한다. 열여섯 살 때 어머니처럼 결핵에 걸려 학업을 중단할 수밖에 없었던 것이다. 그는 9개월 동안 남프랑스에서 요양을 하게 된다.

편력과 모색의 날들

이때부터 몸은 문학에 눈을 떠서 작가가 되고 싶다는 희망을 품기 시작하는데, 그것은 엄격한 작은아버지의 인정을 받을 수 없는 비현실적인 바람이었다. 작은아버지는 몸이 목사가 되기를 바랐다.

거기에 반항하듯이 몸은 열여섯 살 때 하이델베르크에서 1년간 유학한다. 그것은 진로를 결정하기까지의 모라토리엄moratorium(일시적 유예 기간)이었다. 아버지의 유산을 사용할 수 있었고 작은아버지가 양보해 마지막으로 날개를 펼 기회를 허락해주었기 때문에 가능한 일이었다. 작은아버지는 몸이 좋아하는 일을 실컷 해서 마음이 풀리면 목사가 되기 위한 공부를 해주지 않을까 기대했다.

그러나 하이델베르크에서 돌아왔을 때 몸은 목사가 될 마음이 전혀 없음을 자각했다. 작은아버지를 설득하기 위해 내키지 않는 회계 일을 시작했지만 전혀 맞지 않았다. 6주 만에 가망이 없다고 단념하고 의사가 될 결심을 한다. 그리하여 런던의 성토마스병원부속의학교에 입학해 의학 공부를 시작한다.

하지만 이것도 몸에게는 모라토리엄의 연속일 뿐이었다. 그가 진심으로 되고 싶은 것은 작가였다. 몸은 의학 공부를 하면서 희곡과 소설을 썼다. 5년간의 의학교 생활을 마치고 의학사 학위를 취득한 해에 산부인과 조수로 빈민가에서 일한 경험을 토대로 쓴 처녀작 《램버스의 라이자Liza of Lambeth》가 호평을 받으며 재판까지 찍게 된다.

이에 자신감을 얻은 몸은 의학의 길을 버리고 작가로서 출세하기로 결심한다. 하지만 그것은 고난의 시작이었다. 그로부터 10년 동안 희곡 《프레더릭 부인Lady Frederick》으로 대성공을 거두기까지 괴로움을 견뎌야 했다. 그동안 몸은 햇수로

3년을 파리에서 지내는데 그 시절은 그에게 앞이 보이지 않는 모색의 시대였다. 그 체험은 《인간의 굴레》에서 기대와 불안이 뒤섞인 편력의 나날로 매력적으로 묘사된다.

소설 속에서 필립은 학교를 나온 후 런던의 상점에서 일하기 시작하지만 화가가 되고 싶다는 꿈을 갖고 있었다. 성인이 되어 아버지가 남긴 유산을 쓸 수 있게 된 필립은 꿈을 실현하기 위해 파리로 나와 재능을 시험해보기로 한다. 몽마르트르 근처에서 만난 예술가들인 시인 크론쇼, 화가 로슨, 여자 화가 지망생 패니 프라이스, 친구 헤이워드와 교류하면서 필립도 그림 수업을 쌓아가며 자신의 인생을 모색한다.

그러나 예술가로서 사는 것은 쉽지 않았다. 재능이 있어도 세간에 인정받지 못하고 가난하고 궁색한 가운데 삶을 마친 이들도 적지 않았다. 필립의 생활을 여러모로 도와준 패니는 매일 빵을 먹기도 힘든 어려운 생활 끝에 절망해 자살한다. 필립이 스승으로서 존경했던 크론쇼는 뛰어난 재능을 갖고 있으면서도 시집은 전혀 팔지 못한 채 술에 절어 살았다. 인생의 의미는 무엇이냐고 묻는 필립에게 크론쇼는 죽기 직전에, 이것이 그 답이라며 수수께끼를 내듯 페르시아 양탄자를 주었다.

그러던 중에 필립 자신도 재능의 한계를 깨달아 화가가

되기를 단념하고 런던에서 의학 공부를 하게 된다. 의학도가 된 필립은 단골 카페에서 알게 된 종업원 밀드레드와 교제하는데, 밀드레드는 이기적이고 분방한 여성이었다. 밀드레드와 식사를 하고 연극 관람을 하고 그녀에게 돈도 주었지만 결국 필립은 버림받는다. 상처 입은 필립에게 다시 비극이 덮친다. 주식이 폭락해 갖고 있던 돈을 전부 잃게 된 것이다. 의학 공부는커녕 그날의 끼니를 잇기도 어려운 형편이 되었다. 큰아버지에게 지원을 부탁하지만 이전부터 그의 생활을 좋게 생각하지 않은 큰아버지는 이때다 하고 모든 지원을 끊어버렸다. 방세를 내지 못하고, 전당 잡힐 물건도 더는 없어 공원과 템스 강가 벤치에서 노숙을 하며 일자리를 찾았지만 때마침 불황에다 다리가 불편하다는 불리한 조건까지 더해져 그를 써주는 곳은 어디에도 없었다. 자존심이 강한 필립은 지인과 친구에게 사정을 털어놓을 수도 없었다. 필립의 뇌리에 자살이라는 생각이 몇 번이고 떠올랐다.

그런 필립을 구제한 것은 알고 지내던 일가가 베푼 친절이었다. 필립의 어려움을 알고는 자신들도 유복하진 않음에도 일을 찾을 때까지 집에 와 있어도 좋다고 말해주었다. 필립은 그 도움 덕분에 백화점 점원으로 일할 수 있게 되었다.

의학에 대한 미련은 있었지만 살아가기 위해서는 현실을 받아들이는 수밖에 없었다. 사치는 생각할 수도 없었다.

길거리를 헤맨 끝에 임금이 박하더라도 안정된 수입을 얻을 수 있는 일을 찾게 되었고 몸을 쉴 방이 있고 식사할 수 있다는 것을 감사히 여겼다. 다만 생활하기에도 빠듯해서 숙식을 제공하는 일터에서 한 달을 꼬박 일해도 수중에 남는 돈은 얼마 되지 않았다. 의학 공부를 다시 하는 것은 꿈같은 이야기가 되었다.

'인생에 의미는 없다'는 구원

그런 실의의 구렁텅이에 있던 필립은 친구 헤이워드가 죽었다는 이야기를 듣는다. 이에 크론쇼가 준 페르시아 양탄자를 떠올리고는, '인생의 의미란 무엇인가'라는 물음에 크론쇼가 전하려 했던 답을 깨닫는다.

> 인생에는 아무런 뜻이 없었다. 사람의 삶에 무슨 목적이 있는 것은 아니다. 사람이 태어난다거나 태어나지 않는다거나, 산다거나 죽는다거나 하는 것은 조금도 중요한 일이 아니다. 삶도 죽음도 무의미하다.ㅣ

그러나 그 생각에 사로잡혔을 때 필립을 덮친 것은 신기하게도 절망이 아니라 기쁨의 도취였다.

처음으로 완전한 자유를 누리게 되는 셈이었다. 자기 존재의 무의미함이 오히려 힘을 느끼게 해주었다. 이제까지 자신을 박해한다고만 생각했던 잔혹한 운명과 갑자기 대등해진 느낌이 들었다. 인생이 무의미하다면 세상도 잔혹하다고 할 수 없기 때문이다. 그가 무엇을 하고 안하고는 이제 중요하지 않았다. 실패라는 것도 중요하지 않고 성공 역시 의미가 없었다.[2]

인생은 페르시아 양탄자의 무늬 같은 것. 어떤 무늬를 짤 것인지는 각자 다르고, 어느 쪽이 좋거나 어느 쪽이 나쁜 것이 아니다. 필립이 자살의 유혹에 시달린 것은 자기 인생이 기대했던 것과 너무 멀어져서 삶에 긍정적인 의미를 찾을 수 없게 되었기 때문이다. 그러나 인생이 처음부터 무의미했다면 자신이 기대한 인생은 단순한 선입견에 불과하다. 이렇게 살아야 한다는 정답은 없다. 어떤 삶이든 상관없다. 그렇게 생각하는 것으로 필립은 자기 인생을 파멸로부터 구원했다.

필립이 품고 있었던 생각은 니힐리즘(허무주의, 神신이나 정의 같은 절대적인 가치는 존재하지 않는다는 사고방식)의 철학이라고 할 수 있다.

　인간 사고의 역설적인 면이라 할 수 있는데, 니힐리즘은 모든 것이 무의미하다고 깨달음으로써 힘과 용기를 얻는다. 깊은 상처를 입어 절망을 느낄 때는 어설프게 희망을 찾으려 하면 도리어 기대와 어긋나 힘을 잃는다. 쓸데없는 기대를 버리고 철저히 아무것도 갖지 않는 무無에 묻히는 것도 한 방법이다. 그렇게 하면 두려울 것이 없다. 고통스러운 일도 앞으로 어떻게 될지 좀 더 지켜볼까 하고 남의 일처럼 느끼게 된다. 무엇을 해도 달라지지 않는다면 조심하는 것이 어리석다. 끝까지 해보자는 도전적인 힘이 생긴다. 무라는 것은 강하다.

　불교의 선禪에서도 모든 것은 꿈이라고 생각한다. 꿈이란 덧없이 사라지고 마는 실체 없는 환영이다. 선에서 말하는 꿈은 단순히 덧없는 것이라기보다 어차피 무의미한 환영이므로 자신이 원하는 대로 마음껏 살면 된다는 적극적 의미를 담고 있다. 거기에는 주술과 속박을 푸는 힘이 있다.

　니힐리즘은 파괴적인 사고방식으로 이어질 수도 있지만, 무의미함을 주체적인 선택의 자유로서 적극적으로 받아들임으로써 삶을 긍정하는 생각으로 이어질 수도 있다. 내세와 영원한 생명을 믿지 않는 자에게 생명이 있는 모든 것은 언젠가 사라질 운명을 갖고 있다. 그렇다면 무엇인가에 얽매이거나 조심하는 대신에 지금 이 순간을 마음껏 후회 없이 살면 된다고 생각하게 된다.

끊을 수 있는 관계로서의 '굴레'

서머싯 몸은 아주 어릴 적부터 확고한 회의론자(신의 존재를 의심하는 사람)였다. 자신이 겪은 불안하고 불행한 성장 과정과 목사인 작은아버지와의 불화가 그런 면을 더욱 강하게 했다. 몸의 문학뿐만 아니라 그의 삶을 지배하는 것은 인간에 대한 냉소적이고 비아냥거리는 시선으로, 숭고한 것과 고귀한 존재의 가면을 벗겨 그 본성을 폭로하려는 자세였다. 그는 인간의 숭고함과 자애로움보다는 방자함과 추악함을 더 많이 느끼면서 성장했다.

그런 인간에게 모든 인간의 행위는 자기애가 만들어내는 소행으로 비친다. 인간과 인간의 관계도 자기애의 지배에 의한 것이다.

'인간의 굴레'라는 제목은 네덜란드의 철학자 스피노자 Benedictus de Spinoza가 쓴 《에티카Ethica》에 나오는 한 구절을 인용한 것이다. 스피노자가 말한 '굴레'가 의미하는 것은 인간의 자유를 속박하는 제약으로, 거기서 해방되어 자유로워져야 한다고 스피노자는 이야기한다. 즉, 일본어의 '키즈나絆'가 갖는 긍정적인 의미보다 '속박', '얽매임', '족쇄'라는 부정적인 뉘앙스가 강하다고 할 수 있다.★ 몸도 '굴레Bondage'를 그런 의미로 사용한다.

필립의 이야기는 몸 자신이 안고 있던 마음의 굴레를 이중의 의미에서 극복하는 이야기다. 먼저, 주인공은 인생에서 등에 짊어진 시련에 농락당하면서도 결국 그것을 극복한다. 그리고 작가 자신도 이 이야기를 쓰는 것으로 실제 인생에서 해소하지 못한 속박을 재확인하고 그것으로부터 자유로워진다. 실제로 몸은 마흔에 쓴 이 작품을 통해, 자신이 얽매여 있던 과거에 대한 감정의 응어리로부터 자유로워졌다고 작품의 취지를 회상한다.

《인간의 굴레》는 성장소설로서 이야기의 매력, 주인공 필립이 지닌 핸디캡과 순진한 성격 때문에 주인공에게 공감할 수 있어 매우 인도주의적인 인상을 주는데, 세부적인 부분을 객관적으로 점검하면 전혀 다른, 상당히 냉혹한 면이 얼굴을 내민다. 그 부분은 몸이 자신도 모르게 이야기라는 것을 잊어버리고 진심을 드러낸 부분이기도 하다. 거기서 몸

★ 《인간의 굴레》의 일본어판 제목은 '인간의 키즈나人間の絆'이다. 키즈나는 '정' 또는 '인연'을 의미한다.

이 정색을 한 것은 자신이 그 점에 갈등을 겪고 있어 냉정할 수 없었기 때문이다.

그런 경향을 정확히 볼 수 있는 것은 보호자인 큰아버지와의 관계를 그릴 때다. 특히 큰아버지가 죽을 때 주인공은 이상하다 싶은 행동과 사고를 보인다.

필립은 큰아버지의 마지막 날들을 지켜본다. 큰아버지로부터 원조가 끊겨 학업을 중단할 수밖에 없는 상황에 내몰렸지만 큰아버지가 죽으면 유산으로 학업을 재개할 수 있게 된다. 큰아버지의 죽음을 은밀히 바라면서 자신을 키워준 인물이 죽어가는 모습을 지켜보는 것이다. 그러는 시간 동안 필립이 맛본 것은 목사였던 큰아버지라는 인간의 옹졸함과 이기적인 본성과 죽음에 대한 두려움이었다.

다소나마 존경해야 할 점을 갖고 있어서 자신에게는 경외의 대상이기도 했던 인물이 하찮고 소심하고 교활한 인간이었음을 필립은 자세히 관찰한다. 그 눈빛은 섬뜩하리만큼 차갑다. 마치 복수를 하듯이 큰아버지의 초라한 죽음을 지켜본다.

그 광경을 묘사하는 것으로 몸은 현실의 작은아버지에 대해 줄곧 품어온 감정의 응어리를 털어냈을 것이다. 작은아버지의 가르침은 몸을 어딘가에서 속박하고 있었다.

몸이 《인간의 굴레》에서 그린 것은 불행한 부자 관계를 극복하는 하나의 과정이라고도 할 수 있다. 그것은 절대 아름다운 과정이 아니다. 어째서 이런 인간을 자신이 두려워하고 이런 인간에게서 사랑받으려 하고 인정받지 못해 괴로워했는지를 끝까지 지켜보는 행위다. 왜 이런 시시한 인간을 두려워하고, 이런 시시한 인간의 마음에 들기 위해 노력했는지 깨닫는 것은 인생의 한 과정을 끝내고 아버지라는 족쇄로부터 벗어나기 위해 필요한 것이다.

그때 부모에 대해 다정한 감정을 되찾아 자신이 겪은 일을 용서할 수 있는 사람은 행복할 것이다. 더 행복한 화해라는 형태를 취할 수 있다면 행운일 것이다. 이 작은 인간이 한 인간을 키우기 위해 얼마나 힘들게 고생했을까 가여워하면서 자신이 겪은 슬픔과 괴로움도 어쩔 수 없는 것이었다고 받아들이고 용서할 수 있다면 마음이 편해져 더 이상 구애받지 않고 앞으로 나아갈 수 있을 것이다. 그러나 몸처럼 작은 아버지가 죽어가는 모습을 차갑게 지켜보는 것으로 마침내 과거의 족쇄를 소멸시키는 경우도 있다. 몸 자신은 이 소설을 완성한 이후 그때까지 품고 있었던 작은아버지에 대한 감정의 응어리로부터 자유로워질 수 있었다.

양아버지와의 관계를 버리지 못한 소세키

《도련님坊っちゃん》,《마음こころ》으로 알려진 작가 나쓰메 소세키夏目漱石(1867~1916)도 외롭게 성장한 인물이다. 소세키는 태어나고 얼마 안 되어 수양아들로 보내졌는데, 제대로 보살핌을 받지 못하는 것을 누나가 보다 못해 일단 생가로 데려온다. 그러나 한 살 때 다시 양자로 보내져 양부모 밑에서 자라는데, 양부모의 사이가 나빠 이혼하는 바람에 아홉 살 때 다시 생가로 돌아온다. 그 일로 친부모, 양부모 모두에게서 버림받았다는 생각을 하게 된 소세키는 양아버지와 친아버지의 대립으로 어느 쪽에도 호적에 올리지 못해 크게 주눅이 든다. 소세키 특유의 세상을 냉소하고 조롱하는 빈정꾼 같은 일면은 이런 성장 과정과 깊은 관계가 있다. 부모의 사랑을 받지 못한 '도련님'을 가엾게 여긴 하녀가 그를 귀여워한 대목은 소세키 자신의 경험이 반영된 것이다.

소세키가 젊은 시절에 쓴 작품은 유머와 유례없는 캐릭터로 밝고 명랑한 분위기인데 후기로 갈수록 염세적으로, 음울한 공기를 띠게 된다. 사람에 대한 신뢰와 애정보다 배신과 불신, 허무감이 큰 주제가 된다. 그것은 소세키 자신이 마음속 깊은 곳에 품고 있었던 것이라고 할 수 있다. 만년의 작품인 《한눈팔기道草》에는 양아버지가 주인공에게 돈을 꾸러

오는 장면이 나온다. 거기서 그려지는 양아버지에 대한 생각은 소름이 끼칠 정도로 차갑다. 서머싯 몸의 눈빛을 닮은 차가움이 느껴진다.

그러나 소세키와 서머싯 몸을 문학으로 내달리게 한 원동력이 부모에게 사랑받지 못한 자식의 슬픔이라면 마음의 짐이 생산적인 에너지로도 전환될 수 있다는 것을 배우게 되어서 조금은 마음이 편해진다.

소녀가 등에 진 십자가

열다섯 살의 그 소녀는 늘 밝게 웃는 얼굴로 쾌활하게 행동했다. 표면적인 인상만으로는 밝고 건강한 소녀라고 생각했을지 모른다. 그러나 조금 주의 깊게 보면 그녀가 상대의 안색을 살피면서 마음에 들도록 매우 신경 쓴다는 것을 알 수 있다. 그리고 더 오래 지내다 보면 전혀 다른 일면을 보고 당황하게 된다.

그렇게 이쪽을 신경 써주며 기분 좋게 행동했던 소녀가 갑자기 거친 말로 욕을 퍼붓기 시작하는 것이다.

"왜 안 돼요? 이상하지 않아요?"

그 계기는, 대개 사소한 요구를 들어주지 않았기 때문이

다. 안 된다고 하면 할수록 소녀는 고집을 부리며 그것에 집
착해서 위압적으로 격하게 말한다. 그렇게 해도 사태는 자신
에게 불리해진다는 것을 알면서도 마음을 바꿀 수 없다.

그런가 하면 갑자기 침울해져서 자신은 왜 늘 이 모양일
까 자책하기 시작한다. "주위에 피해만 주고 말아요", "나 같
은 건 없는 게 나아요", "살아도 의미가 없어요"라고 극단적
으로 말한다.

안심감을 느끼지 못하고 자란 사람은 타인의 안색과 반
응에 상처 입거나 자신의 말이나 행동이 받아들여지는지 지
나치게 민감하게 반응하기 쉽다. 자신의 요구나 말을 거절당
하면 자신의 전부를 부정당했다고 느낀다. 그것을 사수하려
다 오히려 상처를 더 크게 키우고 만다.

이 소녀의 경우도 성장 과정에서 안심감을 위협받아온
가혹한 역사가 있었다.

소녀가 철들기도 전에 부모는 이혼했다. 어머니를 따라
외할머니 집에서 살았는데 소녀가 초등학생일 때 어머니가
죽었다. 사인은 자살이었다. 이후에 소녀가 들려준 이야기에
따르면, 어머니와 외할머니의 언쟁에 가슴 졸였던 소녀는 어
머니에게 "시끄러, 나가!" 하고 소리쳤다고 한다. 그 직후 어
머니는 집을 나가 돌아오지 않았고 그날 밤 스스로 목숨을
끊었다.

"내가 죽인 거예요. 그때 엄마한테 나가라고 해서 엄마가 절망해 자살한 거예요."

경위를 털어놓은 소녀는 눈물을 글썽였다. 약해진 어머니의 마음에 자신이 던진 말이 등을 떠민 것이라고 했다.

초등학생인 소녀가 어머니를 잃은 것만으로도 엄청난 상처인데, 어머니를 죽게 한 책임이 자신에게도 있을지 모른다는 짐까지 져야 했으니 가혹한 운명이라고밖에 할 수 없다. 그렇다 해도 소녀는 본인이 말하는 것처럼 책임져야 할 짓을 했다고 할 수 있을까.

"엄마가 부르는 것 같아요. 죽고 싶어요"라며 눈물 흘리는 소녀. 그녀야말로 진짜 피해자가 아닐까.

죽음을 선택한 어머니에게도 여러 가지 힘든 사정이 있었을 것이다. 아마 우울증에 빠져 있었을지도 모른다. 남겨진 가족이 어떤 생각으로 살아갈지 배려할 마음의 여유조차 없었을 것이다.

그러나 자식을 조금이라도 배려하는 마음이 있었다면 적어도 그런 상황에서 죽어서는 안 되었다. 어머니의 지친 마음은 자식을 지키는 것보다 자신을 지키는 것을 우선하고, 자식이 겪을 마음의 고통보다 자신이 겪는 고통을 우선했던 걸까.

마음이 약해졌을 때 사람은 어린아이 같은 심리 상태가

되어버린다. 자식의 마음을 걱정하기는커녕 자식에게 상처 주기 위해 자살하려는 사람도 있다. 사랑하는 사람에게 영원한 고통을 줌으로써 자신의 존재를 그 사람의 마음에 새기려 하는 것이다. 그리고 자신은 손이 닿지 않는 곳으로 도망쳐 버린다.

죽음은 때로 이기적이고 비열한 행동이 된다. 남겨진 자에게서 미래의 행복마저 빼앗아버린다. 그렇게 하면서까지 자신을 가장 원하고 사랑해준 존재에게 고통을 주고 복수를 하지 않으면 안 되는 걸까.

그러나 이 소녀의 비극은 그것으로 끝나지 않았다.

어머니를 잃고 외할머니 밑에서 성장한 소녀에게 얼굴도 모르는 아버지는 어릴 적부터 꿈에 그리던 존재였다. 아버지가 언젠가 자신을 데리러 나타나 멋진 생활을 할 수 있도록 구원해줄 것이라며 소공녀 세라 같은 운명을 꿈꾸기도 했다.

그런데 중학생이 된 어느 날 갑자기 아버지가 학교로 찾아왔다. 처음 본 아버지는 상상해온 모습보다 훨씬 젊어서 마치 오빠 같았다. 아버지는 소녀에게 밥을 사주고 용돈을 주었다. 그 후로도 아버지는 이따금씩 나타났다. 교문 근처에 차를 세우고 기다릴 때가 많았다. 아버지 차를 타면서 소녀는 어색하면서도 기쁜 마음이 들었다.

몇 번인가 만났을 때 아버지는 차 안에서 소녀의 몸을 원했다. 소녀는 두려웠지만 거절할 수 없었다. 그 후로 아버지는 나타날 때마다 소녀를 호텔로 데려가 관계를 강요했다. 소녀는 각성제 주사를 맞을 때도 있었다. 그래도 아버지를 싫어할 수 없었다. 아버지가 약하고 불안해 보이면 필요 이상으로 그가 말하는 대로 들어주고 싶었다.

소녀는 경찰의 보호를 받아 시설에 보내진 후에도 아버지를 원망하기보다 그리워했다. 소녀는 말했다.

"머리로는 아버지와 만나지 않는 편이 좋다고 생각하지만 보고 싶은 게 사실이에요. 사람들은 아버지가 내게 심한 짓을 했다고 하는데 나는 잘 모르겠어요. 어떻게 해야 좋을지 모르겠어요. 아버지도 나를 그런 식으로밖에 대할 수 없었을 거예요. 어릴 때부터 아버지랑 같이 살지 않았으니까. 그 이유도 크다고 생각해요. 겨우 만났다는 기분이 강해서 아버지를 슬프게 하고 싶지 않았어요. 지금도……."

당연히 외할머니는 소녀가 아버지를 만나는 것을 강하게 반대했다. 소녀는 외할머니의 말을 거스르지 않았지만 그것은 본심이 아니었다. 사회에 나오면 눈을 피해 다시 만나러 갈 것 같다고 소녀는 말했다. 주위 사람들이 아무리 설득해도 아버지를 원하는 그녀의 마음은 바뀌지 않았다. 소녀는 자신의 본심과 주위 사람들의 생각 사이에서 옴짝달싹할 수 없게 되었다. 소녀의 얼굴은 나날이 어두워졌고 생활도 자포자기해 반항적이 되었다. 이대로는 모든 것이 나빠질 뿐, 사회에 돌아가도 안정되지 못할 것이었다.

그런데 생각지도 못한 일이 일어나면서 소녀는 안정을 되찾았다. 아버지가 갑작스러운 사고로 사망한 것이다. 어이없는 마지막이었다. 소녀는 처음에는 슬퍼했지만 죽음을 받아들이면서 생각이 긍정적으로 바뀌었다. 어머니의 죽음으로 인해 죄를 등에 지게 된 소녀는 이번에는 아버지의 죽음으로 인해 새로운 인생을 살게 된 것이다.

부모라는 족쇄로부터의 해방

부모에게 인정받고 부모와 좋은 관계를 유지할 수 있는 사람은 행복하다. 그러나 누구나 그런 행운을 누릴 수 있는 것은 아니다. 삶의 고통을 안고 있는 사람의 대부분은 부모와의 관계로 고민한다. 그런 사람이 얼마나 많은지 알면 놀랄 것이다.

사람으로 태어났기 때문에 누구나 부모에게 인정받기를 원한다. 그것은 인간의 본성이다. 부모의 인정을 받지 못하고 부정당하는 것만큼 슬픈 일은 없다. 아무리 다른 사람에게 평가받아도 부모의 인정은 받지 못하는 사람이 있다. 늘 부모에게 긍정적인 말을 듣고 인정을 받으며 살아온 사람은 그런 사람의 고통을 이해하지 못할 것이다.

행복한 인생을 살아온 사람이라면 부모를 사랑하고 부모의 사랑을 받는 것은 지극히 당연한 일로, 햇빛과 공기처럼 늘 변함없이 누릴 수 있는 것이다.

그러나 그런 인생을 살지 못한 사람에게는 부모의 사랑은 변하기 쉽고, 여러 번 배신당해서 미덥지 않고, 의지할 수 없는 허무한 희망이다. 그럼에도 그 허무한 희망을 포기할 수 없어 늘 그것을 끌어안고 있다. 사랑받지 못하는 자신이 어떻게 하면 사랑받을 수 있을까 하면서 헛된 노력과 도전, 기대와 포기 사이에서 흔들린다.

자식의 짝사랑으로 남아 있는 부모 자식 관계만큼 슬픈 것은 없다. 자식은 단지 부모로서 사랑해주기를 바라는데, 부모에게는 그럴 마음이 전혀 없고 "저 아이는" 하면서 찌푸린 얼굴로 자식의 험담만 하는 경우도 현실에는 있다. 자식의 험담을 일삼는 부모는 자식이 받은 상처 이상으로 자신도 마음의 상처에 사로잡혀 있다.

부모의 사랑을 받은 사람은 부모와 사이좋게 지내는 것이 좋다고 생각한다. 그러나 부모의 사랑을 받지 못한 사람에게도 그것을 요구하려 하면 가혹한 잘못을 범하게 된다.

좋은 부모 자식 관계를 경험하지 못한 사람이 인생을 살아가기 위해서는 부모를 포기하고 부모를 버려야 하는 경우도 있다. 부모의 인정을 받기 위해 발버둥치는 것은 무모한 소모전으로, 끝없이 상처받는다는 것을 의미한다. 그렇다면 차라리 부모가 나타날 수 없는 환경을 만드는 편이 낫다. 멀리 떨어져서 안전한 거리를 두고 소극적인 관계를 갖는 것으로도 충분하다. 그래도 상처받는다면 관계를 완전히 끊을 수밖에 없다.

부모에게 인정받으려 기대하고 허무하게 배신당하는 일을 반복하는 것은 소모적이고 마음의 상처가 될 뿐이다.

착취자가 된 부모

요란한 징조와 함께 시설에 보내졌던 소년이 떠오른다. 이 소년의 경우에 맨 처음에는 비디오테이프를 하나 받았는데, 심한 흥분 상태로 직원들에게 잡혀 있는 소년의 모습이 촬영되어 있었다. 열 명가량의 직원이 팔다리를 잡아도 맹수처럼 큰소리를 지르며 격하게 저항하는 모습에 대체 어떤 괴물이 찾아온 걸까, 모두들 전전긍긍했다. 그런데 실제로 찾아온 소년은 열일곱 살로는 도저히 보이지 않을 정도로 체구가 작고 동안이었다. 경계하는 모습을 보였지만, 싫어하는 것을 억지로 강요하지 않는 한 이쪽의 지시에 묵묵히 따랐다. 그러나 그 표정이 말로는 표현할 수 없을 만큼 어두웠다. 그리고 몸에 살짝 손을 대려 하면 깜짝 놀라 그대로 굳어버렸다.

소년의 성장 과정을 보니 납득이 갔다. 어머니는 소년을 낳고 얼마 지나지 않아 사라졌다. 소년은 그 후 양호 시설에 보내져 한동안 잊힌 존재가 되었다. 소년이 초등학생이 되기 직전에 느닷없이 아버지가 나타나 아들을 맡겠다고 나섰다. 그러나 그것은 더 큰 불행의 시작이었다. 아버지는 매일 울분을 달래기 위해 학대를 반복했다. 애정을 빼앗긴 채 학대받으며 성장한 아이는 몸의 성장도 멈춰버린다. 누구에 대해서도 안심할 수 없어서 상냥한 행동에도 엄니를 드러냈다.

아버지는 기분이 안 좋을 때는 소년을 맥주병과 야구방망이로 사정없이 때렸다고 한다. 그때 생긴 상처가 지금도 머리와 몸 곳곳에 남아 있었다. 몸과 마음에 새겨진 공포는 어린아이에게는 압도적이었다. 그는 아버지가 하라는 대로 할 수밖에 없었다. 아동 상담소에서 도움을 주려 해도 아버지가 데리러 오면 스스로 집에 가겠다고 말해 다시 이전 생활로 되돌아갔다. 아버지의 말을 거스르면 후에 더 호된 지경에 처할 것을 두려워했던 것이다. 아버지는 그에게 도둑질을 시켰고 소년이 중학교를 졸업한 후에는 일해서 받은 돈을 전부 빼앗아 자신의 유흥비로 썼다. 그런 터무니없는 일을 당해도 소년은 아버지를 거스를 수 없었다.

소년은 시설에 와서 차분하게 생활하는 듯했는데 사소한 일로 주의를 받으면 크게 흥분했다. 아무래도 어릴 적에 아버지에게 당한 일이 방아쇠가 되어 학대받던 장면이 떠오르는 것 같았다. 그러나 직원과 신뢰 관계가 생기고 본인이 안심하고 생활할 수 있게 되자 그런 행동도 차츰 줄어들었다.

소년은 아버지에게 돌아갈지 갱생을 위해 시설에서 생활하는 길을 선택할지 쉽게 결정하지 못했다. 아버지의 보복이 두렵기도 했지만 자신이 없으면 "아버지가 가엾다"고 말하며 아버지를 배려했다. 본인의 마음속에 아버지를 버릴 수 없다는 생각이 있었을 것이다.

그러나 소년은 최종적으로 시설에 가기로 결심했다. 그것이 자신에게도 좋고, 아버지에게도 좋다고 생각한 것이다. 같이 사는 것이 상대를 망쳐버린다는 것을 아이가 먼저 깨달은 것이다.

슬픈 일이지만 부모와의 인연을 끊는 것이 재기를 위해 필요한 경우도 적지 않다.

관계를 끊는 용기를 갖는다

이 세상에는 같이 있을수록 해를 끼치는 관계가 있다. 부모와 자식 관계뿐만 아니라 남녀와 친구, 비즈니스 관계에서도 마찬가지다.

그럴 경우에는 아무리 치료를 해서 좋은 방향으로 향하도록 도와주어도 무리다. 더욱더 서로를 망쳐버리는 경우도 적지 않다.

행복하게 살아온 사람은 인연을 중시하는 것이 좋다고 생각하는 경향이 있는데 인연이야말로 그 사람을 구속하고 불행하게 만들기도 한다. 거기에 구속되는 것은 대개 고지식하고 성실한 사람이다. 그런 사람은 자신이 성실하게 살려고 노력하면 분명 상대에게도 인정받을 수 있다고 믿는다. 그러나 상대에 따라서는 그런 성의와 노력을 보여주더라도 서로의 관계가 대등해지지 않는다. 돈과 물건을 내줄수록 상대는 거만해지고 이쪽은 뜯길 뿐이다.

그런 불행한 인연을 용기 내어 끊는 것도 때로는 필요하다. 그러나 나쁜 인연일수록 끊는 것이 두려워 쉽게 할 수 없다. 그만큼 심리적으로 속박되어 있는 것이다. 싫다고 느끼면서도 빠져나올 수 없는 관계가 있다면 그것이 진짜 자신에게 좋은 인연인지 곰곰이 생각해볼 필요가 있다.

특히 미련이 큰 부모 자식 관계에서는 어려움이 더하다. 부모에게 사랑받고 싶은 바람이 있어서 그 불행은 끝없이 깊고 슬프다. 부모를 원하는 마음이 강할수록 부모를 버리는 것은 나쁜 짓이라는 죄악감 때문에 용기를 갖기가 굉장히 어렵다. 그러나 거기에 꺾여버리면 양쪽 모두에게 불행한 관계가 언제까지고 계속될 뿐이다.

일단 부모로부터 멀리 떨어져 보는 것도 한 방법이다. 몇 년 얼굴을 보지 않고 지내다 보면 마음의 균형이 회복되어 조금은 냉정하고 객관적으로 부모와의 관계를 돌아볼 수 있게 되는 경우도 많다. 큰 거리를 두어야 비로소 자신에게 보여준 부모의 마음을 깨닫고 감사하는 기분을 되찾게 되는 경우도 있다. 살아 있는 동안에 더 이상 만날 수 없어도 그 사람의 마음에 부모는 영원히 깃들어 있다. 마음속에서 부모의 목소리가 들리고 그 목소리와 대화한다.

〈쥐라기 공원Jurassic Park〉, 〈ER〉의 원작자로 알려진 미국의 작가 마이클 크라이튼John Michael Crichton은 어머니와 이혼하고 집을 나간 아버지와의 관계를 끊지 못했다. 크라이튼 역시 마음에 불확실한 공허감을 품으면서도 그것을 극복하고 달래기 위해 여러 가지 시도를 했다. 요가 수행을 하고, 마약도 했다. 비경을 여행하고, 스쿠버 다이빙과 등산을 하면서 죽음을 겁내지 않는 행동도 했다. 그러나 그런 시도도 그의 공허함을 치유하지는 못했다. 결국 크라이튼은 그 허무함의 밑바탕에 있는 것이 무엇인지 깨닫는다. 그것은 자신을 버린 아버지와의 관계였다. 하지만 그는 도저히 아버지를 만날 기분이 들지 않아 마음속에서 계속 거절했다.

그러나 아버지가 암에 걸려 임종을 앞두고 있다는 사실을 알았을 때 크라이튼은 아버지를 만나러 간다. 아버지는 크라이튼에게 지금까지의 일을 사과했고 크라이튼도 아버지를 용서했다. 그 짧은 만남이 크라이튼의 인생에서 하나의 큰 단락을 마무리 짓는 계기가 되었다.

크라이튼처럼 먼 훗날 서로 용서하는 날이 온다면 행복할 것이다. 가령 그날이 오지 않아도 1장에서 언급한 T처럼 그 슬픔을 다른 사람을 소중히 하는 긍정적인 에너지로 바꿀 수도 있다.

기쁨을 나누는 관계여야 오래 지속된다

부모 자식 관계도 자식이 부모의 안색을 살피며 일방적으로 노력하는 관계에서는 무리가 생긴다. 그 반대도 마찬가지다. 하물며 어른끼리의 관계에서 한쪽의 행복을 위해 다른 한쪽만 인내하면 언젠가 관계가 막다른 벽에 부딪칠 수밖에 없다.

마음에 상처를 입은 한 남성은 한 여성을 만났다. 그 여성의 헌신적인 애정으로 남성은 차츰 안정을 찾았고 그 여성을 '천사'라고 칭찬했다. 남성은 일도 열심히 해서 보통 이상의 생활을 누릴 수 있게 되었다.

그러나 그런 때 생각지도 못한 일이 일어났다. 여성이 직장에서 알게 된 남성과 불륜의 관계를 맺고 있는 것이 발각되었다. '천사'라고 믿었던 여성이 저지른 뜻밖의 배신에 남성은 당황했다. 불륜 상대인 남성이 자신과 비교하면 매력도 없고, 두뇌가 명석한 인물도 아니란 사실에 남성은 더욱 충격을 받았다. 대체 무슨 일이 일어난 건지 이해할 수 없었다.

이전의 그였다면 다시 불안정해져서 무슨 짓을 할지 몰랐을 텐데, 도저히 이해할 수 없는 상황이 남성을 '왜?'라는 의문으로 내몰았다. 남성은 무슨 일이 있었는지 정확히 알고 싶었다. 상대 남자까지 해서 셋이 대화를 나누었다. 그 결과, 여성은 일방적인 헌신을 요구받으면서 언제부터인가 남편의 자상함과 애정에 굶주려 있었다는 것을 알게 되었다. 그때 나타난 직장 남자는 그녀를 한 여성으로 소중히 대해주었다.

남성은 일방적으로 무한한 애정을 쏟아주는 존재를 '천사'라는 이름으로 이상화하려 했는데 그것은 남성이 자기 편한 대로 만들어낸 환상이었다. 여성은 남성의 '천사'로 있는 것에 어느덧 지쳐버려 천사가 아닌 살아 있는 여자로서 다른 남자의 자상함에 기대버린 것이다.

자신이 책임질 수 없는 일에는 책임을 지지 않아도 된다

이 여성은 불안정했던 남성을 자신이 지켜줘야 한다고 생각 했을 것이다. 그 남성을 도와주고 지켜주는 것을 사는 보람 으로 여겼고 남성을 위해 헌신하는 것이 자기 의무이며 기 쁨이라고 생각했다. 그러나 언제부터인가 그런 것들이 힘들 어졌다. 보답 없는 사랑을 유지하는 것은 햇빛이 없는 곳에 서 꽃을 피우는 것과 같다. 결국 마음은 영양 부족에 빠져 꽃 을 피우기는커녕 잎도 줄기도 뿌리도 시들어버린다. 시들지 않기 위해서는 다른 애정과 자상함이라는 빛을 찾는 수밖에 없다.

    의리가 있고 자상한 사람일수록 주위 사람에 대해 자신 이 어떻게든 해주어야 한다고 생각한다. 그러나 자신이 타인 에 대해 책임을 지는 데는 한계가 있다. 끝없이 타인을 보살 필 수 없고, 그럴 필요도 없다. 그렇게 하려다가 타인의 자립 을 방해하는 경우도 많다.

사람은 자신이 생각하고 말한 것을 계속 지키려 한다. 이미 만들어진 고정관념이 그 사람의 선택지를 좁혀서 이렇게 사는 수밖에 없다고 생각하게 만든다. 그러나 그것은 선입견에 불과하다. 누군가가 누군가에게 희생하며 살아야 하는 것은 아니다. 자신이 본래 책임지지 않아도 되는 일에 책임을 지려 하는 것은 자신을 불행하게 할 뿐만 아니라, 결국 상대에게도 최종적으로는 상처를 줄 수 있다.

의존하는 남편

K 씨는 간호사로 일한다. 결혼 후 남편은 직장을 그만두고 자영업을 시작했다. 남편이 열정적으로 말하는 꿈을 이루어 주기 위해서 K 씨가 결혼 전부터 모았던 돈을 전부 쏟아부어 실현한 것이다. 그러나 장사는 신통치 않았고 결국 실패해 빚만 남았다. 이후 남편은 의욕을 잃고 이 일 저 일 전전했는데 최근에는 일도 하지 않고 술에 절어 지낸다. 두 명의 초등학생 자녀가 있어서 돈이 들기 때문에 K 씨는 주간 근무 외에도 야간 근무까지 하며 간신히 생활을 꾸려가고 있다. 그런 생활에 힘들 때도 있지만 K 씨는 자신이 일하지 않으면 안 된다고 생각해서 이를 악물고 참았다.

그런데 K 씨가 깜짝 놀랄 일이 일어난다. 어느 날 남편 휴대전화의 문자 수신음이 울려서 무심코 확인해보니 모르는 여성이 보낸 것이었다. 스팸 문자라고 생각했지만 신경이 쓰여서 자세히 확인하자 두 사람이 빈번하게 주고받은 메시지들이 나왔다. K 씨가 야근하는 날에 눈을 속이듯이 밖에서 만나온 것도 알게 되었다.

K 씨는 지금까지 남편에게 최선을 다한 것이 전부 허무하게 느껴졌다. 남편이 지나치게 어리광을 부렸던 일들이 새삼 떠올랐다. 남편이 화내지 않도록 자신만 희생해온 것이 오히려 남편을 배려심 없는 이기적인 인간으로 만들어버렸다고 느꼈다.

그래도 K 씨는 남편을 잃을까 두려워 아무 말도 하지 않았다. 그런데 어느 날 남편이 창백한 얼굴로 큰일 났다며 스스로 털어놓았다. 사귀었던 여성에게 남자가 있었는데 그 남자가 복수하러 오겠다고 난리를 피운다는 것이다. 그 남자 손에 죽을지도 모른다며 남편은 벌벌 떨었다.

결국 남편 대신 K 씨가 상대와 결말을 지었다. 역시 자신이 없으면 이 사람은 아무것도 할 수 없다는 생각이 드는 한편, 자신이 있어서 남편이 무능한 인간이 되어버리는 것은 아닐까 생각했다.

그러고 보니 아버지와 어머니의 관계도 똑같았다. K 씨의 아버지는 알코올 의존증으로, 집 안에서는 허세를 부리고 밖에서는 얌전했다. 어머니는 아버지의 말대로 하면서 아버지의 시중을 들었다. K 씨도 아버지에 대해서는 내심 경멸했지만 겉으로는 아버지의 말을 절대 거스를 수 없었다. 어머니를 보며 왜 저런 남편과 살까 의아해했다. 그런데 정신을 차려보니 자신도 어머니와 똑같았다. 아버지는 결국 K 씨가 초등학교 6학년 때 식도정맥류 파열로 사망했다. 자신이 간호사가 된 것과 아버지가 피를 토하며 죽은 것이 관계가 있다는 것을 새삼 깨달았다. 가족에게 짐일 뿐인 아버지였지만 어째서인지 증오하지는 않았다.

그런 마음이 똑같은 일을 반복하게 만든 걸까. 그것만큼은 정말 싫었다.

반년 후 K 씨는 남편과 이혼했다. 이혼하고 나서 그동안 얼마나 자신을 억누르며 살았는지 깨달았다. 처음에는 남편, 아이들과 행복했던 시절을 떠올리며 슬퍼했는데 지금은 매일의 생활이 즐거워 이것으로 충분하다고 생각한다. 전남편도 영업직으로 일하고 있다.

참고 견뎌도 아무도 행복해지지 않는다. 그렇다면 먼저 자신이 바라는 삶을 살아야 한다. 자신의 기분에 더 솔직하게 살아야 한다.

인내도 어느 정도 필요하지만 이제 무리라고 생각했을

때는 자신의 기분의 변화에 따르는 것이 좋다. 이것에 관해서 다른 한 여성의 경우를 소개하자.

인류학자 마거릿 미드의 경우

미국을 대표하는 문화인류학자 가운데 '젠더'(문화적·사회적 의미에서의 성性)라는 개념을 최초로 만든 것으로 알려진 마거릿 미드Margaret Mead(1901~1978)의 인생은 당시로서는 세간의 상식을 뛰어넘는 것이라서 비난하는 사람도 많았다. 그러나 그녀는 겁내지 않고 자기 삶을 살았다.

마거릿의 아버지는 펜실베이니아 대학 교수였고 어머니도 집안일이나 육아보다 필드워크fieldwork(현지 조사)에 열심인 연구가였다. 사회를 위한 삶에 가치를 둔 경건한 가정에서 자란 마거릿은 장래에 목사 남편을 얻고 싶다는 이상을 갖고 있었다. 그래서 고등학교 최고 학년 때 목사 지망생인 네 살 연상의 대학생 루터 크레스먼Luther Cressman을 만났을 때 그에게 반한 것은 필연적인 과정이었다. 두 사람은 곧 약혼해 5년 후 결혼한다.

결혼했을 때 루터는 아직 대학원생이었고 마거릿도 도중에 대학을 바꿨기 때문에 학생 신분이었다. 생활비는 장학

금과 잡일 아르바이트로 겨우 해결했다. 둘 다 밤낮을 가리지 않고 연구에 몰두하며 분주하게 생활했는데 거의 한 번도 싸운 적이 없었다고 한다. 그러나 남편이 "당신을 만나려면 예약을 잡아야 하는군" 하고 투덜댈 정도로 마거릿을 찾아오는 친구와 연구 동료가 많아서 부부 둘이서만 여유롭게 보낼 시간이 없었다.

연구에 빠져드는 한편으로 마거릿은 아기를 원했다. 아기를 갖는 것이 연구에 방해가 된다고는 생각하지 않았다. 그래서 피임도 하지 않았다. 그러나 불행인지 다행인지 쉽게 아기가 생기지 않았다. 만일 아기가 생겼다면 그녀는 인생 설계를 크게 변경해야 했을 테고 연구자로서 생활은 큰 제약을 받았을 것이다.

그렇게 생각하면 대체로 자신이 바랐던 이상적인 생활이었을 텐데 마거릿의 마음에는 변화가 일기 시작했다. 그녀는 자작시에 이렇게 썼다.

나의 마음을 엉망으로 망가뜨리는 것은 자유입니다. 하지만 당신의 수중에 잡아두는 것은 절대 불가능합니다.[3]

그녀는 결혼생활에 언제부터인가 얽매인 몸이 된 것처럼 답답함을 느끼기 시작한 것이다.

마거릿은 연구를 위해 폴리네시아에 가는 것을 열망하게 되는데, 일상이 되어버린 결혼생활에서 벗어나고 싶다는 잠재적인 바람 때문이었을까. 그 후의 전개를 생각하면 그 추측도 완전히 빗나간 것은 아닐지 모른다.

그녀는 상사인 교수와 아버지의 도움으로 결국 폴리네시아의 사모아로 현지 조사를 떠날 기회를 잡는다. 남편 루터와는 1년 이상 헤어지게 되는데 그 사이에 남편도 연구를 위해 유럽에 가게 되었다. 사모아에서 체재한 1년은 마거릿을 문화인류학자로서 유명해지게 한 업적을 낳게 했고, 그녀의 인생에 다시 한 번 커다란 전기를 가져다주었다.

말도 잘 통하지 않는 현지인들과 생활하면서 연구의 어려움과는 또 다른 문제가 기다리고 있었다. 그것은 성적인 욕구불만이라기보다 다정함에 대한 굶주림이었다. 현지에서 그것을 충족시켜준 것은 조사한 마을에 있는 아기들과의 접촉이었다고 한다. 마거릿은 아기를 품에 안는 것을 매우 좋아했는데 아기를 위해서라기보다 그녀 자신이 마음의 균형을 유지하려는 절실한 행동이었을 것이다.

이후 조사를 마치고 귀국하는 뱃길에서 생각지도 못한 일이 일어난다. 남태평양에서 큰 파도를 만나 고생 끝에 겨우 목숨을 건진 마거릿은 시드니에 도착해 영국행 배에 올라탔는데 이번에는 영국에서 부두 노동자가 파업해 배가 기항

香港 루트를 변경한 바람에 며칠간 시드니 항에 발이 묶여버렸다. 그때 같은 배에 타고 있던 한 남성과 가까워진다. 뉴질랜드 출신의 젊은 심리학자 레오 포천Reo Fortune이었다. 레오는 유학하러 영국으로 가려던 참이었다.

마거릿이 보기에 레오는 뉴질랜드 시골 출신으로, 책에서 얻은 지식이 전부인 순수하고 미숙한 연구가에 불과했지만 달리 말 상대가 없는 환경이 둘 사이를 친밀하게 만들었다. 관심을 공유하고 토론하는 기쁨에 1년 동안 굶주려 있었던 마거릿은 그 편안함에 푹 빠져버렸다. 그런 식으로 몇 주간 대화한다면 사랑에 빠지지 않는 것이 무리일 것이다.

배가 마르세유에 도착했을 때 두 사람은 그때까지도 대화를 하고 있었다고 한다. 마르세유에는 남편 루터가 마중을 나와 있었는데 두 사람은 배가 더 이상 움직이지 않는다는 것을 몰랐을 정도로 이야기에 열중해 있었다. 이때 상황을 마거릿은 자서전에 이렇게 쓰고 있다.

루터는 선착장에 꼼짝 않고 서 있었다. 그는 대체 내게 무슨 일이 일어난 건가 의아해했다. 그것은 바꿀 수 있다면 바꾸고 싶은 어색한 순간이었다.[4]

남편은 먼저 유럽에 와 있었는데, 유럽의 건축과 문화에 빠져 아내와 그 감동을 공유하려고 했다. 그러나 아내는 사모아에서 겪은 일들과 귀국하는 배에서 만난 포천과의 기억이 마음속을 크게 차지하고 있어서 한동안 기분이 혼란스러웠다. 하지만 결국 루터와 함께 남프랑스와 파리를 돌아다니면서 남편에 대한 신뢰와 애정이 되살아나 마거릿은 루터와의 결혼생활을 계속하리라 결심한다.

그 후 루터는 결국 목사가 아닌 대학 교수가 되었다. 마거릿은 뉴욕에 있는 자연사박물관의 학예원이 되어 연구와 집필을 계속할 수 있었다. 단, 남편이 목사가 되지 않은 것에 마거릿은 크게 실망했다.

그 후에도 레오와는 편지를 주고받았지만 남편이 있고, 결혼생활을 버릴 결심이 서지 않는 한 더 이상 어떻게 할 수 없다고 생각했다.

그때 또 한 번 뜻밖의 일이 일어난다. 그것은 매우 놀라운 일이었다.

마거릿은 임신을 원했고 가능하면 아이를 여섯 명 정도 낳고 싶다고 생각했다. 루터는 아주 좋은 아빠가 될 거라고 생각했다. 그것은 마거릿이 루터를 버리지 못했던 이유이기도 했다. 아이를 키우게 된다면, 연하에 성격도 미숙한 레오는 미덥지 않았던 것이다. 마거릿은 자녀가 많은 밝고 건강한 가정을 꿈꿨고 그에 어울리는 반려자는 역시 루터였다.

그런데 좀처럼 임신이 되지 않아 걱정하던 그녀는 전문의를 찾아가 진료를 받고 아이가 생길 수 없는 몸이라는 진단을 받는다. 자궁이 정상적인 경우보다 지나치게 뒤쪽으로 기울어졌기 때문에 임신하기 어렵고, 만에 하나 임신한다고 해도 조기에 유산할 거라고 했다.

　생각지 못한 의사의 진단이 마거릿 인생의 미래도를 바꿔버렸다. 더 이상 어머니로서 살아갈 인생이 없다면 연구자로서 살아가는 수밖에 없다. 좋은 가정을 갖고 아이를 키우기 위해서는 좋은 아빠가 필요했는데 이제는 그것도 필요 없게 되었다. 그러자 마음속에 억눌려 있던 바람이 단번에 터져 나왔다. 그렇다면 루터가 아니라 레오와 인생을 함께하고 싶다.

　서로 마음을 확인하기 위해서 마거릿과 레오는 독일에서 만난다. 경황없는 밀회 끝에 두 사람은 결혼을 약속한다. 물론 마거릿에게는 아직 남편이 있었다.

　뉴욕으로 돌아온 마거릿은 남편과 이야기를 매듭지었다. 사실 남편도 영국에 마음에 둔 여성이 있었다. 이야기는 수월하게 끝나고 남편과의 이혼이 성립되었다. 더 이상 거리낄 것이 없었다. 마거릿은 레오와 새로운 생활을 하기 위해 1년의 휴가를 얻어 레오가 현지 조사를 위해 머물고 있는 시드니로 향했다. 남편과 함께 현지 조사를 하는, 마거릿이 꿈꾸어온 부부관계를 실현할 수 있었던 것이다.

그러나 레오와의 결혼생활도 시간이 갈수록 행복하다 고는 할 수 없었다. 레오는 독점욕이 강한 성격으로, 아이를 갖는 것에는 관심이 없다는 점에서는 문제가 없었지만 자신 이외의 것에 아내가 조금이라도 관심을 보이면 뜨개질조차 질투할 정도였다. 게다가 배려하는 타입이 아니라서 아내가 다쳐 상처에 염증이 생겨도 직접 약을 만들어서 상처에 바르 라고 말할 뿐이었다. 자신은 아내에게 의존해도 아내가 어려 움에 처했을 때는 직접 돌보는 것을 싫어했다.

두 사람 사이에 찬바람이 불기 시작했을 무렵, 부부는 뉴기니로 조사를 떠난다. 뉴기니 오지에 먼저 온 손님으로서 신진 연구가 그레고리 베이트슨Gregory Bateson이 조사를 하 고 있었다. 세 사람은 조사를 함께하게 되는데, 이 상황은 마 거릿과 레오의 관계를 더욱 이상하게 만들었다. 조사가 끝 날 무렵에는 부부의 관계도 끝나고, 마거릿과 그레고리는 새 로운 사랑을 키우기 시작했다. 마거릿은 이때도 자기 기분에 솔직하게 행동했다.

의사가 내린 진단과 달리 마거릿은 서른여덟에 그레고 리의 딸을 낳는다. 이렇듯 자식이라는 포기했던 행복을 그녀 가 누리게 된 것은, 일과 가정생활 모두에서 의지할 수 있는 파트너 그레고리를 만났을 때 자기 마음에 솔직하게 행동했

기 때문이다. 직업인으로서, 여자로서 행복해지는 것을 그녀
는 포기하지 않았고 포기할 필요도 없었다.

　부부 사이에 생긴 딸은 자라서 문화인류학자로 활약하
게 된다.

안정이냐 변화냐

연애는 인생이라는 드라마를 급전개시키는 힘을 갖는다. 벽
에 부딪친 국면에서 종종 생각지도 못한 드라마를 만들어낸
다. 그 과정은 다소 불안정한 요소를 품고 있다. 행복한 골인
을 할지 어떨지 마지막까지 알 수 없는 미지수다. 그렇기 때
문에 사람은 사랑을 하면 정도의 차이는 있지만 조울증에 걸
린 것처럼 된다. 상대의 상냥한 말을 듣고 연애가 순조롭게
전개되면 기분이 날아오르는가 하면, 차가운 반응과 마지막
징후를 만나면 절벽에서 떨어지는 기분을 맛본다.

　그것은 안전기지와는 거리가 먼 상태인데, 행복과 불행
이 교차하면서 롤러코스터를 타고 있는 듯한 흥분을 만들어
내고 그것에 중독되어버리는 경우도 있다. 연애 의존중인 사
람은 안전기지를 갈망하는 동시에 룰렛으로 운명을 가르는
듯한 흥분도 잊지 못한다. 번갈아 찾아오는 최고의 행복과

최악의 절망에 등줄기가 서늘해지는 스릴을 맛본다. 단순히 안정된 일상만으로는 사람은 만족할 수 없고, 그것만으로는 죽을 만큼 따분해할 때도 있다. 빛나는 인생을 살기 위해서는 안정뿐만 아니라 변화와 위험도 필요하다.

안정과 변화를 얼마의 비율로 필요로 하는지는 개인에 따라 다르다. 유전자 타입에 따라서도 좌우된다. 도파민*을 받아들이는 도파민 D4 수용체의 유전자 다형성多形性**에 의해 신기한 변화를 좋아할지 어떨지가 좌우된다는 것이 확인되었다. 신기한 변화를 좋아하는 사람은 애착도 안정되지 않아서 관계를 오래 지속하지 못하는 경향을 띤다. 호기심이 왕성해 새로운 것을 좋아하는 사람은 이성과의 관계에서도 쉽게 질리고 새로운 관계를 시도해보고 싶어 할 것이다.

단, 유전자 타입이 같은 사람이어도 성장한 환경에 따라 애착의 안정성은 달라진다. 공감을 잘하는 부모 밑에서 성장한 사람은 애착이 안정해 나중에 대인관계도 안정적이 되기 쉬운데, 억압당하거나 무시당하면서 성장하면 타인에 대해 진심으로 신뢰하기 어려워서 그 관계도 불안정해지기 쉽다.

그러나 누구나 안정과 변화 어느 한쪽만을 필요로 하지

★ 뇌세포의 신경전달 물질 중 하나로, 흥분이나 쾌감을 전달한다.
★★ 유전자를 구성하는 DNA 배열의 개인차.

않고 양쪽 모두를 필요로 한다. 변화를 좋아하는 사람은, 파트너 한 명과의 관계를 오래 지속할 수 없다면 생활이 단조로워지는 것을 피하기 위해 결혼은 하지 않고 계속 애인처럼 사귀는 것도 한 방법일 것이다. 스포츠나 여행을 해서 체험의 질에 변화를 더하는 것도 좋다.

아무리 변화를 좋아하는 사람이라도 지나치게 사람을 바꾸면 에너지를 낭비하게 되고 필요 이상으로 몸과 마음을 소모시키게 된다. 휴식에 대한 욕구가 높아졌을 때는 안정을 원하는 시기도 찾아온다.

많은 사람의 경우, 안정과 변화라는 양극 사이를 오가며 흔들린다. 그것은 계절이 돌고 돌듯 자연스러운 행위일지도 모른다. 안정에 대한 욕구와 변화에 대한 욕구는 모두 중요해서 억지로 그 욕구들을 거스르려고 하면 인생이 재미없어지고 삶의 의욕이 저하되고 만다.

자신이 누구인지 모르는 사람에게

장 자크 루소의 편력

장 자크 루소Jean-Jacques Rousseau(1712~1778)의 《고백Les confessions》
에는 불가사의한 매력이 있다. 무일푼에다가 의지할 부모도
없지만 그래도 앞날에 희망을 품고 방랑과 편력을 통해 지반
을 구축해 점차 성공을 거두는 전반부를 읽으면서 나는 기대
감과 설렘으로 책장을 넘겼다.

　　마침 나는 당시 고학생으로 아르바이트를 빼먹고 공원
벤치에 앉아서 이 책을 읽었다. 입에 풀칠하기 위해서지만
마음에 들지 않는 일을 하는 생활에 싫증이 났다. 앞길이 보
이지 않아 장차 어떻게 될까 하는 불안을 느꼈지만 그런 한
편으로 젊은이다운 약간의 희망과 야심을 갖고 있었다. 나는
이도저도 아닌 상태에서 앞으로 어떤 사람이 될지 뚜렷한 확
신을 갖지 못했다. 그런 상황이 루소의 편력의 날들과 겹쳐
져 용기를 주었다.

　　루소는 시계수리공인 아버지와 목사의 딸인 어머니 사
이에서 두 번째 아들로 태어났다. 어머니는 미모와 지혜를

겸비한 매력적인 여성이었는데 루소를 낳은 직후 사망했다. "나의 탄생은 내 최초의 불행이었다"고 루소는 적고 있다.

아버지는 아내가 죽은 후 살아남은 아들에 대해 애정과 회한이 뒤섞인 양가감정ambivalence을 가졌던 것 같다. 섬세한 아들 루소는 어린 나이에도 이 사실을 느낄 수 있었다.

> 아버지는 나에게서 어머니의 모습을 되찾으려는 것 같았
> 다. 내가 그에게서 아내를 빼앗아갔다는 사실을 잊지 못
> 한 채로 말이다. 그가 나를 껴안을 때마다 내쉬는 한숨과
> 경련을 일으키는 포옹에서, 애무 속에 젖어 있는 쓰라린
> 회한을 느낄 수 있었다.1

아버지는 아들과 죽은 어머니에 대해 이야기를 하는 것을 좋아했다. 말하면서 조금은 칠칠치 못한 이 아버지는 아들 앞에서 눈물 흘리며 이렇게 소리쳤다.

> "엄마를 돌려다오. 아내 잃은 나를 위로해다오. 엄마가
> 내 마음에 안겨주고 간 이 빈자리를 채워다오. 네가 단지
> 나 혼자만의 아들이라면 이토록 널 사랑하겠느냐?"2

아버지는 이 말이 평생 감수성 예민한 아들의 기억에 새

겨지게 된다는 것을 알았을까. 세상에 태어났을 때부터 가혹한 운명을 등에 진 채 조금은 미덥지 못하지만 정열적인 아버지의 사랑을 받으며 자란 루소는 감동하기 쉽고 자의식이 강한 아이로 성장했다.

가사 상태로 태어난 루소는 체질이 허약해 당시 의료 수준에서 보면 언제 죽어도 이상하지 않을 정도였다. 그가 살아남을 수 있었던 것도 독신이었던 아버지의 여동생이 몸을 아끼지 않고 돌봐주었기 때문이다. 아버지와 고모의 특별한 보호로 루소는 살아남을 수 있었다.

루소는 영리해서 철이 들 무렵에 글자를 읽을 수 있었다. 아버지는 저녁식사 후에 어머니가 남긴 소설 등의 장서를 어린 아들과 읽곤 했다. 번갈아 낭독하는 사이에 책에 빠져들어 어느새 날이 밝아버린 경우도 있었다고 한다.

루소는 어리광쟁이였다. 그의 전반생에서 볼 수 있는 낙천성과 자신감은 어린 시절에 모든 애정을 독점했던 것에서 유래한다.

형은 아무렇게나 양육되었지만, 나는 그렇지 않았다. 비록 왕의 자제라 할지라도 어린 시절의 나만큼 주위 사람들에게서 알뜰한 보호와 사랑을 받을 수는 없었을 것이다.[3]

그러나 동생에게 아버지의 애정을 빼앗기고 누구의 보살핌도 받지 못한 일곱 살 연상의 형은 비행 행동을 하게 되었고 열일곱 살 때 집을 나가 행방불명된다. 루소가 양지라면 형은 음지였다. 아버지는 자기 생각에만 빠져서 그것을 깨닫지 못했다.

응석받이로 성장한 사람이 으레 그렇듯, 루소는 행동에 제동이 걸리지 않는 면이 있었다. 잘 떠드는 아이였고 물건을 훔치거나 거짓말을 하기도 했다. 장난도 정도가 심했다. 음식이 든 냄비에 몰래 소변을 보는 못된 짓까지 했다.

하지만 조금 파고들어 보면 루소의 문제 행동은 단순히 응석받이로 자라서가 아니라 어머니의 애정이 부족해서 나타난 게 아닐까. 어린아이가 물건을 훔치거나 거짓말을 할 경우, 애정 부족과 엄격한 훈육이 원인이 될 때가 많다. 어머니가 없는 아이의 경우, 주위의 온정과 비호에 기대지 않고는 살아남을 길이 없다. 그런 상황에 처한 아이는 자신도 모르는 사이에 주위 사람들의 마음에 들도록 사랑받는 착한 아이를 연기하고 진심을 억제한다. 루소의 경우도 예외는 아니었다.

커지는 애정 박탈과 낙원 추방

어머니가 없다고는 하지만 깊은 사랑을 받으며 성장한 루소에게 더욱 큰 비극이 일어난다. 아버지가 프랑스 육군 대위와 싸운 것이다. 아버지는 싸움에서 이겼는데 상대가 나빴다. 싸움에 진 육군 대위는 유력한 시의회 의원을 친척으로 둔 비열한 인간이었다. 아버지는 고소를 당해 감옥에 갇히게 되었는데 그것을 피하기 위해서는 국외로 망명하는 수밖에 없었다. 아버지는 제네바 시민권을 잃고 타국으로 도망쳤다. 고아와 다름없는 신세가 된 루소는 외삼촌에게 맡겨진다. 그러나 외삼촌은 자신이 직접 루소를 돌보지 않고 자신의 아들과 같이 랑베르시에Lambercier라는 목사 집에 맡겨 거기서 교육을 받게 한다. 그것은 소년 루소에게 불행 중 다행이었다.

목사의 집은 보세라는 아름다운 마을에 있었다. 랑베르시에 목사에게는 노처녀인 여동생이 있었는데, 목사와 동생은 훌륭한 교육자였다. 두 사람은 루소의 자주성을 존중해서 시간에 제약을 가하거나 과제를 강요하지 않았기에 루소는 자유롭게 배울 수 있었다. 나쁜 짓을 했을 때는 따끔하게 혼을 냈지만 "그러나 대부분의 경우 그 엄격함은 정당했으므로, 괴롭기는 했지만 반항심은 조금도 생기지 않았다".4

루소는 사촌과 서로 도우며 우정을 키우면서 그곳의 생

활을 즐겼다. 목사관에서의 생활은 소년 루소에게 빛나는 추억이 된다. 나중에 《에밀Émile》이라는 유명한 교육서를 집필하게 될 루소의 원천이 보세에서 겪은 체험에 있었던 것은 틀림없다. 그러나 그곳에서의 체험은 고아와 다름없는 아이에게 단순한 낙원이라고 말하기에는 복잡한 요소를 갖고 있었다.

루소는 목사의 여동생 가브리엘에게서 어머니를 통해 느껴야 할 애착과 아련한 연정과 비슷한 동경을 품는다. 그래서 가브리엘에게 벌로 엉덩이를 맞았을 때 그 고통이 오히려 육체적인 기쁨으로 이어졌다고 해도 그것은 소년 루소의 잘못은 아니었다. 루소는 《고백》에서 자신이 그 일을 계기로 마조히즘에 눈을 떴고 평생 그 성적 취향에서 벗어나지 못했다고 고백한다.

나의 어린애 같은 오래된 취향은 사라지기는커녕 또 다른 취향과 너무나 밀접히 결부되어서 그것을 관능에 의해 불타는 욕망으로부터 결코 떼어놓을 수 없었다. (중략) 오만한 애인에게 무릎을 꿇고 그녀의 명령에 복종하고 그녀에게 용서를 빌어야만 하는 것이 내게는 매우 달콤한 즐거움이었다. 그래서 강렬한 상상력이 내 피를 끓어오르게 하면 할수록 나는 더욱더 주눅이 든 애인처럼

보였다.⁵

어린 시절에 사랑한 사람에게 어떤 대접을 받느냐에 따라서 성적 취향도 좌우되고 결정된다. 그것도 어떤 의미에서 아이가 살아가기 위한 행위다. 아이는 자신을 비호해주는 존재에 대해 사랑받고 싶고 사랑하고 싶은 마음을 갖기에 그 사람에게서 받은 어떤 처사도 비판하지 않고 오히려 긍정적으로 받아들이고 특별한 가치로 여기기까지 한다.

좋은 의미에서든 나쁜 의미에서든 루소라는 인간의 형성에 큰 영향을 미친, 보세에서 보낸 낙원 같은 날들은 갑자기 종말을 고하게 된다. 가브리엘의 빗살이 누군가에 의해 부러진 사건이 일어나고, 그 자리에 있었던 루소가 의심을 받았기 때문이다. 루소는 빗에 손을 댄 적이 없다고 강하게 부정했고, 랑베르시에 남매는 루소에게 나쁜 인상을 갖게 되었다. 장난 그 자체보다 그 후의 거짓말과 고집이 문제시된 것이다. 랑베르시에 남매는 루소의 외삼촌에게 편지를 보내 사정을 알렸다. 서둘러 달려온 외삼촌은 엄하게 꾸짖으며 진실을 자백하라고 했지만 루소는 계속 부정했다. 그로부터 반세기 후, 노인이 된 루소는 그것이 누명이었다고 거듭 말한다.

결과적으로 이 사건과 함께 루소의 천진난만한 어린 시

절도 끝이 난다. 랑베르시에 남매를 신뢰했던 만큼 루소가 받은 충격과 고통은 컸다. 이 사건 이후로 루소는 랑베르시에 남매에 대해서도 마음을 닫게 되었고 도리어 아무렇지 않게 못된 장난과 거짓말을 하게 되었다. 그렇게 되면 서로 단념하는 것도 시간문제였다. 수개월 후 루소는 사촌과 함께 외삼촌에게 보내진다.

그때부터 편력의 날들이 시작된다. 루소는 제도製圖를 배우고 타국으로 도망친 아버지를 찾아가는데, 그곳에서 알게 된 자신보다 나이가 두 배나 많은 여성과 사랑에 빠진다. 2, 3년 빈둥거린 끝에 외삼촌이 그의 진로로 선택한 것이 등기사무소 일이었다. 그러나 시간과 규칙에 얽매인 일은 자유를 사랑하는 루소에게 전혀 맞지 않았다. 고용한 측도 마찬가지였다. 루소는 무능한 인간으로 취급을 받아 일에서 잘리고 만다.

그다음에 루소가 도전한 것이 조각공이었다. 그러나 스승은 횡포를 부리며 작은 일에도 잔소리를 하고 강요하는 사람이었다. 밝고 느긋한 성격의 루소가 주뼛거리고 주눅이 들 정도였다. 비난을 받을수록, 체벌을 당할수록 루소는 숨어서 나쁜 짓을 하게 되었고 도둑질과 거짓말을 상습적으로 하게 되었다.

그때 루소를 구원한 것은 독서의 즐거움이었다. 스승에

게 맞기만 할 뿐 일도 재미없고 동료들로부터도 고립된 상황에서 루소는 어린 시절 가까이했던 책의 세계에 다시 빠져들었다. 있는 돈을 다 털어 책 대여점에 쏟아부어 틈날 때마다 책을 보았고 때로는 벽장 안에서 사람 눈을 피해 책을 읽었다. 책의 세계에서 사는 것으로 생각대로 되지 않는 현실을 메우려 했던 것이다.

방랑의 시작

루소가 열여섯 살 때, 그런 정체에 빠져 있던 생활에 전기가 찾아온다. 전기라기보다는 상식적인 의미에서는 더 큰 추락이라고 해야 할지 모른다. 조각 견습공 일에 완전히 싫증이 난 루소는 어느 날 친구 둘과 동네 밖에 있는 숲으로 산책을 갔다가 귀가가 늦어졌다. 당시 유럽의 도시는 성곽 도시였다. 루소가 살았던 제네바에서도 저녁이 되면 성문을 닫았다. 폐문을 예고하는 나팔 소리에 허둥지둥 성문 앞까지 달려온 그들은 눈앞에서 다리가 올라가는 것을 보고 공포에 떨었다. 냉혹하게도 문은 닫혀버렸고 그들은 성문 밖에서 불안한 밤을 지새워야 했다. 돌아가면 스승에게 다시 야단맞을 것이다. 그렇게 생각한 루소는 차라리 자유롭게 자신의 길을

5장 자신이 누구인지 모르는 사람에게

가리라 결심한다.

혼자 행동하기에는 불안했던 루소는 사촌을 길동무로 삼으려 했다. 하지만 사촌은 약간의 돈과 호신용 칼을 넘겨주었을 뿐 눈물 한 방울 보이지 않고 루소의 여행을 담담히 지켜보았다. 루소는 후에 그때 일을 회상하며 사촌은 자기 의지에 의해서라기보다 부모의 지도로 그랬을 것이라고 쓰고 있다. 외삼촌이 루소의 앞길을 정말로 걱정해주었다면 물론 그 계획을 말렸을 텐데, 그렇게 하지 않았다. 후견인인 외삼촌에게도 루소가 도망쳐 사라져주는 것이 귀찮은 짐을 떨쳐낼 수 있어 좋았을 것이다.

루소의 도망을 안 아버지는 그의 뒤를 쫓으려 했다. 그러나 충분히 따라잡았음에도 불구하고 도중에 뒤쫓는 것을 그만두었다. 당시 아버지는 재혼해서 다른 가정을 갖고 있었는데, 경제적으로 여유가 없었다. 루소가 돌아오지 않아야 죽은 아내의 재산에서 나오는 얼마 안 되는 수입을 자신이 가질 수 있었다. 무의식중에 아버지가 그런 계산을 하지 않았을까 하고 아들 루소는 회상한다.

이렇게 해서 루소는 불과 열여섯에 직업도 없고 연고나 의지할 사람도 없이 입은 옷 그대로 거의 무일푼 상태에서 방랑의 몸이 되었다. 그의 형도 열일곱 살 때 집을 나가 행방을 알 수 없었다. 동생 역시 결과적으로 같은 운명을 걷게 되었다.

그러나 루소의 인생에서 놀라운 점은 한낱 방랑자라는 처지에서 성공의 계단을 올라갔다는 것이다.

사는 곳도 일자리도 없는 16세 젊은이가 정든 마을에서 뛰쳐나와 혼자 정처 없이 낯선 곳을 떠돌기 시작한다. 앞날은 캄캄했지만 루소는 의기양양했다. 자유를 되찾아 앞으로 바라는 것은 뭐든 얻을 수 있을 듯한, 지극히 낙천적인 기대와 희망에 부풀었다.

마치 중세 음유시인처럼 저택의 창가에서 노래를 부르기도 했다. 루소의 예측으로는 그의 노래에 마음을 빼앗긴 귀부인이나 아가씨가 당장이라도 창문을 열고 그를 불러들여야 했는데 창문이 열리는 일은 한 번도 없었다.

보통 사람이라면 역시 현실은 혹독하구나 하고 그쯤에서 의욕을 잃고 돌아갔을 텐데 루소에게는 돌아갈 마음이 전혀 없었다.

더욱 놀라운 것은 루소가 그로부터 며칠 지나지 않아 귀부인이 사는 저택의 손님이 되었다는 것이다. 그는 바랑Warens 남작 부인이라는 젊고 아름다운 미망인과 운명적으로 만난다.

젊은 시절에 루소는 사람에게 응석을 부려 사랑을 얻는 놀라운 재능을 보인다. 물론 누구나 그를 귀여워했던 것은 아니다. 조각공 스승처럼 루소를 심하게 대하는 인물도 있었다. 그런 반면에 자애와 상냥함을 겸비한 사람에게서는 특별한 보살핌을 받았다. 거기에는 루소의 불행한 성장 과정이 관련되어 있는데, 그는 이를 적절히 어필해서 상대의 보호본능을 자극하는, 타고난 능력도 있었다. 계산에 의한 것이 아니라 단지 마음이 원하는 대로 행동하면서 몸에 밴 자연스러운 행동거지의 결과로 그렇게 된 것이다. 그것은 세상에 태어났을 때 어머니를 잃은 루소가 살아가기 위해 몸에 익힌 능력이었을 것이다. 루소 스스로가 자신에게 가장 중요한 일은 누군가로부터 사랑받는 것이라고 말했다. 어머니의 애정을 잃은 사람의 경우 타인의 사랑을 얻는 것은 인생을 살아가기 위해 없어서는 안 될 조건이었다.

루소 자신이 특히 관계를 원했고 또한 상대로부터 애정을 얻었던 것은 연상의 여성이었다. 그가 아직 열 살 때 처음으로 열렬히 사랑한 여성은 그보다 열한 살이나 연상이었다. 이 여성은 다른 남성과 결혼하는데 그로서는 큰 충격으로, 20년 후 재회하게 되었을 때도 만나는 것을 피했을 정도다. 상대 여성에게는 영리하고 사랑스러운 어린 남자친구에 불과했을지라도 루소는 진심으로 사랑을 바쳤다. 루소에게 영원한 여성이라 할 수 있는 바랑 부인을 만났을 때 루소는 열여섯이었고 바랑 부인은 스물여덟이었다.

루소가 사랑한 두 여성 모두 그에게 있어 성적 대상이라기보다는 이상적인 어머니로서 동경한 대상이었다. 어머니를 원하는 루소의 마음을 바랑 부인은 잘 이해했기 때문에 루소를 '프티(아가)'라 불렀고 자신을 '마망(엄마)'이라 부르게 했을 것이다.

바랑 부인은 귀족의 딸로 태어나 명문가인 로잔 가문으로 시집을 가서 바랑 남작 부인이 되었는데, 아기가 생기지 않아 결혼생활은 그리 행복하지 못했다. 그녀는 그 생활에서 벗어나기 위해 대담하게도 남편과 가족과 국가를 버리고 사르데냐 왕에게 비호를 청해 그 땅에서 살았다. 바랑 부인이 어느 가문 출신인지도 모르는 부랑아나 다름없는 루소에게 관심을 기울인 것은 그녀 자신이 태어난 지 얼마 안 되어 어머니를 잃은 슬픈 운명을 짊어지고 있어서 루소의 처지가 남의 일 같지 않았기 때문이다.

그러나 이 운명적인 만남도 루소에게 안주할 만한 장소를 주지는 못했다. 바랑 부인도 어쩔 수 없이 남의 시선을 꺼렸기 때문이다. 루소는 일단 토리노로 가서 그곳에서 운을 시험해보기로 했다. 의기양양하게 걸어서 알프스를 넘어 토리노까지 가보니, 그를 기다리고 있던 것은 조각공 밑에서 고용살이했던 제네바 시절보다 더 어려운 생활이었다.

그런 역경 속에서 루소를 보살펴주고 기회를 만들어준

것도 연상의 여자들이었다. 순한 얼굴의 루소는 모성 본능을 자극하는 무언가를 갖고 있었던 것 같다. 그가 묵었던 하숙집 여주인이 그에게 일할 자리를 마련해줄 수 있을 것 같다는 말과 함께, 어떤 귀부인이 그를 한번 만나보고 싶어 한다는 말을 전해주었다. 루소는 마침내 직업을 갖게 되었다. 백작 부인 댁에서 하인으로 일하게 된 것이다.

그런데 겨우 얻게 된 일을 루소는 잃게 된다. 루소 자신이 평생 후회하지 않는 날이 없었다고 하는 사건이 일어났기 때문이다. 여주인의 리본 하나가 사라져 찾아보니 어이없게도 루소의 짐에서 발견되었다. 당연히 모두 루소를 의심했다. 그때까지 좋은 평판을 받으며 일했던 만큼 주위 사람들도 놀라서 루소를 다그쳤다. 더 이상 물러설 곳이 없었던 루소는 다른 하녀에게서 리본을 받았다고 둘러댔다. 루소가 지적한 하녀가 불려오고 두 사람은 대결을 해야 했다. 하녀는 어이없다는 표정으로 왜 그런 거짓말을 했냐, 당신을 좋은 사람이라 생각했었다며 슬픈 듯 호소했다. 그러나 루소는 꼼짝도 하지 않고 당신이 주지 않았냐며 버텼다. 그것은 거짓말이었다. 하녀는 너무 기가 막혀서 더 이상 강하게 항변하지 못했기 때문에 루소의 주장이 진실로 인정되었다. 하녀는 그 자리에서 쫓겨났다.

그 후 그 하녀가 어떻게 되었을지 생각하면 가슴이 아프다고 루소는 40년이 지나서도 회상한다. 그렇게까지 해서 지키고 싶었던 하인의 지위였지만 루소도 얼마 지나지 않아 일자리를 잃게 될 운명이었다. 백작 부인이 암으로 사망한 것이다.

일자리를 잃어 한가해진 루소는 또다시 심한 탈선을 했다. 노출증에 걸린 것처럼 저속한 모습을 여자들 앞에 드러내려다 운 나쁘게 옆에 있던 남자에게 발각되었다. 무서운 얼굴의 남자에게 쫓긴 끝에 잡히고 마는데, 위험한 순간 루소의 거짓말 능력이 발휘된다. 재빨리, 자신은 귀족의 자제인데 정신이 나가서 감금당했다가 간신히 도망쳤다, 놓아주면 꼭 은혜를 갚겠다고 꾸며낸 이야기를 늘어놓아 보기 좋게 빠져나왔다.

나쁜 일이 있으면 좋은 일도 일어난다. 다른 백작 집안에서 일을 해보지 않겠냐고 연락이 왔다. 물론 루소의 악행을 알았다면 고용하지 않았을 테지만. 고용주 구봉Gouvon 백작은 루소를 몹시 마음에 들어 해서 특별히 돌봐주었다. 아들인 사제로부터 라틴어를 배우게 하는 특전까지 주었다. 루소가 그대로 백작을 모셨다면 크게 출세했을 것이다.

그러나 좋은 일이 오래가지 않는 것도 루소의 특징이다. 제네바에서 있을 때 알고 지낸 나쁜 친구가 그곳에 느닷없이 찾아온다. 그로 인해 루소의 방랑벽도 꿈틀대기 시작한다.

그는 힘들게 얻은 기회를 내던지고 다시 도보 여행에 나섰
다. 목적지는 제네바가 아니라 바랑 부인이 사는 안시였다.

사람은 끊임없이 부모를 원한다

루소는 바랑 부인과 재회하자 파란만장했던 2년여 동안의
생활을 전부 털어놓는다. 물론 자신에게 불리한 부분은 빼
버린 채. 바랑 부인은 마음이 움직여 이번에는 같이 살 것을
허락했다. 루소는 부인이 지인에게 이렇게 말하는 것을 엿듣
는다.

> "남들은 어떻게 생각할지 몰라. 그러나 하느님의 뜻으로
> 그가 내게로 온 것이니까 이제는 나도 그를 버리지는 않
> 을 작정이야."**6**

루소는 기뻐 날아갈 것 같았다. 루소는 아름다운 전원
풍경이 한눈에 들어오는 방에서 독서를 하며 교양과 예의범
절을 배우는 등 부인의 도움으로 교육을 받게 되었다. 원래
딱딱한 신학교 교육은 루소에게 맞지 않았지만. 바랑 부인의
보호를 받으며 루소는 어엿하게 자립한 인물로 성장해나간

다. 무엇보다 바랑 부인과 지내는 시간은 루소에게 한 번도 맛보지 못하고 빼앗긴 어머니와의 시간을 되찾는 것이었다.

그러나 이 행복한 날들도 7년 후 끝나게 된다. 요양을 위해 몽펠리에로 여행을 떠났던 루소가 오랜만에 돌아와 보니 바랑 부인의 태도는 전에 없이 차가웠다. 부인 옆에는 젊은 남자가 있었다. 루소가 차지했던 지위는 교양 없는 시골뜨기 젊은이가 대신하게 된 것이다.

"아, 엄마" 하고 루소는 외쳤다.

"지금까지 당신이 몇 차례나 내 생명을 구해준 것도, 결국
은 당신이 그 생명을 소중하게 생각하도록 해주었던 모
든 것을 나에게서 송두리째 한꺼번에 빼앗기 위해서였단
말입니까? 그렇게 되면 나는 죽을지도 모릅니다. 분명 당
신은 나를 그리워할 거예요."**7**

그럼에도 바랑 부인은 루소의 말에 흔들리지 않고 가볍게 피해버렸다. 자신의 자리를 잃은 루소는 바랑 부인의 집을 떠났고 부인도 막지 않았다.

루소는 겨우 만난 '엄마'를 엄마의 배신이라는 최악의 형태로 다시 한 번 잃게 되었다. 진짜 어머니를 갖지 못한 사람의 슬픔이었다. 이 결말은 루소의 마음에 깊은 상처를 남기

게 된다.

　태어났을 때 어머니를 잃는 상황에서 인생을 시작한 루소가 평생 바란 것은 필연적으로 어머니의 애정이었다. 절대적으로 애정이 부족한 상황에서 성장한 루소는 자칫 잘못하면 범죄자로 인생을 마칠 위험도 있었다. 그런 역경에도 불구하고 루소가 인생에서 많은 결실을 거둘 수 있었던 것은 보호 본능을 자극하는 그의 언동으로 만나는 사람들로부터 어머니를 대신할 애정을 얻을 수 있었기 때문일 것이다. 그러나 그것은 불안하고 쉽게 움직이는 것이기도 했다.

　루소가 오랜 편력 후에 다다른 안주의 거처는 평범한 여성과의 사랑이었다. 그가 숙박한 여관에 고용되어 있었던 아가씨로, 후에 아내가 되는 테레즈Thérèse였다. 테레즈는 귀부인도 아니고 특별한 교양도 쌓지 못했지만 조심스럽고, 소박하고, 사랑이 깊은 성실한 여성이었다. 테레즈는 글도 읽지 못하고 돈 계산도 하지 못했다. 루소는 '엄마'가 루소에게 해주었듯이 이번에는 테레즈를 교육해 자신에게 어울리는 반려자로 길러내려고 한다. 그 시도는 결국 단념할 수밖에 없었는데, 그럴 필요가 없다는 것을 깨달았기 때문이다. 테레즈는 힘들고 어려운 만년을 보내던 루소를 곁에서 지켜주었다. 루소가 불우한 후반생을 살아낼 수 있었던 것도 아내의 힘이 컸다.

안전기지를 갖지 않은 위험

사람은 안전기지를 가질 때 거꾸로 그것을 잃을 위험을 안게 된다.

안전기지를 갖는다는 것은 용기와 힘을 주기 때문에 그 것을 잃는 것은 비탄과 분노와 절망을 초래하는 맹렬한 타격 이다.

서로 의지했던 아버지를 잃었을 때 엘리 위젤도 더 이 상 살아갈 의미가 없다고 느껴 일종의 무감각 상태에 빠졌 다. 그 후유증은 10년 이상 계속되었다. 그것을 극복하기 위 해 위젤이 《나이트》, 《새벽Dawn》, 《낮Day》과 같은 일련의 작 품을 탄생시켰다고 할 수 있다. 그중에서도 《나이트》와 《낮》 은 전기적인 요소가 강해서 그의 실제 체험이 짙게 반영되어 있다. 그의 자서전 《모든 강은 바다로 흐른다All Rivers Run to the Sea》와 함께 읽으면 그가 받은 상처가 얼마나 깊은지, 그 회 복 과정이 얼마나 힘들었는지 느낄 수 있다.

《낮》에는 회복 과정에 있는 주인공의 모습이 그려지는 데, 자동차 사고를 당해 죽음을 가까이 느꼈을 때 그는 기묘 한 평온을 얻는다. 자신을 사랑해주는 여성도 만나지만 그 는 그 사랑에 응할 수 없다. 그 여성을 사랑했다고 깨닫는 것 은 모든 것이 끝나고 몇 년이 지나서였다. 그는 아버지의 죽음과 함께 잃어버린 안전기지를 되찾지 못했고, 설령 그것이 눈앞에 있어도 믿을 수 없었다.

아버지는 안전기지가 되어 그를 살게 했는데 아버지의 죽음은 거꾸로 안전기지를 빼앗아 그 후 위젤이 인생에서 안전기지를 갖는 것을 어렵게 만들었다.

안전기지를 필요로 하지 않는 삶

반려자를 만나지 못하고 혼자 살아야 하는 사람도 있고, 애초에 타인과 함께 사는 것이 체질에 맞지 않는 사람도 있다. 그런 사람에게는 안전기지가 필요 없을까.

사실 사람은 안전기지를 갖지 않아도 적응하고 살 수 있다. 그것을 '탈애착脫愛着'이라고 한다. 애착을 잃어버려 누구에게도 집착하지 않음으로써 의존하려는 욕구로부터 해방되는 것이다.

어릴 적부터 애정을 받고 돌봄을 받지 못한 사람은 애당초 타인에게 기대하는 것이 적어서 희박한 애착밖에 갖지 않는다. 회피형이라 불리는 애착 스타일이다. 이 타입은 사람과의 친밀한 관계를 원하지 않아 고독한 경우에 처해도 좀처럼 외롭다고 느끼지 않는다. 오히려 구속받지 않아 편하다고 생각한다.

사랑하는 사람을 잃었을 때, 사랑하는 사람이 자기 사람이 되지 않았을 때, 그 사람에 대한 집착을 버림으로써 고통과 외로움에서 벗어날 수 있다. 그 사람을 잊지 않겠다, 계속 사랑하겠다고 생각해도 이 과정은 자연스럽게 이루어진다. 원래 애착이 희박한 사람은 순식간에 탈애착이 진행되고 애착이 강한 사람도 시간과 함께 탈애착이 일어난다.

이전에 서로 사랑했던 사람을 우연히 만나도 타인을 대하듯 차가운 반응밖에 일어나지 않거나 애절하고 가슴 아픈 감정이 일순간 느껴지더라도 이내 사라진다. 아직 남아 있는 애착이 재회하면서 소생하는 경우도 있다. 그러나 만날 가망이 없는 동안에는 애착을 봉인해 마음으로부터 떼어놓아 고통을 피하려고 한다.

젊은 시절에는 외곬으로 생각하기 쉽다. 마음에 새긴 사람을 잊는 것이 어렵다. 그러나 만남과 이별을 반복하며 탈애착을 여러 번 경험하다 보면 특정한 사람에 대해 집착하는 일도 드물어진다. 처음부터 좋아지는 일도 없어지는데 가령 좋아져도 언제든 잊을 수 있도록 안전장치를 준비하게 된다.

연인간 관계가 침체되면 안전장치가 작동해 분리가 이루어진다. 그것으로 심각한 타격을 받는 것을 피한다. 그때 머릿속에서는 '사랑하기에 부족한 상대였다' 혹은 '허울만 그럴듯했다' 등의 이유를 대며 잠시 동안이지만 사랑했던 존재의 가치를 부정함으로써 자신을 지키려고 한다. 사람에 따라서는 상대를 혐오하며 '최악의 상대였다'고 증오를 드러내는 경우도 있다. 그렇게 생각함으로써 자신이 짧은 순간이나마 그 존재에게 안전기지를 기대하는 '잘못'을 저지른 것이 자기 탓이 아니라고 생각할 수 있다. 자기 기대에 응해주지 못하는 존재를 부정하고 폄하하는 것은 일시적인 자기방어라고는 하지만, 이 역시 살아가기 위한 방어 반응이라고 할 수 있다.

어머니의 희생으로 세상에 태어난 소년

루소에 대해 말할 때면 떠오르는 소년이 있다. 그 소년 역시 루소처럼 태어난 지 얼마 되지 않아서 어머니를 잃어 젖의 맛도 포근함도 모른 채 성장했다. 어릴 때는 할머니와 이모가 돌봐주었는데 아버지가 데려간 후에는 돌봄의 손길이 충분히 미치지 못했다. 그의 첫 기억은 혼자 텔레비전을 보는 것이었다. 일 때문에 바쁜 아버지는 그를 집에 홀로 남겨두고 텔레비전을 보게 하는 경우가 많았다. 충분하지는 못했지만 아버지와 이모의 보살핌을 받으며 지냈던 초등학교 3학년까지는 그래도 행복했다고 말할 수 있다. 그리고 그의 인생이 격변하는 일이 일어난다.

초등학교 3학년 때 아버지가 재혼한 것이다. 새엄마는 소년보다 나이가 많은 딸 둘을 데리고 와서 함께 살게 되었다. 새엄마가 소년을 상냥하게 대해준 것은 처음 한두 달로, 금세 정체를 드러내면서 자기 딸들과 그를 차별했다. 사소한 일에도 엄격한 규칙을 만들어 지키지 않으면 호되게 혼을 냈다. 누나들도 새엄마의 앞잡이가 되어 소년을 감시하고 그의 일을 고자질하고 그에게 직접 벌을 주었다.

애정이 부족한 채로 성장한 아이가 으레 그렇듯 야단을 맞으면 그도 한층 더 고집을 부렸다. 그것이 새엄마와 누나들을 화나게 만들어 감시와 비난에 박차를 더욱 가하게 했다. 그는 손쓸 수 없는 나쁜 아이가 되어 처벌을 받게 되었다. 손톱으로 할퀴고, 때리는 것은 그나마 나았다. 학대는 차츰 심해져 "얼굴도 보기 싫다", "얼른 죽어라" 하고 욕설을 퍼붓고, 과일칼을 휘두르고, 계단에서 밀어 떨어뜨리기도 했다.

소년이 초등학교 4학년이었던 어느 날, 누나가 밧줄을 주며 "네가 살기를 바라지 않으니까 자살해" 하고 말했다. 그 자신도 살아봤자 소용없다고 생각하기 시작했기 때문에 죽기로 결심하고 공원에 가서 나무에 밧줄을 걸어 목을 매려 했다. 그런데 생각대로 되지 않았다. 그때 소년의 모습을 보

5장 자신이 누구인지 모르는 사람에게

고 수상하다고 여긴 한 소녀가 달려왔다. "뭐 하는 거야?" 하고 묻기에 사정을 말하자 소년을 동정해 자기 어머니에게 데리고 갔다. 그 일이 계기가 되어 아동상담소가 개입해 새엄마의 학대는 잠시 수그러들었지만 상담소의 관심이 사라지자 다시 반복되었다.

소년에게 구원이 된 것은 그때 도움의 손길을 뻗어준 소녀와 그녀의 어머니였다. 그들과 가까워져서 그에게도 외로운 속마음을 털어놓는 상대가 생긴 것이었다. 그러나 그것은 새엄마에게는 몹시 불쾌한 일이었다. 그는 내쫓기듯이 시설에 맡겨졌고 소녀와도 쉽게 만날 수 없게 되었다.

중학생이 되자 운동신경이 뛰어난 그는 한 스포츠 경기에서 눈에 띄게 두각을 나타냈다. 중학교 3학년 때는 전국대회에서 우승까지 했다. 그는 단번에 주목을 모으는 선수가 되었다. 그 경기로 유명한 고등학교로 진학해서 모든 것이 순조롭게 진행된다고 생각했을 때 그는 사고를 당했다. 인대가 끊어지는 부상을 입은 것이다. 그 후로는 경기 성적도 신통치 않게 되었다.

그 무렵 더욱 슬픈 일이 몰아쳤다. 오랫동안 마음의 의지가 되었던 소녀가 교통사고로 사망하고 말았다. 그의 생일 선물을 사러 갔다 집으로 돌아오는 길에 사고를 당했다고 했다. 그는 소녀의 어머니로부터 유품이 된 선물을 받았다.

참을 수 없는 아픔이 그를 덮쳤다. 당시 기숙사 생활을 했던 그는 여름방학 때 오랜만에 집으로 돌아갔다. 새엄마와 이혼하고 혼자가 된 아버지랑 둘이서 오붓하게 지낼 수 있겠다고 기대했는데, 그의 기대는 완전히 빗나갔다. 아버지는 경제적으로 너무 어려워서 빚쟁이를 피하기 위해 거의 집에 들어오지 않았다. 애써 집에 왔지만 먹을 것도 돈도 없었다.

며칠을 물로 배를 채우던 끝에 그는 남의 가방을 날치기한다. 지갑에는 수만 엔이 들어 있었다. 그는 돈을 갖고 있는 것이 무서워서 전부 써버렸다. 돈이 떨어지자 다시 가방을 날치기했다. 죄악감도 없어져서, 용돈이 필요할 때면 가방을 날치기하게 되었다. 그리고 몇 번째인지 직장 여성의 핸드백을 날치기하려다 잡히고 말았다.

그리하여 그와 나는 만나게 되었다. 그의 첫인상은 표정이랄 게 전혀 없다는 것이었다. 말을 물어도 "보통입니다", "괜찮습니다" 하고 정중하지만 형식적인 답을 할 뿐, 자기 기분을 전혀 말하려 하지 않았다. 그렇게 몇 번 만나는 사이에 그 스스로도 "나에게는 감정이 없는 것 같아요", "아무것도 느껴지지 않아요" 하고 말했다.

심한 학대를 받거나 보살핌을 받지 못하고 방치되거나 이 사람 저 사람 옮겨가며 양육을 받은 아이에게 흔히 나타나는 모습이었다. 양육자와 보호자가 자주 바뀌는 환경은 그런 상황을 가속화한다. 시설에서 생활하는 아이에게도 일어나기 쉬운 문제다.

애써 친숙해졌는데 곧 헤어져야 되는 일을 반복하는 사이 진짜 애착이 생기기 어려워진다. 만남을 기뻐하고 애착을 가지면 이별할 때 오히려 힘들어진다는 것을 경험으로 배워서 마음 어딘가에서 거리를 두어 사람을 대하게 된다. 아무리 열심히 관심을 갖고 대해줘도 헤어질 때는 의외로 냉정하고, 과거의 사람으로 쉽게 잊어버린다. 그러는 편이 고통이 적기 때문이다. 그것은 은혜를 몰라서가 아니다. 살아가기 위해 어쩔 수 없이 자신이 상처 입지 않는 방법을 습득하기 때문이다.

나는 루소에게서도 그런 인상을 받았다. 차례로 여러 사람을 만나 비위를 맞추는 언동을 하지만 상황이 바뀌면 의외로 냉담하게 떠나버린다. 그토록 도움을 받은 바랑 부인에 대해서도 애정을 독점할 수 없다는 것을 깨닫자 떠나버렸다. 루소는 늘 100퍼센트의 애정과 우정을 원했다. 그것은 많은 친구와 사이가 틀어지는 원인이 되었다. 디드로Denis Diderot와도 그랬다.

디드로가 신을 모독하는 글을 쓴 죄로 감옥에 갇혔을 때 루소는 디드로를 감싸며 자신의 일처럼 염려했다. 디드로가 갇혀 있는 뱅센 성에 면회를 가서 그를 만날 수 있었던 루소는 감격한 나머지 친구를 안으려고 했다. 그러나 디드로는 겸연쩍은 듯 "이렇게 사랑받습니다" 하고 농담을 하며 옆을 돌아보았다. 루소는 아까 미처 보지 못했지만 그 자리에는 먼저 온 손님이 있었다.

객관적으로 보면 디드로의 반응에 악의가 있었다고는 생각되지 않는다. 그러나 이 일은 루소에게 상처를 주어 디드로에 대한 불신감을 품는 결정적인 계기가 된다.

이렇게 상처 입기 쉽기 때문에 루소는 끊임없이 사랑을 받을 수 있는 새로운 관계를 찾아야 했다. 하나의 인간관계에 뿌리를 내리지 않으면 불쾌한 불순물을 질질 끌지 않아서 자유롭다는 장점은 있지만 관계가 축적되지 않으므로 후반생이 될수록 외로워지기 쉽다. 루소의 인생도 그랬다.

소년의 이야기로 다시 돌아가자. 그는 루소보다 더 박복하고 가혹한 소년 시절을 보냈다고 할 수 있다. 그만큼 인간관계를 불신해서 사람에게 쉬이 마음을 허락할 수 없었다. 사람에게 어리광부리는 것도 쉽지 않았다. 소년은 루소처럼 자신의 희로애락을 충분히 이야기함으로써 상대의 동정을 구하거나 관심을 끌려 하지도 않았다.

그러나 내가 좀 더 깊이 있게 그 소년을 대하는 사이에 그것이 표면적인 모습이란 것을 알게 되었다. 그는 정말로 감정이 없고 사람을 원하지 않는 것이 아니었다. 내가 끈기 있게 대하면서 거리를 조금씩 좁혀가자 아무 말도 하지 않았던 그가 조금씩 자신에 대해 말하기 시작했다. 아니, 사실 그는 매우 조리 있게 거침없이 말하는 이야기꾼이었다. 앞에서 서술한 성장 과정도 그 자신이 말하거나 혹은 글로 써준 것이다. 자신에 대해 표현하기 시작하자 전부 깜짝 놀랄 만한 것들이었다. 약간 과장된 각색을 볼 수 있어서 어디까지가 진실인지, 속지 않도록 주의하며 음미해야 하는 경우도 많았다. 그에게도 소년 루소처럼 공상적인 허언 경향이 있었다. 즉, 앞에서 말한 그의 성장 과정에도 어느 정도 거짓이 섞여 있을 가능성이 있다. 그러나 이야기를 과장해서 말하는 것은 그가 살아가기 위해 자신도 모르는 사이에 익힌 기술이 틀림없었다.

루소에게도 그랬듯이 소년에게 있어서도 애정과 관심을 얻는 것이 생명의 영양을 얻기 위해 절박하게 필요했다. 동정을 유도해 관심을 갖게 하지 않으면 살아갈 수 없기 때문이다. 누가 그의 과장된 신상 이야기를 비난할 수 있을까.

내가 소년의 이야기에 끌렸듯이 바랑 부인도 루소의 신상 이야기에 끌렸을 것이다. 그리고 내가 그의 이야기가 조금은 미심쩍다고 느꼈듯이 바랑 부인도 소년 루소의 이야기가 어느 정도 각색되었다고 느꼈을 것이다. 그러나 바랑 부인은 그런 점까지도 포함해 루소를 받아들였다.

날치기를 반복해 소년원에 갔다 온 그였지만 그 본모습에는 남을 배려하는 상냥한 마음이 있었다. 소년은 상대가 누구든 차별 없이 대했다. 심한 장애를 가진 아이도 절대 꺼리거나 귀찮아하지 않고 묵묵히 돌보았다. 그는 보살피는 데 능숙했다. 시설에서 생활했을 때 장애를 가진 아이와 함께 지냈기 때문에 누군가를 돌보는 것에 익숙했다.

그가 가장 환하게 웃는 얼굴을 보였던 때는 아버지가 하던 일이 호전되었다며 집에 돌아오면 자기 일을 도와달라고 했다고 말했을 때였다. 그는 앞으로 어떻게 생활할지 생각하는 데 열중하게 되었고 허풍을 떠는 일도 하지 않게 되었다.

사회에 돌아갈 날이 가까워졌을 때 그가 말했다. 자신이 좌절했던 경기는 아버지가 젊었을 때 했던 경기이기도 했다고. 아버지는 국민체육대회*에서도 활약한 선수였다. "아버지를 뛰어넘을 수는 없었지만……. 하지만 언젠가 홀가분한 마음으로 해보고 싶어요" 하고 말하며 웃었다.

그의 가장 큰 바람은 아버지의 사랑과 인정을 받는 것이 아니었을까.

부모가 모두 있어도 아이를 키우는 데는 어려움이 많다. 하물며 어머니의 애정을 모르고, 아버지의 애정도 빼앗긴 아

★ 우리의 전국체육대회.

이가 어떤 고난에 직면할지는 앞에서 두 사람의 인생이 보여준 대로다. 두 사람이 겨우 인생을 살아갈 수 있었던 것은 그들이 다른 사람의 보호 본능을 자극하는 무언가를 갖고 있었기 때문이다. 상대의 관심을 사는 언동으로 많은 도움을 받을 수 있었던 루소는 고아와 다름없는 몸이었지만 생면부지 타인의 도움을 발판으로 성공을 거두고 명성을 얻었다.

내가 만난 소년도 그가 갖고 있는 신비한 힘으로 사람들의 관심과 조력을 얻어 능란하고 강하게 살아남기를 바란다. 행복의 원동력은 애정과 관심을 받는 것이다. 그렇게 하려면 강한 척하지 않고 자신을 열어 보여 상대의 관심을 사는 것이 필요하다.

애인이 부모를 대신한다

부모를 잃거나 혹은 부모가 있어도 부모로서 역할을 다해주지 못하는 경우, 그 사람은 무의식중에 부모를 대신할 존재를 찾는다. 제대로 된 부모 밑에서 성장한 사람도 부모 곁을 떠나거나 자립할 경우 자신을 이끌어줄, 부모를 대신할 존재를 발판으로 자기 길을 열어간다. 하물며 부모 자식 관계에 문제를 안고 있는 사람에게 가족 이외의 사람과 친밀하고 신뢰할 만한 관계를 맺는 것은, 인생을 살아가는 데 비바람을 피할 수 있는 장소와 따뜻한 담요처럼 중요하다.

부모의 애정이 모자란 환경에서 성장한 사람은 부모를 대신하는 존재를 찾아내는 능력이 뛰어난 경우가 많다. 필요는 발명의 어머니다. 거기서 양분과 도움을 얻어 자신의 부족함을 채워 어른으로 성숙하려고 한다. 어떤 선배, 친구, 애인, 배우자를 만날 수 있는가는 지극히 중요하다. 부족한 것을 아낌없이 채워주는 배우자를 만나는 것은 행운이다. 그것으로 마음의 대차 대조표를 개선해 한쪽으로 치우친 상태를 바로잡아 마음의 건강을 되찾을 수 있다.

항상 부모에게 부정당하고 학대받아 사람을 믿지 못하는 사람은 자신의 모든 것을 받아주고 긍정하며 도와주는 친구나 애인을 만나면 안심감과 자신감을 되찾아 사람에 대한 믿음을 가질 수 있다. 그러나 부모를 대신할 애인을 찾으려고 했을 때 일어나기 쉬운 것은 루소처럼 상대에게 지나치게 바라는 것이다. 앞으로 언급할 경우처럼 상대가 이미 가정을 갖고 있는 경우도 있다. 자신에게만 애정을 쏟아주었으면 좋겠다는 바람을 가지면 오히려 상대에게 배신당해 더욱 기아감에 사로잡히게 된다.

또, 너무 상처를 입어서 사람을 믿을 수 없을 때는 애인도 믿지 못하고 모든 것을 자기 것으로 하려는 나머지 애인

5장 자신이 누구인지 모르는 사람에게

을 힘들게 하고 피폐하게 만드는 경우도 있다. 완전히 지쳐 버려 외면해버리는 애인을 보고, 역시 자신을 사랑해주는 사람은 없다고 지레짐작할지도 모른다. 애인은 단지 지쳐 있는 것뿐일 수도 있는데 말이다. 그럴 때는 자기 기분에 얽매이지 않고 애인을 위로해야 한다고 자각해야 안정된 애정을 이어갈 수 있다. 상대의 불완전함과 연약함에 화를 내기보다는 가엾다고 느끼게 되는 것이다.

철학자와 여대생의 만남

아름다운 여대생이 마르부르크 대학의 강의실에서 열심히 철학 강의를 듣고 있었다. 이국적인 얼굴의 여대생은 커다란 눈으로, 당당하게 교단에 선 젊은 교수를 바라보고 있었다. 18세 여대생의 이름은 한나 아렌트Hannah Arendt(1906~1975). 후에 《전체주의의 기원The Origins of Totalitarianism》, 《예루살렘의 아이히만Eichmann in Jerusalem》을 집필해 정치철학자로서 세계적으로 이름을 알린 여성이다. 한편 교단에 선 교수는 한창때 나이인 35세의 마르틴 하이데거Martin Heidegger(1889~1976)였다. 말할 것도 없이, 후에 《존재와 시간Sein und Zeit》으로 세계적인 명성을 떨치는 대철학자다. 하이데거는 이제 막 객원교수가 된 상태로 아직 그의 책은 간행되지 않았지만 학생들 사이에서 그는 이미 인기가 많았다.

한나 역시 하이데거의 강의에 매료된 학생들 중 한 명이었다. 매우 고상하고 난해했지만 아직 아무도 이루지 못한 무언가가 지금 이루어지려 한다는 것만큼은 18세 여대생도 알 수 있었다. 한나는 가슴 설레는 지적 흥분을 느끼며 하이데거를 깊이 존경했다.

그래서 평소처럼 강의가 끝난 후 나가려고 할 때 자신에게 일어난 일에 깜짝 놀랐다. 동경하는 하이데거 교수가 그녀를 불러 세우더니 자신의 연구실로 오라고 한 것이다.

한나는 하이데거 교수의 연구실을 찾아갔다. 어떤 용건인지 짐작도 할 수 없었던 만큼 기대와 불안이 교차했다. 한나는 단단히 마음먹은 듯 레인코트를 입은 채 모자를 눈까지 깊이 눌러쓴 차림으로 연구실 문을 열었다. 하이데거를 앞에 두고도 몹시 긴장한 상태라서 질문에 작은 목소리로 대답하는 것이 고작이었다. 놀랍게도 하이데거는 한나의 공부가 순조롭게 진행되도록 힘이 되어주고 싶다고 말했다. 교수가 자신 같은 일개 학생을 특별히 돌봐준다니, 한나에게는 꿈같은 이야기였다. 하이데거는 편지를 쓰겠다며 한나의 주소를 물었다.

그 후로 한나는 하루가 멀다 하고 하이데거 교수로부터

열의 넘치는 편지를 받게 되었다. 하이데거를 숭배했던 한나에게 그것은 기쁨으로 황홀해질 정도의 행운이었다. 그로부터 불과 2주 후 한나는 하이데거에게 마음뿐만 아니라 몸까지 허락한다.

하이데거에게는 엘프리데Elfriede라고 하는 여장부 스타일의 당찬 아내와 아이도 있었다. 그런 사실을 알면서도 한나는 하이데거를 받아들였다. 거기에는 한나의 성장 과정이 적잖이 관계되어 있었다.

한나 아렌트의 성장과 애정

한나 아렌트는 부모의 사랑을 받기 어려운 환경에서 성장했는데 특히 아버지의 애정은 거의 모른 채 자랐다. 그녀가 일곱 살 때 아버지는 매독으로 사망했다. 어머니는 자식보다 자신의 즐거움에 빠져서 온천이나 친척 집을 돌아다녔기 때문에 한나는 어머니가 집에 돌아오지 않는 것이 아닐까 늘 두려웠다.

한나가 열두 살 때 어머니가 재혼하자 더 복잡한 입장에 처하게 되었다. 새아버지가 된 남성에게는 두 딸이 있었고, 어머니는 그 딸들에게만 신경을 쓰게 된 것이다. 한나로서는 무엇보다 소중한 어머니를 여러 번 빼앗긴 셈이다.

그런 애정 면에서 겪은 고생에 비하면 자신이 유대계 출신이란 사실은 그리 문제가 되지 않았다. 하지만 세상은 그렇지 않았다. 유대계라는 것이 한나의 인생에 차츰 어두운 그림자를 드리우기 시작했다. 이후에 그것은 사랑하는 하이데거와의 관계마저도 갈라놓게 된다.

그녀는 밖을 향해 허세를 부려 내면의 외로움과 자신감 결여라는 약점을 보이지 않는 것으로 가리고 있었다. 그러나 속으로는 끊임없이 자신을 비호하고 이끌어줄 존재를 원했다. 그런 그녀 앞에 구세주처럼 하이데거가 나타나 손을 내민 것이다.

그녀가 필요로 했던 것은 하이데거의 정신적인 비호와 도움이었을 것이다. 그럼에도 하이데거는 달랐다. 하이데거가 그녀의 젊은 육체를 반복해서 원했을 때 그의 바람을 이루어주는 것으로 한나는 그의 애정에 보답하려고 했다.

한나는 결코 존경하는 하이데거의 가정을 무너뜨리거나 그의 지위와 입장을 위험하게 하면서까지 그의 애정을 독점하려고 하지 않았다. 한나의 그런 소극적인 태도는 하이데거에게 안성맞춤이었을 것이다. 성당지기 아들로 태어나 성당의 장학금으로 공부하던 가난한 신학생에서 열심히 노력해 겨우 그 지위에 다다른 하이데거에게 여대생과의 스캔들

5장 자신이 누구인지 모르는 사람에게

은 파멸을 의미했다. 하이데거의 명령을 지킨 한나는 누구에게도 둘 사이의 일을 말하거나 상의하지 않았다. 가까운 사람들조차 두 사람 사이에서 일어난 일을 한참이 지난 후에 눈치챘을 정도다.

하이데거는 상세하게 정해놓은 암호를 사용해 밀회 장소와 시간을 지정했다. 예정된 밀회도 하이데거의 상황이 바뀌면 바로 취소될 수 있도록 긴급한 경우에 쓸 신호도 정해두었다.

가슴을 졸이는 관계는 1년 넘게 계속되었다. 대개 그런 생활은 여성을 불안정하게 만들어 일관성을 잃게 만든다. 그러나 한나는 심지가 강한 여성이었다. 더 이상 이 생활을 계속하는 데 한계를 느낀 한나는 그렇게 되기 전에 스스로 마르부르크를 떠나기로 결심한다. 한나의 제의에 하이데거도 찬성한다. 그렇게 하는 것이 한나의 장래를 위해서 낫다는 듣기 좋은 말과 함께. 한나는 하이데거의 교활함에 거듭 실망했을 것이다. 한나는 하이데거의 입장을 배려해 혼자 마르부르크를 떠나 물러날 결심을 했다. 하이데거를 사랑했기 때문이다.

하이데거도 한나에 대한 마음을 완전히 접은 것은 아니었다. 하이델베르크로 거처를 옮긴 한나가 하이데거에게 새 주소를 가르쳐주지 않자 하이데거는 자신의 제자로부터 한

나가 머무는 곳의 주소를 알아내어 연락을 한다. 하이데거도 흔들렸던 것이다. 한나가 끝내려 하면 하이데거가 그녀를 원했다. 하이데거가 원하면 한나는 그에게 달려갔다. 마르부르크와 하이델베르크 사이의 작은 마을에서 밀회가 이루어졌다.

그 후에도 하이데거의 일방적인 사정에 의한 변덕스러운 만남이 반복된다. 결정권은 하이데거에게 있어서 한나가 자기결정권을 되찾으려고 하면 하이데거는 그것을 다시 빼앗아버렸다. 그런 상황이 수년간 계속되었다. 한나는 희망에 의지하면서 하이데거를 줄곧 기다렸다. 그 상황은 한나에게 고통스럽고 불안정한 매일이었을 것이다.

결국 한나는 다른 남성을 애인으로 만듦으로써 자신의 주체성과 안정을 회복하려 했다. 학교 친구 벤노 폰 비제Benno von Wiese와 사귀기 시작한 것이다. 한나는 그 사실을 하이데거에게 편지로 알렸다. 마르부르크를 떠난다고 말했을 때처럼 한나는 이렇게 최후통첩을 함으로써 하이데거가 자신을 선택해주리라는 일말의 희망을 걸었을 것이다. 한나의 편지에 하이데거는 축복한다는 말을 보내며 그녀의 계략에 빠지는 것을 피한다.

그러나 그런 한편으로 그녀를 갑자기 불러내어 비밀리에 만난다. 제멋대로인 하이데거가 보낸 편지에는 그녀에 대

5장 자신이 누구인지 모르는 사람에게

한 변치 않는 사랑이 두 사람의 아름다운 추억과 함께 적혀 있었다. 정열적인 시를 써서 보내거나 그녀의 사진이 필요하다고 말하기도 했다. 그런 반면에, 한나에게는 자유롭게 답장을 쓰는 것도 허락하지 않았다.

한나를 불행하게 했던 것은 그녀에게 있어서의 '본래적 실존'*이 하이데거와 인생을 함께하는 것인데, 하이데거에게는 꼭 그렇지 않았다는 점이다. 다른 남성을 사귀기 시작했을 때나 그 후 다른 남성과 결혼하고 나서도 한나는 하이데거를 기다렸다. 그러나 하이데거에게 있어 한나는 언젠가 끝내야 하는 사랑이었다.

결국 하이데거는 한나와 헤어질 것을 결심한다. 만난 지 3년 반이 지난 1928년 4월, 하이델베르크에서 하이데거는 이것이 마지막 밀회임을 알린다.

하이데거는 이날 이별하기로 서서히 마음을 굳혀간 것 같다. 자신의 철학에서 말하는 '양심의 소리'**에 따라 자기 인생에 책임을 지기 위해 내린 결심이었을까. 단, 하이데거가 결단을 내린 배경에는 그의 본래적 실존과는 꼭 일치하지

★ 하이데거는 인간의 실존을 '본래적 실존'과 '비본래적 실존'으로 나누는데, 자기 내부의 참된 가능성을 실천해 자기 자신으로 사는 것이 '본래적 실존'이다.

★★ 실존적인 삶을 살라는 내면의 목소리.

않는 다른 세속적인 사정이 있었다. 스승인 에드문트 후설 Edmund Husserl로부터 그의 후임으로 자신이 정교수 자리에 내정되었다는 말을 들은 것이다. 《존재와 시간》이 간행되어 세계적으로 각광을 받는 존재가 되려 하는데 더 이상은 위험을 감수할 수 없었다.

하이데거의 다소 불순한 계산과는 대조적으로 이때 한나가 하이데거와 이별한 후 그에게 쓴 편지에는 깊은 슬픔과 함께 순수한 애정을 간직함으로써 희망을 찾으려 하는 안타까운 마음이 담겨 있다. 그것은 하이데거와의 생각의 차이를 한층 두드러지게 만든다.

저는 이제 당신이 오지 않는다는 사실을 이해하게 되었어요. 당신이 저에게 보여준 그 길은 제가 생각했던 것보다 더 길고 어려워요. 그것은 전 생애를 통째로 삼켜버리는 일이에요. 그래도 저는 스스로에게 부과한 그 길을 걸어가기로 각오했어요. 이것이 살아가게 하는 유일한 가능성이니까. 만일 당신에 대한 사랑을 잃게 된다면 저는 살아갈 권리를 잃어버리게 되는 거예요. 당신을 사랑해요. 제가 당신을 처음 만난 날 그랬던 것처럼. 당신은 이 사랑을 이미 알고 있었어요. 저도 언제나 알고 있었지요. 신의 뜻에 따라 저는 죽음 이후에 당신을 더 사랑하게 될

거예요.**8**

그리고 그 후 한나의 인생은 이 말이 진실이었음을 증명한다.

뒤바뀌는 운명

이후 한나와 하이데거는 완전히 대조적인 인생을 살게 된다. 마치 둘로 갈라져 한 짝은 이쪽으로, 다른 한 짝은 그 반대 방향으로 가버린 것처럼 정반대의 궤도를 그린다. 그러나 그것은 서로 거울에 비친 상 같은 관계로, 한나는 스승이며 연인이었던 남자와 정반대 길을 궁구하는 것으로 어떤 의미에서 같은 운명을 공유하려 했다고 생각된다.

하이데거는 이후 차츰 민족적 애국주의, 더욱이는 국가사회주의로 나아간다. 독일 민족에 대한 숭배에 반비례하는 형태로 하이데거는 반유대주의적인 관점을 강화해간다. 얼마 전까지 그가 사랑했던 한나도 유대인이었는데 말이다. 한나와의 이별은 그의 신념을 위해서도 필연적이었다.

한나와 헤어지고 5년 후인 1933년, 하이데거는 프라이부르크 대학의 학장에 취임해 나치 당원이 되었다. 학장 취임 연설에서 하이데거는 국가사회주의를 찬양하며 "하일 히틀러(히틀러 만세)"로 연설을 마무리 지었다. 그 사실을 알게 된 한나는 하이데거에게 편지를 써서 그것이 진심인지 확인하려고 했다. 이에 하이데거는 노골적으로 화를 내며 염치없는 유대인에게 자신이 얼마나 친절했었는지를 늘어놓았다. 한나는 더 이상 독일에 남아 있을 의미가 없다고 깨닫는다.

한나는 유대인인 자신의 정체성과 마주한다. 그 연구는 《라헬 파른하겐 : 어느 유대인 여성의 삶Rahel Varnhagen : Lebensgeschichte einer deutschen Jüdin aus der Romantik》으로 결실을 맺는데 그것은 독일 문화에 대해 그녀가 고한 결별의 글이기도 했다. 라헬 파른하겐은 죽기 전에 이렇게 말했다.

"유대인 여성으로 태어났다는 사실이 평생 나를 따라다니면서 엄청난 치욕과 고통과 불행을 주었어요. 하지만 지금은 누가 굉장한 대가를 치르겠다고 해도 내가 유대인임을 결코 포기하지 않겠어요."9

그 무렵 하이데거는 이미 학장직을 그만두고 나치 정책에 대해 회의적이 되었지만.

종전終戰은 운명을 완전히 역전시켰다. 하이데거는 나치에 협력한 일로 공직에서 쫓겨났고 그가 쓴 책도 전후 5년 동안 공개가 금지되었다. 여기저기서 하이데거를 비판하는 목소리가 일어났다. 선봉에 선 사람 중 하나가 한나였다. 한나는 스승을 부정함으로써 스스로를 지키려 했다.

그런데 다시 한 번 처지가 역전된다. 종전 후 5년이 지난 1950년, 한나는 하이데거와 재회한다. 그리고 그 재회 이후 한나는 다시 하이데거에게 이전의 충실한 여대생으로 행동하기 시작한다.

사면초가 속에서 한나는 하이데거를 옹호하는 논진論陳을 펼쳤다. 당시의 풍조를 생각하면 그것은 애써 이룬 명성을 망쳐버리는 위험한 행동이었다. 1951년《전체주의의 기원》을 출간한 후 세계적으로 높은 평가를 받아 국제적인 저명인이 된 한나의 발언은 큰 영향력을 가졌다. 한나는 하이데거의 복권에 기여했을 뿐만 아니라 진심으로 존경을 바쳤던 것이다. 한나는 그녀가 이전에 편지에 썼던 대로 평생 하이데거를 사랑했다. 한나가 죽기 직전까지 두 사람은 편지를 주고받았다.

하이데거는 그녀가 현실 생활에서는 손에 넣을 수 없었던, 이상화된 아버지이기도 했다. 한나 자신이 말했듯이 그녀가 한 일은 사람들의 반발을 샀어도 하이데거에게는 많은 신세를 졌다. 한때는 과격하게 하이데거를 공격하는 세력의 급선봉에 섰지만, 실제로 재회해서는 하이데거를 옹호하지 않을 수 없었다. 마치 몇 년이나 자신이 맞서 반항해온 아버지와 재회했는데, 아버지의 쇠약해진 모습을 보고는 애정과 연민이 몰려와 연민을 느끼는 딸처럼. 몰락한 하이데거를 한나는 위로하듯 칭찬한다. "당신 같은 강의를 할 수 있는 사람은 옛날이나 지금이나 당신 외에는 한 명도 없어요"라고. 그녀 자신이 국제적인 명성을 가진 학자임에도 불구하고 하이데거에 대해서는 한 사람의 충실한 학생으로서 대한 것이다. 한나는 청춘의 모든 것을 걸고 존경과 사랑을 바친, 자신의 이상상을 지키려 했던 걸까.

어머니의 애정을 얻지 못한 사람은 진짜 어머니를 찾아 헤매고, 아버지의 애정을 얻지 못한 사람은 진짜 아버지를 찾아 헤맨다. 그것은 평생 영향을 줄 만큼 큰 주제이고 원동력이다. 한나 아렌트가 하이데거에게서 찾으려 했던 것은 한나가 어린아이였을 때 경험한, 의지할 곳이 없어 불안하고 마음대로 되지 않는 상황에서 그녀를 구해주리라 꿈꿨던 환상 속 아버지였을지도 모른다.

에릭슨의 정체성 찾기

'정체성'과 '모라토리엄'이란 개념으로 유명한 발달심리학자

에릭 에릭슨Erik Homburger Erikson(1902~1994)은 자신의 정체성을 찾아 오랜 편력에 청춘을 소비한 사람이기도 하다. 소년 에릭슨은 어느 날 테이블 밑에 숨어서 어른들이 나누는 이야기를 훔쳐 듣게 되는데, 거기서 그가 아버지라고 생각한 인물이 친아버지가 아니란 사실을 알게 된다.

여덟 살 때 슈바르츠발트*라 불리는 교외의 숲을 걷고 있을 때 한 농부가 그를 알아보고 성큼성큼 다가와 "얘야, 네 진짜 아버지가 누구인지 알고 있니?" 하고 물었다. 집에 돌아온 에릭슨은 어머니에게 캐물었지만 어머니는 절대 답해주지 않았다.

에릭슨은 평생을 친아버지가 누구인가 하는 문제에 사로잡히게 된다. 자신의 정체성을 확립하는 데 있어 미묘하고도 곤란한 문제를 극복해야 했던 것이다. 새아버지는 독일 국적의 유대인이었고 어머니는 덴마크의 명문 유대인 가정 출신이었다. 소년 에릭슨은 친아버지에 대한 환상을 키우며 그 인물이 덴마크의 귀족으로, 예술가이고 기독교도일 거라고 생각하게 된다.

학교생활은 에릭슨에게 즐겁지 않은 경험이었다. 기독

★ Schwarzwald. 독일 남서부에 있는 바덴뷔르템베르크 주의 삼림지대. 숲이 울창하여 '검은 숲'이라고 부른다.

교도인 독일인들은 그를 '덴마크인'이라 부르며 경멸했고, '유대인'이라고 손가락질했다. 고어古語에 무게를 둔, 엄격한 김나지움 수업도 에릭슨의 흥미를 끌지는 못했다. 예술에 관심이 있었던 에릭슨의 성적은 신통치 않았다. 5단계 평가에서 중간이나 밑에서 두 번째인 과목이 많았다. '20세기 지성의 거인'이 될 싹은 어디서도 찾아볼 수 없었다.

김나지움을 졸업한 그는 독일의 전통에 따라 각지를 돌아다니는 여행을 떠난다. 광대한 검은 숲, 슈바르츠발트를 도보로 횡단해 콘스탄스 호수 부근의 작은 마을에서 스케치와 독서에 빠져 몇 개월을 보냈다. 어머니가 있는 카를스루에에 돌아와서도 부모의 기대와 달리 대학에는 진학하지 않고 바덴주립예술학교에 적을 둔 채 미술공예가인 구스타프 볼프의 작업실에 틀어박혀 지냈다.

2년 후에는 뮌헨의 예술아카데미에서 목판화 기법을 배우게 된다. 에릭슨은 비범한 예술적 소질을 갖고 있었는데 특히 단색화 표현에 뛰어났다. 그러나 색채를 다루는 능력은 부족했다. 그 사실을 결정적으로 깨닫게 된 것은 이탈리아를 여행하며 피렌체에 머무는 동안 르네상스 거장들의 작품을 보았을 때였다. 스물한 살의 에릭슨은 그들의 작품에 압도되어 예술가로 성공하겠다는 꿈을 단념한다. 그 후 그는 작품 제작을 딱 멈춰버린다. 스물 안팎의 젊은이가 르네상스의 대

거장과 자신을 비교하는 모습에서 청년 에릭슨의 과대한 바람을 볼 수 있다. 그는 단순히 그림이 좋아서 화가가 되려 했던 건 아니었던 것이다.

장래의 꿈이 깨져버린 에릭슨은 불안정한 시기를 보낸다. 의기소침해 절망하다가도 "비현실적인 환상에 빠져서 자신이 매우 특별해 타인과는 다른 존재라는 장대한 꿈에 젖어 있었다".10 에릭슨은 평범한 것에 조바심이 났다. 이 시기의 상태를 에릭슨 자신은 '경계성 인격장애'였다고 회고한다. 어머니는 아들을 "예전과 변함없이 믿어주었지만" 새아버지는 더욱 냉랭하게 "낙오자"로 보았다.

그러나 이 시기에 에릭슨이 쓴 것을 보면 후에 그가 확립하는 '정체성', '모라토리엄', '라이프사이클' 같은 중요한 개념의 씨앗을 볼 수 있다. 이 모색과 혼란의 시기는 절대 시간 낭비가 아니라 이후의 창조적인 일을 위한 못자리의 역할을 한 것이다.

출구가 보이지 않는 암담한 날들에 돌파구를 제공해준 것은 김나지움에서 같이 공부했던 페터 블로스Peter Blos가 보낸 한 통의 편지였다. 그는 에릭슨에게 빈에 와서 아이들을 가르쳐보지 않겠냐고 권했다. 당시 빈 대학의 학생이었던 블로스는 미국의 부호 티파니 가문의 딸 도러시 벌링엄Dorothy Burlingham의 아이들을 가르치는 가정교사로 고용되어 있었는데, 학업에 전념하기 위해 대신 맡아줄 사람이 필요했다. 도로시 벌링엄은 아이에게 안나 프로이트Anna Freud의 아동분석을 받게 하기 위해 빈에 머물고 있었다. 안나 프로이트는 프로이트의 막내딸로, 구강암에 걸린 아버지를 대신해 분석가로서 활동하고 있었다.

친구의 부탁을 받아들여 에릭슨이 빈에 찾아갔을 때 그는 프로이트가 누구인지조차 몰랐다고 한다. 에릭슨도 "캐리커처를 그릴 수 있는" 새로운 선생님에 불과했다. 그런데 에릭슨은 순식간에 아이들의 마음을 사로잡았다. 그 모습에 놀란 안나 프로이트는 그에게 흥미를 느끼게 된다. 안나 프로이트와 만나면서 에릭슨은 아동분석이라는 '천직'을 갖게 된 것이다.

6년 후, 에릭슨이 빈을 떠나 미국으로 건너갔을 때 그는 어엿한 아동분석가가 되어 있었다.

지금까지 축적된 채로 때를 기다렸던 능력이 활약할 자리가 주어지자 단번에 싹을 틔우기 시작한 것이다. 그것은 오랜 편력 과정이 있었기 때문에 가능했다. 에릭슨 자신도 "내가 가야 할 길을 스스로 발견하는 것을 다그치지 않고 지켜봐준" 부모에게 감사했다.

에릭슨은 빈에서 또 한 사람, 그에게 있어 가장 중요한 여성을 만난다. 그와 같은 분석가로, 후에 아내가 되는 조앤

서슨Joan Serson이다. 그녀와 함께 미국으로 건너간다는 결단을 내린 것은 그에게 세계적인 명성을 얻게 했다.

에릭슨의 91번째 생일에 전기傳記 작가인 친구는 에릭슨의 친아버지에 대한 새로운 조사 보고서를 선물했다. 그러나 에릭슨은 그 보고서를 읽지 않았다. 더 이상 자기 정체성을 찾을 필요가 없어졌을 때가 되고 나서야 에릭슨의 정체성 찾기는 마침내 마지막을 고한 셈이다.

내 친구의 편력

앞서 유명인의 경우를 소개했는데, 이런 사례에 해당하는 더 친근한 예가 있다. 마음에 해소되지 않은 무거운 짐을 지고 있던 청년은 여러 편력 과정을 거쳐 현실과의 타협점을 발견했다. 이 과정은 부모의 주술에서 벗어나 맨주먹으로 사회에 나오는 과정이기도 하다. 거기에는 적지 않은 위험과 문제도 기다리고 있다. 그러나 그것을 두려워해 부모가 자녀의 손을 놓아주지 않으면 자녀는 세상으로 노를 저어 나올 수 없다. 에너지가 있는 사람이라면 부모 따위 상관하지 않고 자신을 막으려 하는 손을 뿌리치면서 뛰어나올 수 있겠지만.

나의 존경하는 친구 G도 위태로운 편력의 나날을 보내

면서 자기 확립을 이룬 사람이다. 고교 시절의 G는 초현실적인 유화를 그리며 시인 아르튀르 랭보Arthur Rimbaud를 동경하는 예술 청년이었다. 그러나 아버지는 그가 이공계 대학에 진학해 안정적인 직업을 갖기를 바랐다. 아들과 아버지사이의 골은 깊어져갈 뿐이었다.

그러는 사이에 G는 집을 나와 1년 반 정도 행방을 감췄다. 그를 다시 만났을 때 G는 신바시의 환락가에서 흰색 양복 차림으로 카바레의 호객 행위를 하고 있었다. G는 시부야 마루야마초에 있는 다다미 네 장 반(2평 남짓) 크기의 아파트에서 같은 가게에서 일하는 호스티스 여성과 동거하고 있었다. 그런데 그 사실이 가게에 알려져 제재를 당하고 같은 아파트에 사는 다른 여성들의 간섭으로 결국 여자에게 쫓겨나서 나의 대학 기숙사에 찾아왔는데, 동거 상대가 부모 앞으로 더 이상 G를 보살필 수 없으니 데리러 와달라는 편지를 보내는 바람에 그의 가출은 어이없이 끝나고 말았다.

자연의 흐름을 거스르려고 해도 소용없다는 것을 부모도 깨달았을 것이다. G 역시 길고양이 같은 생활을 경험해보고 부모의 고마움을 새삼 깨달았는지 그 일 이후 G와 부모 사이는 더없이 가까워져서 부모는 아들이 무엇을 하든 응원하게 되었다. G는 딴사람이 되어 생활비를 받아가며 입시 공부를 하는 우아한 신분이 되었지만 여전히 공부는 제대로 하지 않고 우리와 놀러 다녔다. 와세다 대학 제1문학부가 1지망이고, 떨어질 것을 대비해 양다리 작전으로 총 일곱 대학의 시험을 볼 예정이라 부모에게 수험료도 넉넉히 받았는데, 어느 사이에 전부 술값으로 써버리고 응시할 수 있는 대학은 하나둘 줄어들어서 마지막에는 와세다 대학 제2문학부만 남게 되었다. 그런 짓을 3년이나 반복했다.

마지막 시험에 떨어진 그해, G는 이용理容전문학교에 가게 되었다. 나는 그가 정말 계속할 수 있을지 반신반의했는데 G는 그곳을 졸업하고 다음 해부터 인턴으로 긴자에 있는 가게에서 일하기 시작했다. 그를 만날 때마다 나는 그의 연습 상대가 되었다. 한번은 술이 취한 채로 머리를 깎아서 마치 호랑이 줄무늬 가죽처럼 얼룩덜룩하게 되어버린 적도 있었다. 그러나 의외로 G는 선천적인 예술적 감각과 풍부한 인생 경험을 바탕으로 미용사로서 두각을 나타내게 되었다.

3년 후 독일에 간다는 이야기를 들었을 때 다시 한 번 놀랐는데, 이후 20년 넘게 G는 신천지에서 지반을 다져 지금은 독일에 여러 개의 가게를 운영하는 헤어아티스트로 활약하고 있다. 주위 사람을 잘 보살피고 성격이 솔직한 G를 좋아하는 사람이 많아서 프랑크푸르트에 사는 일본인 사업가들 사이에서는 G의 이름을 모르는 사람이 없을 정도다.

자신에게 맞는 일을 찾기 위해서는 자기 의지와 힘으로

현실에 뛰어드는 수밖에 없다. 때로는 위험도 따르지만 젊음
과 운으로 극복하는 수밖에 없다. 현실과 맞닥뜨려 아픈 경
험이나 괴로운 경험을 하지 않으면 성숙한 어른이 될 수 없
다. 자녀를 지나치게 보호하는 것은 평생 자녀를 아이로 머
물게 할 위험이 있다.

비행을 저지르는 것에도 의미가 있다

이렇듯 인간은 부모 자식 간의 굴레에서 벗어나 새로운 인
연을 맺으려고 한다. 자기 의지와는 상관없이 태어나 자아를
형성한 고향을 떠나서 자신을 일단 버린 다음, 새로운 자신
을 만들어 자기 의지로 선택한 사람과 세계와 관계를 맺으며
살아가려고 한다.

　사람이 진정한 자기 자신을 찾고 활기차게 인생을 살아
가기 위해서는 이 과정이 반드시 필요하다. 이 과정을 거치
지 않고 늙어버린 사람은 옹색하고 작게 움츠러들어 하나의
가치관에 얽매이는 편협하고 재미없는 성격을 띠기 쉽다. 그
리고 인생 자체가 정체된 상태를 초래하기 쉽다. 표면적으로
는 부족함이 없고 생활은 순조로운데도 뭔가 공허하고 무기
력해서 고민하는 경우도 있고, 우울증과 불안이라는 형태로

지금 생활에 거부감을 나타내는 경우도 있다. 견디며 버텨야 한다는 것을 알면서도 버틸 수 없게 되는 것이다. 그런 시각에서 보면 비행을 저지르는 것에도 의미가 있다.

카를 구스타프 융은 미국의 명문가 매코믹 가문의 메딜 매코믹Medill McCormick을 상담한 적이 있었다. 이 근면한 실업가는 우울증과 알코올 의존증으로 고통을 받고 있었다. 융은 매코믹의 말을 듣고 한 가지 조언을 했다. 그 조언은 바로 애인을 가지라는 것이었다. 매코믹은 아내에게 그것을 말했다.

> "융은 지나치게 선량해선 안 된다고 경고했어. 그러고는
> 내게 자유롭다고 느끼느냐고 다시 물었어. 그는 조금은
> 사랑 놀이를 즐기라고 권하면서 애인을 갖는 것이 좋을
> 지도 모르니 생각해보라더군."11

의사가 환자에게 하는 조언치고는 상식 밖이라 할 수 있는데 거기에는 융다운 지혜가 담겨 있었다. 아마 매코믹의 우울증이 그의 지나치게 성실한 성격 때문에 생긴 것으로, 매사 옳아야 한다고 자신을 지나치게 구속함으로써 생명 에너지의 발로를 방해한다고 생각했을 것이다. 융은 윤리와 선행이라는 가치관에서 벗어나 '비행'을 하는 것도 인생을 살아가기 위해서는 필요하다는 것을 가르쳐주려 한 건 아닐까.

인간이 인생을 살아가는 데 올바른 것만이 항상 좋은 것은
아니다.

5장 자신이 누구인지 모르는 사람에게

6장

절망을 희망으로 바꾸는 철학

인생을 살다 보면 행복한 순간도 있지만 절망의 구렁에 빠질 때도 있다.

가슴 벅찬 기대를 할 때가 있는가 하면 거꾸로 곤두박질 칠 때도 있고, 엎친 데 덮친 격으로 불운과 불행이 더해져 큰 슬픔에 잠긴 채 모든 희망을 잃어버릴 때도 있다.

어떻게 하면 절망을 딛고 일어설 수 있을까. 극복하기 어려운 절망을 어떻게 하면 희망으로 바꿀 수 있을까. 이번 장에서는 절망을 희망으로 바꾸기 위한 철학에 대해 생각해 보자.

부두꾼 철학자 에릭 호퍼

인생을 살아가기 위한 철학을 말할 때 꼭 언급해야 하는 인물이 있다. 미국의 부두 노동자이자 사회철학자인 에릭 호퍼Eric Hoffer(1902~1983)다. 그는 '부두꾼 철학자'로도 알려져 있다. 그의 놀라운 인생은 수많은 기적으로 이루어져 있어 인간이라는 존재에 감춰진 고귀하고 불가사의한 가능성을 느끼지 않을 수 없다. 극히 심각한 삶의 고통을 안고 있던 존재가 어떻게 그 고통을 극복하고 희망을 발견해나가는지 중요한 암시를 주는 매우 드문 실례이기도 하다.

에릭 호퍼는 1902년 뉴욕 브롱크스에서 독일계 이민자의 아들로 태어났다. 에릭이 다섯 살 때 어머니가 그를 안은 채 계단에서 넘어지는 사고를 당해, 그때 입은 부상으로 어머니는 병이 들어 2년 후 사망했다. 그리고 같은 해에 에릭은 시력을 잃었다. 시력뿐만 아니라 기억을 잃은 상태가 한동안 계속되었다. 아버지는 그를 '백치 자식'이라 불렀다. 어머니를 잃은 충격이 어린 영혼을 좀먹은 결과였으리라.

기억 장애는 회복되었지만 시력은 돌아오지 않았다. 그러나 에릭은 감수성이 예민한 소년이었다. 완전히 시력을 잃은 아홉 살 때 아버지와 함께 뉴욕의 콘서트홀에 가서 베토벤 교향곡 9번을 듣고 느낀 감동은 그의 마음에 아로새겨진다.

기적은 그가 열다섯 살 때 일어난다. 갑자기 눈이 보이게 된 것이다. 일곱 살 때 갑자기 실명해 열다섯 살 때 급격히 시력을 회복하는 경과는 그의 실명에 심인성 요소가 짙다는 것을 짐작하게 한다. 어린 영혼이 받은 충격을 회복하는 데 그만큼의 시간이 필요했을 것이다. 심인성 실명은 이따금 나타나는 장애인데, 회복하기는 쉽지 않다. 눈의 질병에 의한 통상적인 실명 이상으로 심인성 실명은 회복이 어려운 경우가 많다. 8년이라는 시간을 두고 시력이 회복되는 것은 지극히 드문 경우라고 할 수 있다.

시력을 되찾은 에릭은 무엇을 했을까. 놀랍게도 독서에 몰두했다. 보통은 열다섯 살 때 눈이 보이게 되었다 해도 사물을 볼 수는 없다. 하물며 책을 읽는 것은 생각할 수도 없다.

사물이 보이려면 유유아기乳幼兒期 단계에 시각을 관장하는 중추신경이 필요한 발달을 해야 한다. 그 시기를 놓치면 이후에 아무리 훈련을 한다 해도 눈은 보여도 느낄 수 있는 사물은 흐릿한 빛의 소용돌이일 뿐, 의미 있는 영상이 되지 않는다. 사람은 눈뿐만 아니라 뇌로 사물을 보기 때문이다. 그런데 다행히 에릭은 일곱 살 때 실명했기 때문에 그의 시각 중추는 이미 충분히 발달해 있었다. 게다가 이것 역시 놀라운 일인데, 그는 시력을 잃기 전에 책을 읽을 수 있었다. 8년이라는 공백이 있었지만 그는 이미 어려움 없이 책을 읽을 수 있는 상태였다. 에릭이 걱정했던 것은 언제 다시 눈이 보이지 않게 될지 모른다는 것이었다. 그래서 그는 눈이 보일 때 가능한 한 많은 책을 읽어두자는 생각에 3년 동안 하루 종일 책을 읽으며 지냈다.

"아무튼 다시 실명하기 전에 가능한 한 많이 읽어두고

싶었다."| 그러나 다행히도 그의 눈이 다시 시력을 잃는 일은
없었다.

하지만 책 읽기에 골몰하는 평온한 나날도 언제까지나
계속되지는 않았다. 에릭이 열여덟 살 때 가구 제조공인 아
버지마저 세상을 떠난 것이다. 에릭의 수중에 남겨진 것은
아버지가 가입했던 가구 제조공 조합이 부모 잃은 아이를 위
해 지급해준 현금 300달러뿐이었다.

배고픔과 노동과 빛을 잃지 않는 정신

그때부터 에릭의 방랑 생활이 시작된다. 18세의 에릭은 4월
어느 날, 로스앤젤레스에 도착한다. 갖고 있던 돈을 순식간
에 전부 써버리자 배고픔이 밀려왔다. 닷새 동안 아무것도
먹지 못했지만 달리 방법이 없어 굶주린 배를 안고 애완동물
가게의 비둘기를 멍하니 보고 있었다. 비둘기 두 마리는 발
정을 해서 당장이라도 교미를 시작하려고 했다. 이 두 작은
존재가 욕망에 모든 것을 잊는 모습을 보면서 에릭도 배고픔
을 잊어버렸다.

갑자기 나는 비둘기들을 지켜보면서 배고픈 것을 잊고

있음을 깨달았다. 그런 깨달음에 경이로움을 느꼈다. 배
고픔은 단지 치통 정도의 감각에 지나지 않는다는 것, 주
의를 다른 곳으로 돌리면 그걸 잊을 수 있다는 것이 이상
하게 여겨졌다. 그렇게 생각하자 갑자기 나는 마음이 편
해졌고 배고픔의 위협에서 해방된 듯한 기분을 느꼈다.
마치 악몽에서 깨어난 것 같았다.[2]

에릭은 빈민가의 무료직업소개소에서 일용직 일거리를
얻어 생활하기 시작했다. 그러는 와중에도 그는 책을 읽고
독학으로 공부를 계속했다. 그런데 금융 공황이 발생해 일이
생각대로 들어오지 않자 오렌지 장사를 시작했다. 의외의 재
능을 발휘해 오렌지 방문 판매는 대성공을 거뒀다. 그러나
에릭은 의심을 품게 된다.

그것은 내가 결코 느껴본 적 없는 수치심이었다. 내가 스
스럼없이 거짓말할 수 있고, 물건을 팔기 위해 무슨 일이
든 할 수 있다는 것에 놀랐다. 내 경우에 장사는 타락의
근원임이 분명했다. 장사를 위해서는 거리에서 사람을
죽일 수도 있을 터였다. 나는 타락할 소지가 다분했고, 따
라서 유혹에 넘어가지 않는 방법을 배워야 했다.[3]

6장 절망을 희망으로 바꾸는 철학

호퍼가 갖고 있던 정신적 금욕주의는 자신에게 엄격하고 융통성이 없을 만큼 완고했다. 그는 배고픔과 가난보다 부와 성공에 의해 가장 중요한 것을 잃을까 봐 두려워했다. 이런 결벽증은 그의 삶을 약삭빠르지 못하고 어설픈 것으로 만들었다. 상식적인 시점에서 보면 그는 '사회부적응자'라 할 것이다. 그는 결벽증 때문에 손해를 봤을까. 꼭 그렇다고는 할 수 없다. 실제로 이 결벽증이 그에게 어울리는 인생을 살 기회를 줬기 때문이다.

그는 교양 있는 유대인 고용주 샤피로를 만난다. 이 존경할 수 있는 고용주 밑에서 난생처음으로 정식 일자리를 얻는다. 그것이 전부가 아니었다. 샤피로와 일하면서 호퍼는 유대민족사와 구약성서에 흥미를 갖게 되었고 나중에 자신의 철학을 구상하는 데 사용할 귀중한 재료를 배우게 된다.

그러나 2년 후 샤피로는 간염으로 사망하고 만다. 약간의 돈을 모은 호퍼는 바로 다른 일을 하지 않고 독서와 사색의 날들을 보낸다. 1년 후 돈이 떨어졌을 때 호퍼의 마음은 차츰 우울해졌고 사는 것에 허무함을 느꼈다.

돈이 떨어지면 다시 일하지 않으면 안 되고 죽을 때까지 매일 일하러 가야 한다는 생각이 나를 피곤하게 했다. 내가 금년 말에 죽건 10년 뒤에 죽건 대체 무슨 상관이란

말인가.**4**

그리고 드디어 갖고 있던 돈이 바닥났을 때 호퍼는 자살을 결심한다. 그가 선택한 것은 음독 자살이었다. 발견이 늦어져 자살이 완전히 성공할 수 있도록 그는 일부러 시가에서 떨어진 인적 드문 장소를 찾아가 수산염을 마셨다. "백만 개의 바늘이 입안을 찔러대는 것 같았다"**5**고 한다. 그러나 다음 순간 그것을 뱉어냈다. 이렇게 해서 그의 자살은 미수로 끝난다.

작은 자루 하나만 들고 걸어서 로스앤젤레스를 떠났을 때 호퍼는 마음이 가벼웠다. 그 무엇도 두렵지 않고 걷는 것 자체가 즐거웠다. 살아 있다는 기쁨이 그 안에서 되살아나고 있었다. 그것은 자살 직전까지 자신을 내몰았기 때문에 얻을 수 있는 경지였을까. 그렇다면 자살 시도는 재생을 위해 생명의 불꽃에 다시 불을 붙이려는 결사적 시도였을지도 모른다.

어려서 부모를 잃은 사람 중에는 종종 향수鄕愁처럼 죽음에 대한 바람이 자리 잡는 경우가 있다. 그것이 인생의 기쁨을 빼앗고 삶을 포기하게 하거나 소극적으로 만들어버리기도 한다. 그런 사람도 죽을 뻔한 경험을 하면 삶에 대한 생각이 바뀐다. 살고 싶다는 생각을 해야 비로소 인간은 산다는 것에 대한 기쁨과 관심을 되찾게 된다.

서른을 앞두었던 호퍼는 그 후 10년 동안 캘리포니아의 계절노동자로 농장과 캠프를 전전한다. 또, 마흔 살 때부터 15년을 부두 노동자로 보낸다. 그곳에서 만난 노동자들과 함께한 생활이 그 후 그가 전개하는 독자적인 철학의 근간이 된다.

호퍼의 첫 책이 출판되어 절찬을 받은 것은 그의 나이 마흔아홉 살 때였다.

호퍼도 그와 같은 타입의 사람에게서 자주 볼 수 있는 습성, 즉 누군가와 가까워지면 자신이 먼저 거리를 두고 멀어지는 인간관계 유형을 반복한다. 너무 예민하고 자유롭고 고독한 영혼에게 있어 친밀함은 자신의 정신을 지상에 붙들어 묶어 지배하는 것으로 생각되기에 위협을 느끼는지도 모른다. 버클리에서 성공할 기회와 미녀 대학원생과의 사랑 앞에서도 호퍼는 도망치듯이 떠나버린다. 달콤한 결실을 맺는 것보다는 자유를 빼앗긴다는 것에 대한 두려움이 더 컸다.

이런 고독벽을 가진 사람에게는 각지를 돌아다니며 사는 편력이라는 삶이 잘 어울린다. 편력으로 인해 인간관계는 끊임없이 갱신되어서, 불쾌한 쓴맛을 만들어내거나 뿌리가 너무 자라서 난관에 부딪치는 경우도 생기지 않는다. 그렇게 함으로써 호퍼는 자신을 지키는 동시에 스스로 원하는 바를 추구할 수 있었다.

그런 호퍼가 부두 노동자를 그만두고 조용히 작품 생활을 시작한 것은 예순다섯 살 때부터였다. 그의 명성은 예순 이후로 본격적으로 높아지기 시작했다.

호퍼의 인생 이야기를 접할 때마다 인간이라는 존재의 가늠할 수 없는 가능성에 놀라게 된다. 그러나 동시에 왜 호퍼는 그렇게 오랫동안 세상을 등지고 자신을 일부러 멸시하듯이 살아야 했을까 하는 의문이 든다. 그렇게 생각할 때, 호퍼가 어린 시절에 어떤 대우를 받았는가에 생각이 미치지 않을 수 없다.

아내가 죽고, 남겨진 아이도 시력을 잃었을 때 망연자실한 아버지는 아들을 '백치 자식'이라 부르며 경멸했다. 아버지에게 아들은 애정의 대상인 동시에 자신을 괴롭히는 악귀처럼 느껴졌을 것이다. 8년 동안을 실명 상태로 지낸 호퍼는 통상적으로 사회를 체험할 기회를 잃었을 뿐만 아니라 깊은 자기부정을 마음에 새기면서 성장했다. 시력은 회복했지만 마음에 새겨진 자기부정은 쉽게 사라지지 않았다. 그 상태에서 회복하는 데 50년이라는 세월이 필요했을 것이다.

더 심각한 장애를 갖고 성장한 아이일지라도 부모가 긍정적인 애정을 쏟아 보호해줄 경우, 헬렌 켈러처럼 핸디캡을 약점으로 생각하지 않고 적극적으로 자신감을 갖고 살아갈 수 있다. 그러나 부모의 부정적인 사고방식을 무의식중에 주입하면 그것을 극복하는 데는 오랜 시련의 시간이 필요해진다. 그러나 호퍼의 인생이 가르쳐주듯이 사람은 터무니없는 가혹한 시련도 극복해낼 수 있다.

왜 S 양은 몸을 팔았을까

호퍼 같은 가혹한 상황에서 인생을 시작하지 않았음에도 호퍼처럼 공허함과 자기부정을 안고 자신에게 일부러 상처를 주고 자신을 멸시하는 사람이 있다. 훨씬 좋은 환경에서 자라고 주위가 부러워하는 좋은 성품을 가졌다 해도 별 도움이 되지 않는다.

S 양은 부모가 자랑스러워하는 딸이었다. 어릴 적부터 손이 가지 않는 착한 아이로, 부모가 바쁘게 맞벌이를 했기 때문에 일찌감치 모든 일을 스스로 알아서 했다. 학생 때도 특별히 문제를 일으킨 적도 없고 성적이 우수한데다 외모까지 뛰어난 S 양은 주위에서 부러워하는 대상이었다. 유명한 대학에 진학해 희망했던 학부에서 공부하면서 그녀 자신도 보람을 느꼈다. S 양의 장래에는 아무 걱정도 없을 것처럼 보였다.

그러나 우수한 대학인 만큼 학생들의 수준도 높아서 S 양은 그 전처럼 눈에 띄는 존재가 되지 못했다. 최초의 좌절이었다. 그래도 나름 최선을 다해 과제와 공부에 매달렸다. 대학 3학년 때 세미나에서 알게 된 한 살 위의 남학생과 교제하게 되었는데 성실했던 S 양에게는 그것이 첫 경험이었다. 한때는 결혼까지 생각할 만큼 둘의 관계는 순조로웠지만 그가 먼저 대학을 졸업하고 취직하자 생각에 차이가 생겨 결국 그해 가을에 헤어졌다.

그 무렵부터 S 양은 차츰 불안정해져서 어머니에게 여러 번 전화를 걸게 되었다. 어머니는 처음에는 단순히 실연의 충격 때문이라고만 생각해 이야기를 들어주고 격려했다. 하지만 칼로 손목을 그었다며 그 영상을 휴대전화로 보내거나 값비싼 물건을 산 후 값을 지불하게 하는 등, S 양은 차츰 부모가 이해하지 못할 행동을 많이 하게 되었다. 지불을 망설이자 패션헬스*에서 아르바이트를 시작했다고 알렸다. 부모는 딸의 말에 깜짝 놀라 달려가서 빚을 갚아주고 일을 그만두게 했다. 그러나 그 후에도 S 양은 길에서 어쩌다 만난 남성과 관계를 갖고, 용돈이 떨어지면 매춘이나 다름없

★ 헬스클럽으로 위장한 유흥업소. 여종업원이 남성 고객의 독방에서 마사지 등의 성적 서비스를 한다.

는 아르바이트를 했다.

남달리 예절 바르고 도덕적인 부모로서는 딸의 변한 모습을 전혀 이해할 수 없었다. 그러나 S 양은 남자들이 자기 몸을 칭찬하며 만지고 떠받드는 모습에 더할 나위 없는 쾌감을 느꼈다. 게다가 그들은 돈까지 지불했다. 자신도 가치 있다는 것을 이처럼 강하게 맛볼 수 있는 일은 없었다. 물론 그 일이 자신을 아프게 하는 나쁜 행위라는 것도 알고 있었지만 부모가 당황하면 당황할수록 고소한 기분이 들었다. 부모는 항상 체면과 그들의 기준을 강요해왔기 때문에 그것이 잘못되었다는 것을 깨닫게 해주고 싶었다. "당신들의 훈육과 교육이 실패라는 것을 보여주고 싶었다"는 것이다.

전문직에 종사하는 부모는 항상 바빠서 S 양이 만 한 살이 되기도 전에 할머니에게 맡겼고, 어머니는 일에만 몰두했다. 가끔 얼굴을 보면 억지로 공부를 시키거나 피아노를 연습시켰다. 틀리기라도 하면 크게 화를 냈다. S 양은 그런 일이 새삼 떠올라서 화가 치밀었다. 책이든 장난감이든 S 양이 갖고 싶다고 생각도 하기 전에 부모가 마음대로 생각해서 골라줬다. 자신이 공부하고 싶었던 전문 분야도 생각해보니 부모의 생각이었던 듯했다. 진짜 자신이 하고 싶은 걸 해본 적은 전혀 없었다.

S 양에게 새로운 기회를 가져다준 것

S 양은 부모에 의해 만들어진, 틀에 박힌 자신이 벽에 부딪쳤을 때 갑자기 자신이 아무 쓸모 없고 가치가 없다는 것을 깨닫고 공허함에 빠졌다. 그 공허함을 채우기 위해 위험할 만큼 아슬아슬한 행위와 찰나적인 쾌락에서 만족을 찾았다. S 양은 그런 행동을 하면서 더욱 상처를 받았고 허무한 기분을 느낄 뿐이었다.

그러나 거기에는 긍정적인 의미도 있었다. S 양의 행동은 어떤 의미에서 부모가 억지로 만들어준 자신의 틀을 타파하는 시도이기도 했다. 새롭게 자신을 획득하기 위해서는 일단 이미 만들어진 자신을 파괴할 필요가 있기 때문이다. 자기 형성이 서서히 이루어진 경우에는 그렇게까지 극단적인 일을 하지 않아도 무난하게 넘어갈 수 있다. 하지만 부모의 가치관에 묶여 있는 경우에는 다소 난폭한 과정을 겪지 않는 한 그 구속에서 벗어날 수 없다. 우등생이나 착한 아이였을수록 폭주하기 시작하면 극단적인 방향으로 치닫기 쉬운 것도 그 때문이다.

S 양은 3, 4년에 걸쳐 부모를 휘둘러댔다. 부모도 처음 1, 2년은 당황해 어쩔 줄 몰라 야단도 치고, 이곳저곳에 상담을 받으러 다녔는데 사태는 전혀 호전될 기미 없이 악화되기

만 했다.

그 사이에 정신과에도 통원하게 되었다. S 양에게 내려진 진단은 경계성 인격장애였다.

S 양의 기분을 받아주라는 주치의의 조언에 따라 부모는 딸이 자해를 하거나 자신을 멸시하는 행동을 해도 야단치거나 한탄하지 않고, 그런 방법으로밖에 자신이 인정받을 수 없다고 느끼는 S 양의 외로움과 무력감을 이해하자고 결심했다. 어린아이로 돌아간 듯 어리광을 부려도 어릴 적에 받지 못한 관심과 애정을 되찾으려는 것이라 생각해서 마음껏 어리광을 부리게 내버려두었다. 그러나 그렇게 하자 S 양은 점점 어린아이로 퇴행해 의존하는 모습을 보여 부모는 이대로 괜찮을지 몰라 불안해졌다. 정도가 심해져서 한 마디 주의를 주면 S 양은 갑자기 안색을 바꾸며 불쾌해했다. 상식적인 부모는 S 양이 너무 제멋대로 행동한다고 생각해 화를 낸 적도 여러 번 있었다. 베란다에서 뛰어내리려고 해서 난리가 났을 때 부모는 자신들의 힘으로 더는 감당하기 어렵다는 것을 깨닫고 S 양을 입원시키기로 했다.

정신병원에서의 생활은 자유롭지 않았을 뿐만 아니라 S 양에게 큰 충격으로, 인생이 끝난 것처럼 느껴졌다. 자신을 입원시키다니 절대 용서할 수 없다며 부모에게 계속 전화를 걸어 원망했다.

그러나 보름 정도 지나자 조금씩 상태가 바뀌기 시작했다. S 양은 같이 입원 중인 폭넓은 연령층의 환자들과 생활하면서 자신이 좁은 세계에서 살고 있었다고 느끼게 되었다. 자신보다 훨씬 불우하고 심각한 중증 장애를 안고 있는 사람들도 있었다. 그런 사람들이 오히려 S 양을 배려해주었다. 면회를 와주는 부모의 모습이 지금까지와는 조금 다르게 느껴졌다. 그동안 분노를 터뜨리고 불만을 늘어놓기만 했는데, 차라리 입원한 것이 잘된 일이라고 말하게 되었다.

이 입원이 최초의 전기轉機가 되었다고 할 수 있다.

퇴원 후에도 완전히 안정된 것은 아니어서 사소한 일에 상처받고, 불쾌해지거나 자해를 하기도 했기 때문에 S 양을 대할 때 부모는 여전히 살얼음판을 걷는 듯 불안했다.

두 번째 전기는 아버지의 입원이었다. S 양은 병으로 입원한 아버지를 자주 찾아가 보살폈다. 그때마다 아버지는 S 양에게 고맙다고 말했다. 다행히 아버지는 건강을 회복했지만 이전처럼 일할 수는 없었다. 그로 인해 집안 경제도 타격을 입었다.

그 후 차츰 차분해진 S 양은 아르바이트를 시작했다. 피로가 쌓이거나 생각대로 일을 할 수 없으면 우울해하거나 그만두고 싶다고 말할 때도 있었다. 하지만 부모는 S 양에게 무리하지 않아도 된다, 그만두고 싶으면 그만두라며 딸의 의

6장 절망을 희망으로 바꾸는 철학

사를 존중했다. S 양은 일자리를 두세 곳 바꾼 끝에 취직한 직장에서 새로운 남자를 만나 1년 후 결혼했다. 지금은 그 폭풍우 같은 날들이 거짓말이었던 것처럼 차분한 이전의 S 양으로 돌아갔다.

S 양에게 무슨 일이 있었냐고 물었더니 잠시 생각한 후 이렇게 답했다. "자신에게 화가 났던 것 같아요. 생각대로 되지 않는 일이 자꾸 생기니까. 부모님은 공부만 잘하면 된다고 말씀하셨는데 전부 거짓말이란 생각이 들었어요. 그러자 그때까지 참았던 마음이 폭발해버렸죠."

어떻게 그 상태에서 벗어날 수 있었냐고 묻자 또 이렇게 답했다. "마음이 홀가분해졌다고 할까요. 제멋대로 말하고 행동했는데도 부모님은 절 버리지 않고 끝까지 지켜줘서……. 나이 들고 약해진 부모님이 제멋대로 말하고 행동하는 딸의 안색을 살피며 주뼛거리는 것을 보고 대체 제가 무슨 짓을 하는 건가 하는 생각이 들었어요. 이 사람들이 제게 그렇게 나쁜 짓을 한 걸까. 부모님을 질책하기만 했던 마음이 그때부터 조금씩 약해졌다고 할까. 결국 스스로 어떻게든 하지 않으면 안 된다고 생각했어요. 부모님을 탓해봤자 달라질 게 없다고……. 지금은 끝까지 제 옆에 있어주신 데 감사해하고 있어요."

자살 기도와 자해를 반복하거나 비행과 약물에서 벗어

나지 못하던 사람이 그 수렁에서 벗어났을 때 하곤 하는 말
은 그동안 내버려두지 않고 변함없이 지켜봐준 것에 대한 감
사의 말이다. 그것은 단순히 입에 발린 말이 아니라 진실이
며 부정적인 구속에서 벗어나는 데 매우 중요한 요소다.

결국 그들이 원했던 것은 변하지 않는 애정이다. 즉, 뒤
틀리고 위축되고 애정이 결핍된 자기 마음을 무조건 감싸주
는, 끝이 없고 흔들리지 않는 애정이다. 그 애정을 확인할 수
만 있으면 커다란 안심감이 차츰 되살아나서 자신과 상대를
상처 입히거나 시험할 필요가 없다는 것을 알게 된다.

구속이란 것이 참으로 신기하다. 머리에 씌워진 자루처
럼 일단 벗어버리면 천 조각에 머리가 처박혀 있었던 것일
뿐 방향만 바꿔 머리를 빼면 빠져나올 수 있는데도, 얽매여
있을 때는 그러기가 쉽지 않다. 칠전팔기 끝에 거의 포기 상
태가 되어 힘이 빠져버린 상황이 되어서야 갑자기 그 사실을
깨닫게 된다.

화난 얼굴의 소녀가 미소 지을 때

어느 17세의 소녀는 친어머니의 사랑을 받지 못하고 변덕스
러운 학대를 받으며 성장했다. 어머니가 아버지와 헤어져 집

을 나간 날, 어머니는 여동생만 껴안고는 "너는 필요 없어"라고 말했다고 한다. 머지않아 아버지의 재혼으로 새어머니가 생겼다. 처음에는 상냥했던 새어머니도 아이가 생기자 갑자기 차가워졌다. 소녀는 외로움을 느끼면서도 새어머니 눈에 들도록 태어난 남동생을 보살폈다.

그러나 아버지와 싸운 새어머니가 집을 나갔을 때 역시 데려간 것은 남동생뿐이었다. 두 번이나 버려졌다고 느낀 소녀는 스스로 아무 쓸모 없는 아이라고 생각했다. 그런 소녀의 상처 입은 마음을 위로하기는커녕, 아내의 가출로 날카로워진 아버지는 소녀를 질책했다. 네가 말을 듣지 않고 힘들게 하니까 새엄마가 집을 나가버렸다고. 소녀는 아버지에게서도 버려졌다고 생각했다. 새어머니가 마지못해 돌아오자 아버지는 새어머니의 안색만 살폈고 소녀도 아버지에게 야단맞지 않도록 남동생을 돌보고 집안일을 했다. 소녀가 마음속에 억누른 감정을 알아주는 사람은 아무도 없었다.

중학생이 되자 소녀는 외로움을 달래기 위해 자기의 응석을 받아주는 어른 남자들에게 몸을 맡겼다. 같은 외로움을 가진 사람과 가까워져서 함께 살기도 했다. 그러나 어떤 관계도 오래가지 못했다. 상대의 모든 것을 지나치게 원해 결국 엇갈리는 상황이 늘어나기 시작했다. 그렇게 되자 상대를 믿을 수 없게 되었고 서로 상처 입은 채 관계가 끝나버렸다.

결국 사람들은 자신을 버린다는 확신만이 남았다. 그런 소녀가 마지막에 다다른 것이 마약이었다. 마약은 거짓말도 하지 않고, 배신도 하지 않는다. 지불한 돈만큼 기분 좋게 해준다. 소녀는 원조교제로 번 돈으로 마약을 샀다.

그런 소녀에게도 구원의 손길을 뻗어주는 사람이 있었다. 소녀가 아르바이트를 하던 회사의 사장 부부였다. 신앙심이 깊어서 곤경에 처한 사람을 내버려두지 않는 성격의 부부는 소녀를 가엾게 여겨 여러모로 친절을 베풀어주었다. 새어머니와 사이가 악화되어 집을 나왔을 때도 기꺼이 잠자리를 내주었다. 소녀는 부부를 친부모처럼 여기며 속마음을 털어놓고 의지했다.

그러나 부부도 소녀만 보살필 수는 없었다. 다른 손님이 찾아오거나 일 때문에 바쁘면 귀찮은 듯한 얼굴을 할 때도 있었다. 그러면 소녀는 심하게 배신당한 기분이 들었다. '지금까지 베푼 친절은 뭐였나. 결국 나는 필요 없는 아이인가. 그렇다면 처음부터 친절하게 대해주지나 말 것이지.' 그런 식으로 생각했다. 그리고 보살펴준 부부의 은혜를 원수로 갚는 짓을 저질렀다. 어느 날 소녀는 마약을 사기 위해 가게 금고에서 돈을 훔쳤다.

소년원에 와서도 소녀에게는 갱생할 의지가 전혀 보이지 않았다. 모든 것을 자포자기한 채, 살아봤자 소용없고 죽

　　　　　　　　　　　6장 절망을 희망으로 바꾸는 철학

고 싶다고 면회 때마다 말했다. 볼펜과 플라스틱 조각으로 자해하기도 했다. 결정적으로, 아버지와 새어머니가 소녀를 받아줄 수 없다고 통보해왔다. 더 이상 부모와 함께 살 수 없게 된 것이다. 사회로 돌아갈 전망도 보이지 않는 상황에서 사건이 일어났다. 어떤 여자아이가 부모로부터 받은 편지가 찢어진 채 화장실에 버려진 것이다. 시설에서 지내는 아이에게 외부에서 보낸 편지는 보물과 같다. 처음에 소녀는 시치미를 뗐지만 그곳에 접근할 수 있는 사람은 그 소녀뿐이었다. 계속 엄하게 추궁하자 소녀는 결국 자신이 저지른 짓이라고 인정했다. 다른 아이가 부모의 애정 어린 편지를 받는 것이 샘이 났기 때문에 그랬다고 했다.

소년원은 소녀의 출원일을 크게 미뤘다. 주위에서도 소녀를 차가운 눈으로 보았다. 피해자인 소녀와는 사이가 좋았던 만큼 더욱 그랬다. 자신이 한 짓이 자신에게 그대로 돌아왔다고는 하지만 소년원 안에서조차 아무도 자기를 상대해주지 않는다는 슬픔이 더 가슴에 사무쳤다. 주위의 모두가 자신을 질책한다고 여긴 소녀는 자신을 어떻게든 도와주려는 직원에게까지 사소한 일로 덤벼들었다. 그러나 그 대가 역시 자신에게로 되돌아올 뿐이었다.

그런 수렁 같은 상황에서 소녀에게 조금씩 변화가 일어났다. 몸이 불편하다는 이유로 빠지기 일쑤였던 일과에 적극적으로 참여하게 된 것이다. 그로부터 3개월쯤 지난 어느 날 소녀는 자신에게 일어난 변화에 대해 이렇게 말했다.

"자라면서 항상 불안하고 힘들었다고 생각되어서 부모님이 원망스러웠어요. 지금도 부모님을 원망하지 않는다면 거짓말이에요. '너는 필요 없어'라고 했던 어머니의 말은 평생 마음에서 지울 수 없을 거예요. 하지만 이렇게 생각했어요. 그렇지만 나는 지금 살아 있다. 지금 내가 이렇게 살아 있는 것은 누군가가 분유를 먹여주고, 누군가가 기저귀를 갈아주고, 누군가가 보살펴주었기 때문이다. 죽이거나 물품 보관함에 버리거나 하지 않았기 때문이다. 누군가가 나를 돌봐주었기 때문에 지금까지 살 수 있었다. 그것이 낳아준 어머니와 아버지였다면, 더 행복했을지 모르지만 부족한 부분을 누군가가 채워주었다. 그러자 어릴 적에 나를 귀여워해주셨던 할아버지, 할머니가 생각났어요. 나를 걱정해주고 사랑해주었던 사람이 있었다는 게……. 이렇게 내가 자라서 살아 있다는 건 누군가가 지켜주었기 때문이구나. 그렇게 생각하니까 그동안 불만만 터뜨렸던 것이 미안했어요."

항상 화난 얼굴이거나 반항적인 얼굴이었던 소녀는 그렇게 말하더니 기분이 개운한 듯 미소를 지었다. 불만과 원망이라는 형태로밖에 말할 수 없었던 소녀가 작은 탈피를 이룬 순간이었다.

인생의 전환점이라는 시점에서 봤을 때 수렁까지 떨어지는 것으로 가치관이 역전하는 경우가 종종 있다. 계속해서 책임을 전가하거나 회피하는데도 그럭저럭 용서를 받으면 원점으로 돌아가서 새롭게 시작하려 하지 않을 것이다. 그런 변명이 더 이상 통용되지 않는 상황까지 갔을 때 뒤만 보던 소녀가 앞을 보게 된 것이다. 소녀는 과거의 오점을 제로에 맞추는 것을 통해 인생을 다시 시작할 수 있다는 사실을 고통스러운 시행착오 속에서 깨달았다.

그러나 이 소녀가 인생을 살기 위해 생각해낸 나름의 철학을 그럴듯한 추상적 개념으로 바꿔놓으면 그 철학은 생명을 잃을 것이다. 소녀가 "나는 지금 살아 있다. 지금 내가 이렇게 살아 있는 것은 누군가가 분유를 먹여주고, 누군가가 기저귀를 갈아주었기 때문이잖아"라고 내뱉은 필사적인 외침에 생명력이 깃들어 있다.

이 말을 그대로 누군가에게 설명한다고 해도 아무 변화도 생기지 않을 것이다. 마음의 준비가 갖춰지고 기회가 무르익은 사람에게만 울림을 줄 것이다. 가령 지금은 아무것도 느끼지 못해도 언젠가는 마음에 크게 와 닿을 날이 있을 것이다.

인생을 살려고 하는 주체적 욕구

살고 싶지 않은데 억지로 산다, 죽지 못해서 산다, 하는 사람
도 적지 않다. 이 소녀처럼 자신은 살아봤자 소용없다, 나 따
위는 태어나지 말았어야 했다는 생각을 떨쳐버리지 못하는
사람이 살아보자는 마음을 갖고 인생을 받아들일 수 있게 되
기까지는 오랜 시간과 큰 시련이 필요하다.

　인생을 산다는 것은 주체적인 본성이다. 살자고 하는 주
체적인 욕구를 외부에서 강요할 수는 없다. 스스로 살고 싶
다고 느끼지 않는 사람을 억지로 살게 하는 것만큼 어려운
일은 없다. 아무리 주위 사람들이 살아달라고 애원해도 본인
이 살기를 진심으로 바라지 않으면 달리 방법이 없다.

　살고 싶다는 근본적인 욕구를 잃어버리는 경우는 크게
두 가지다. 하나는 기쁨을 주는 존재가 없어진 경우이고 다
른 하나는 자신이 원하지 않는 인생을 강요받은 경우다.

　새끼 원숭이는 어미가 없으면 가령 젖을 먹여주고 돌봐
주어도 대부분 죽어버린다. 살아도 성장이 늦거나 불안이 심
하며 동료에게 무관심하고, 공격적인 성격이 된다. 새끼 원
숭이에게 있어 기쁨의 원천인 어미를 빼앗기는 것은 목숨 자
체를 위협받는 일이다. 유유아기 때뿐만 아니라 사람은 평생
기쁨을 주는 존재를 필요로 한다. 그런 존재가 없으면 삶의

보람을 잃어버린다.

단, 너무 세세한 것까지 지나치게 간섭을 받은 아이는 신경질적이고 다른 사람의 안색만 살피며 스스로에게 자신감을 갖지 못하는 청년이 된다. 극진한 보살핌을 받고 많은 즐거움을 누려도 진정한 만족과 기쁨을 모른다. 자신이 원하는 것을 스스로 노력해서 얻는 기쁨이 쌓이지 않으면 진짜 기쁨을 맛볼 수 없다. 기쁨은 주체성과 밀접하게 연결되어 있다. 자신이 원하는 것을 하기 때문에 기쁜 것이다. 주체성을 상실한 인생은 허무하다. 자기 인생이면서 자기 인생이 아닌 것처럼 느끼고 만다.

인생을 사는 것이 강요에 의해 억지로 사는 것처럼 느껴질 때 살겠다는 동기부여는 위축되어버린다. 주위에서 아무리 살아달라고 해도 스스로 살고 싶다는 주체적인 욕구를 만들어내기 어렵다. 그것 역시 자기 의지와 달리 강요받는 것일 뿐이기 때문이다. 자신의 의지를 나타내는 행위는 그것에 반항하는 것, 즉 자살하는 것으로 이뤄질지도 모른다고 생각한다.

그러나 본인은 수수방관만 하고 있는 게 아니다. 인생을 살 가능성을 찾아 의식적으로든 무의식적으로든 다양한 시도를 하고 있는 것이다. 언뜻 자신을 멸시하고 고통스럽게 하는 것처럼 보일 수 있지만 살려고 하는 필사적인 시도다. 감염증에 걸리면 고열이 나는 것과 비슷하다. 높은 열이 나면서 차츰 몸이 약해지고 고통도 커지는데, 열을 냄으로써 바이러스와 세균을 격퇴하고 살아남으려 애쓰는 것이다.

점점 불리한 상황으로 자신을 끌어들이고 눈을 가리고 싶을 만큼 참혹한 상태에 자신을 두려 하는 경우도 있다. 물론 일부러 의식해서 그런 것은 아니지만 상태를 악화시키는 짓을 자기도 모르게 스스로 하는 것이다. 어리석은 파멸 행위로 보이지만 이후에 돌아보면 구원을 찾으려는 감춰진 의지가 작용한 것이라고밖에 할 수 없는 부분도 있다. 그도 그럴 것이, 상황이 철저히 나빠졌을 때 사태가 역전하면서 거기서 생각지 못한 전개가 시작된다는 것을 종종 경험하기 때문이다. 수렁으로 떨어져 지옥을 맛보는 체험을 하는 것이 거꾸로 살고 싶은 기분을 되살리는 일이 적지 않다. 그것을 '바닥 체험'이라고 한다.

바닥까지 떨어지는 경험은 사람마다 다양한 형태를 취한다. 소년원과 형무소에 들어가는 것일 수도 있고, 전 재산을 잃어 매일매일 끼니를 걱정하는 상태가 되는 것일 수도 있다. 자살 기도나 사고로 죽을 뻔한 경험을 하는 것이 전기가 되기도 한다.

6장 절망을 희망으로 바꾸는 철학

극한 체험과 역전하는 가치

'파블로프의 개'는 조건반사의 예로 잘 알려진 현상이다. 개에게 먹이를 주기 전에 벨 소리를 들려주면 어느 순간부터 벨 소리를 듣기만 해도 개가 침을 흘린다는 것이다. 사실 이 조건반사 조작에는 뒷이야기가 있는데 몸에 밴 조건반사는 제거할 수 있다는 것이다. 그 원리는 아주 우연한 사건으로 발견되었다.

1924년 레닌그라드(현재의 상트페테르부르크)에 홍수가 덮쳤다. 러시아의 생리학자 이반 파블로프Ivan P. Pavlov의 실험실도 물난리가 났다. 거기에는 실험용 개들의 사육실도 있었다. 다행히 완전히 물에 잠기기 전에 간발의 차이로 개들을 구해낼 수 있었는데 실험을 재개해보니, 이미 획득한 조건반사가 일어나지 않는다는 것을 알게 되었다. 다시 한 번 조건반사 조작을 하자 이전처럼 조건반사가 일어났는데, 시험 삼아 목숨이 위험한 상황을 재현하자 개가 보여야 할 반응 패턴이 사라졌다.

게다가 더욱 놀라운 것은 극한 상황에 처한 개는 성격까지 정반대로 바뀌었다는 것이다. 얌전했던 개가 거칠어졌고, 거칠었던 개가 반대로 온순해졌다. 마치 마음이 뒤바뀐 것처럼 행동 양식이 역전한 것이다.

이 발견은 그 후 정치적·군사적 의도로 '세뇌'나 '마인드컨트롤'이라 불리는 심리 조작에 응용되기도 한다. 그렇게 악용되는 것과는 별도로, 바닥 체험을 맛보았을 때 그 사람 안에서 가치관의 역전이 일어나 다른 사람처럼 다시 태어나는 현상을 설명하는 데 이 발견이 도움이 될 것이다.

가치관이 역전하려면 이전 삶의 방식과 방법이 전혀 통용되지 않는 절망적인 상황이 필요하다. 그런 의미에서 절망은 매우 건설적인 의미를 갖는다고 할 수 있다. 절망하는 것으로 그 사람은 달라질 수 있다. 절망에서 벗어나 인생을 살아가기 위해서는 그 사람의 근본적인 가치관까지도 바뀌어야 한다.

바닥을 경험하다

바닥으로 떨어진다는 점에서 러시아의 문호 도스토옙스키 Fyodor Dostoyevsky(1821~1881)의 인생은 가장 좋은 예다. 그의 궤적은 위대한 작품들이 더해져 우리에게 용기를 준다. 《카라마조프 가의 형제들Bratya Karamazovy》과 《죄와 벌Prestupleniye i na-kazaniye》같은 불후의 걸작으로 알려진 러시아의 작가 도스토옙스키 역시 삶의 고통을 안고 괴롭고 힘든 인생에서 희망과 빛을 찾아 헤맨 인물이었다.

도스토옙스키가 안고 있었던 삶의 고통은 타고나기를 약삭빠르지 못하고 고집 센 성격이 큰 원인이기는 했지만 그 고통을 더욱 악화시킨 것은 왜곡된 가족관계였다. 군의관으로 병원에서 일했던 아버지는 알코올 의존증에다가 화를 잘 내는 성격으로 난폭하고 편집증적인 인물이었다. 자식들에게 아버지다운 애정을 쏟기는커녕 가혹하다고 할 만큼 엄격하게 자식들을 억눌렀다. 아들들을 기숙사가 있는 학교에 보내 용돈을 주지도 않고 외출과 친구를 사귀는 것도 허락하지 않았다. 그렇게 3년간 하루에 여덟 시간씩 공부를 시켰다.

도스토옙스키가 육군공병학교에 진학한 해에 어머니가 사망하고, 잦은 음주와 극단적인 성격 탓에 원한을 샀던 아버지는 마차 안에서 자신의 농노(소작인)에게 살해당한다.

그런데 아버지의 죽음은 생각지 못한 여파를 가져왔다. 아버지의 유산으로 10대 후반의 아들들이 매년 5,000루블이라는 큰돈을 자유롭게 쓸 수 있게 된 것이다. 그러나 이것은 길게 봤을 때 아들들의 인생을 엉망으로 만들어버린 셈이 되었다. 하루하루 공허함을 잊기 위한 수단으로 돈을 낭비하는 즐거움을 맛본 도스토옙스키는 나쁜 놀이와 도박에도 손을 대게 되었다. 성실하게 일하는 것에는 관심이 없고 문학으로 출세하겠다는 야심만 커졌다. 도스토옙스키는 마음속에 허무감과 비대한 자존심이라는 불균형을 안은, 지극히 근대적인 청년이 되어갔다.

일도 그만두고 빚 지옥에 빠지자 도스토옙스키는 매해 유산을 받는 권리를 단돈 1,000루블에 팔아넘기고 소설 《가난한 사람들Bednye lyudi》의 집필에 모든 것을 걸었다. 이 작품이 성공을 거두지 못하면 네바 강에 몸을 던져 죽을 작정이었다.

다행히도 《가난한 사람들》은 성공을 거뒀고 그는 단번에 출세해 인기를 모았다. 그런데 이 행운도 다가올 파국으로부터 그의 인생을 구하지는 못했다. 도스토옙스키의 완고한 성격과 높은 자존심이 주위의 반감과 빈축을 산 탓에 애써 얻은 행운을 망쳐버렸을 뿐만 아니라 문단에서도 고립된 상태에 처하게 된 것이다.

이전에 도스토옙스키를 절찬했던 비평가 벨린스키Vissarion Grigoryevich Belinsky도 그를 외면해버리고, 출판사에서 당겨받은 고료를 갚기 위해 쓴 작품은 혹평을 당한다. 도스토옙스키의 생활은 삭막해졌고 그로 인한 울분을 반정부 활동에 관여하는 것으로 달래게 된다. 반정부 활동은 머지않아 최악의 사태를 부른다. 불온분자 적발로 도스토옙스키도 검거되고 만 것이다. 군법회의의 판결은 사형이었다. 황제의 특별사면으로 4년 징역과 무기한 병역의무로 감형되었지만 그 사실은 피고들에게 전해지지 않았다.

12월의 이른 아침, 도스토옙스키와 다른 피고들은 집행장으로 끌려갔다. 처음 세 명이 기둥에 묶이자 병사들이 일제히 총을 겨눴다. 그 순간, 손수건이 흔들리더니 총살이 중지되었다. 본보기로 삼으려는 황제의 장난이었는데, 그 짧은 순간에 발광을 일으킨 사람도 있었다.

도스토옙스키는 그로부터 햇수로 10년에 이르는 유형 생활을 보냈다. 시베리아의 옴스크는 겨울에 영하 40도를 밑도는 극한의 땅으로, 그곳 감옥에서의 생활은 상상을 초월할 만큼 비참했다. 바닥에는 오물이 20센티미터나 쌓여 있었고 이곳저곳에 천장에서 샌 빗물과 오수로 물웅덩이가 만들어져 있었다. 좁은 방에서 "소금에 절인 청어"처럼 끼어 지내야 했고 용변을 볼 때조차 혼자가 될 수 없었다. 대소변은 입구에 놓인 나무통 변기에 해결해야 했다. 식사는 빵과 수프가 전부로, 그것만 먹고 매일 오랜 시간 중노동을 해야 했다. 거기에다 같이 지내는 죄수들은 보통 사람과는 다른, 한 성깔하는 인간들이었다. 괴팍스러운 행동이 버젓이 통하는, 상식을 벗어난 예측 불가능한 일들이 끊이지 않았다.

그러나 이런 수렁 같은 유형 생활이 도스토옙스키를 인간적으로 단련시켜 보다 깊이 인간을 관찰하는 눈과 인간애를 갖게 했다. 유형지 옴스크에서 도스토옙스키가 형에게 쓴

편지에는 이전에 보인, 불만에 찬 원망이 아니라 상쾌하다
할 만큼 긍정적이고 적극적인 감정을 볼 수 있다.

이 4년간 제 혼과 신앙, 정신과 마음이 어떤 변화를 겪어
왔는가를 말씀드릴 심경이 못됩니다. 왜냐하면 말을 꺼
내면 너무 길어질 것 같기 때문입니다. 그러나 영혼의 집
중이라고나 할까, 처절한 현실로부터 자기 내면세계로
도피할 수 있었습니다. 이제야 저는 이전에 감히 꿈도 꿀
수 없었던 새로운 소망과 희망을 가지고 있습니다.[6]

또, 이런 편지도 썼다.

도둑들 사이에서 보낸 4년간의 옥중 생활조차도 결국 인
간을 발견하는 것으로 끝났습니다. 형님은 믿을 수 있을
까요? 여기에는 속이 깊고 강하고 아름다운 성격을 지닌
사람들이 있습니다. 조악한 땅 밑에 숨은 황금을 발견하
는 일은 정말 즐거운 일입니다.[7]

배고픔과 추위와 채찍에 떠는 최악의 생활 속에서 도스
토옙스키는 인간의 추악함, 비정상성과 함께 아름다움과 고
귀함에도 눈을 뜬 것이다. 인간을 증오하기도 하고 번거롭게

도 느끼는 한편, 서로 돕고 사는 기쁨도 깨달아서 살아갈 힘을 되찾게 되었다.

인생 최대의 위기로 생각되는 일이 결과적으로 그 사람을 구제하는 경우는 적지 않다. 인생의 전기는 다양한 형태로 찾아온다. 파산과 좌절로 모든 것을 잃은 경험도 전기가 될 수 있고, 자신이 의지했던 사람의 병과 죽음이 계기가 되기도 한다.

《연인 L'Amant》 등의 작품으로 알려진 프랑스의 작가 마르그리트 뒤라스 Marguerite Duras는 오빠의 인생에 대해 회상한다. 뒤라스의 어머니는 딸에게는 무관심하고 큰아들만 사랑했다. 그 결과, 애정에 굶주린 뒤라스는 10대 때는 돈 많은 중국인의 애인이 되어 지금 식으로 말하면 원조교제를 해서 외로움을 달랬다. 한편, 어머니의 사랑을 받은 오빠는 응석받이로 자라 커서도 일하려 하지 않고 어머니에게 뜯어낸 돈으로 술과 도박에 빠져 지냈다. 어머니가 인색하다 할 정도로 절약해 모은 돈으로 산 집을 하룻밤 사이에 저당 잡히고, 숲을 벌채해서 얻은 수입도 하룻밤에 날려버린다. 임종하는 어머니에게조차 돈을 훔쳤을 정도다. 그런데 어머니는 그 아들에게 재산의 대부분을 남긴다고 유언했고 딸에게는 얼마 안 되는 돈밖에 주지 않았다.

오빠는 어머니의 유산을 도박으로 탕진하고 유품인 가

구까지 날려버렸다. 그것으로도 부족해 여동생 뒤라스가 오랫동안 차곡차곡 모은 5만 프랑을 훔쳤다. 도박으로 재산을 전부 다 날린 오빠는 결국 길바닥에 나앉는 신세가 되었다.

그러자 기적이 일어났다. 한 번도 제대로 일한 적이 없는 오빠가 50대가 되어서 일을 시작한 것이다. 그로부터 15년 동안 보험회사 수위로 일하면서 난생처음으로 자기 힘으로 생활했다. 공허감에 괴로워하며 도박과 술에 재산을 탕진한 오빠가 처음으로 안정된 삶을 영위한 것이다.

절망에서 수용에 이르는 과정

사람에게 가장 가혹한 체험은 자신의 죽음과 마주하는 것인데, 그만큼 괴로운 체험은 사랑하는 존재를 잃는 것이다. 자신의 죽음은 자신이 죽는 동시에 자신이 사랑하는 존재, 자신을 필요로 하는 존재로부터 분리되는 사태이므로, 젊은 나이에 죽음과 마주해야 하는 경우에는 이중삼중으로 가혹함을 맛보게 된다.

사랑하는 사람이나 유대 관계를 맺은 사람이 이 세상에 더는 존재하지 않는다면 죽음은 오히려 구원이며 해방일 수도 있다. 미련이 클수록 그 고뇌도 깊다. 즉, 죽음을 진짜 가혹한 일로 만드는 것은 사랑하는 존재와의 관계가 끊어져 더 이상 인생을 공유할 수 없다는 절대적인 고독감일지도 모른다.

그런 의미에서는 이별과 이혼 같은 사태도 죽음만큼이나 큰 고통이 될 수 있다. 안전기지로서 서로 깊은 유대를 느끼는 존재를 잃은 충격은 자기 몸의 절반이 떨어져나가는, 땅이 무너지는 상실감을 준다.

사랑하는 존재를 잃은 고통과 절망에서 사람은 어떻게 다시 일어설 수 있을까.

말기 암 환자의 마지막 시간을 지켜본 엘리자베스 퀴블러 로스Elisabeth Kübler-Ross는《죽음과 죽어감On Death and Dying》에서 자신의 죽음이라는 최악의 사태를 받아들이는 과정에는 다섯 단계가 있다고 말한다.

첫 번째 단계는 '부정과 고립'이다. 자신이 죽을병에 걸려 살날이 얼마 남지 않았다는 현실을 마주해도 받아들이지 못하고 뭔가 잘못된 것이 아닐까 치료할 방법이 있지 않을까, 하고 다가오는 죽음이라는 현실을 받아들이지 못한다. 다른 의사를 찾아가거나 나을 수 있다는 말에 의지하려고 한다.

그러나 회복할 가망이 없다는 현실과 마주하면서 이번에는 '분노' 단계가 나타난다. 자신만 부당하게 이런 경우를 당해야 한다는 불합리함에 화를 내고 주위 사람들 때문에 이런 지경이 됐다고 생각해 주위에 마구잡이로 화풀이를 하는 경우도 있다.

분노도 통용되지 않는다는 것을 알면 이번에는 '타협' 단계가 나타난다. 자신의 잘못을 뉘우칠 테니 앞으로 몇 년만 더 살게 해달라, 어떤 일을 끝낼 때까지는 기다려달라며 죽음 자체는 피할 수 없다고 포기하는 대신에 조건을 붙여 뒤로 미루는 형태로 타협을 꾀하려 한다.

타협도 통용되지 않게 되면 '우울' 단계가 나타난다. 자신의 무력함을 깨닫는 동시에 더 이상 가망 없다는, 움직이기 어려운 현실 앞에 절망해 타격을 받는 것이다.

이 절망 뒤에 나타나는 것이 평온한 '수용' 단계다. 자신의 운명과 더는 싸우려 하지 않고 죽음을 자연스러운 과정으로 받아들이려 한다.

수용에 이르는 과정은 자신의 죽음에 대해서뿐만 아니라 사랑하는 사람의 죽음에 대해서도 볼 수 있다. 퀴블러 로스는 《상실 수업On Grief and Grieving》에서 사랑하는 사람의 죽음과 마주할 수밖에 없는 많은 사례를 통해 그런 사실을 분명하게 보여준다.

사랑하는 사람의 죽음에 직면했을 때 누구나 처음에는 부인하며 현실이라고 생각하지 않는다. 그러나 현실이란 것을 알면 분노를 터뜨리고 '자신의 잘못을 반성하니 부디 사랑하는 존재를 빼앗아 가지 말라'고 교환 조건을 내세워 신에게 매달린다. 그러나 용서 없이 찾아오는 죽음이라는 현실 앞에서 어떤 저항도 기도도 소용없다는 것을 알면 절망과 비탄에 빠진다. 그런데 그 슬픔의 수렁 속에서 수용이 시작된다. 사랑하는 사람이 더 이상 곁에 없다는 현실을 받아들이고 새로운 현실을 받아들여 살아가려고 한다.

부정과 분노와 타협 단계는 죽음이라는 현실과 싸우는 단계라고 할 수 있다. 전체로 보면 싸움의 단계가 길고 싸움이 길수록 고통도 오래 지속된다. 싸움의 단계는 절망과 희망 사이에서 어지럽게 흔들리는 단계라 할 수 있다. 그러나 머지않아 모든 희망이 끊어졌다는 것을 깨달으면 새로운 현실을 수용하게 된다. 즉, 이제까지 했던 대로 현실에 집착하고 매달릴수록 새로운 사태를 받아들이는 것이 어려워져서 고통이 계속된다.

이 과정은 죽음이라는 궁극의 사태뿐만 아니라 이별이나 이혼, 실연이라는 비근한 현실에도 해당된다.

사랑하는 사람에게 이별을 통보받거나 거절당했을 때 마치 그 사태를 깨닫지 못한 듯 예전처럼 관계를 계속하려는 것은 부정 단계라고 할 수 있다. 이윽고 그것이 통용되지 않게 되면 상대의 변심과 거부에 대해 화를 내고 상대를 비난한다. 그것도 소용없다는 것을 알면 모양만이라도 관계를 유지하고 싶다고 타협하려 하거나 애인이 무리라면 친구 관계로 지내자고 제안한다. 지인에게 애인을 설득해달라고 부탁하거나 나쁜 점을 반성해 이별을 어떻게든 피하려 한다. 타협 단계라고 할 수 있다.

말기 암의 경우와 달리 결혼생활이나 연애가 파탄 나는 경우, 타협에 의한 양보나 노력을 한 결과 종종 관계를 '연명'하기도 한다. 그러나 결국에는 관계 회복이 어렵고 사랑을 되찾을 가망이 없다는 현실을 깨닫는 날이 온다. 이때 절망과 비탄을 맛보게 되는데 그런 과정을 통과함으로써 오히려 고통을 끝내고 새로운 생활로 나아갈 수 있다. 자신의 죽음과 마주하는 경우와는 달리 이별은 끝이 아니다. 새로운 재생의 시작이기도 하다.

새로운 희망을 되찾으려면 무참하게 부서진 현실에 매달리기보다 관계가 끝난 사태를 받아들이고 앞으로 나아가는 것도 필요하다. 하나의 관계가 죽음을 맞았다는 것과 세상에 둘도 없던 사랑이 끝났다는 사실을 받아들이는 것이다. 결코 쉬운 일은 아니지만 필요 이상으로 고통을 오래 끌지 않고 안정과 희망을 되찾기 위해서 필요한 과정이다.

7장

인생을 살아가는 의미를 찾아서

허무주의처럼 삶에 아무 의미가 없다고 깨달음으로써 오히려 자신을 해방시켜 자유로운 힘을 되찾는 것도 인생을 살아가기 위한 하나의 철학이다. 그러나 그렇게 말하는 사람도 모든 일이 아무 의미 없다고 진심으로 생각하지는 않을 것이다. 그렇게 생각했다면 서머싯 몸이 그토록 많은 작품을 쓰지 않았을 테고, 쇼펜하우어가 자신의 철학을 완성시키려 꾸준히 원고를 쓰지 않았을 것이다. 자신이 하는 일에 어떤 의미가 있다고 생각했기 때문에 그 행위를 계속했던 것은 아닐까.

사람은 말보다 행동과 생활 방식으로 진실을 말한다. 그렇기 때문에 아무리 그럴듯한 말, 고맙고 멋진 말도 반은 에누리해서 듣는다. 원래 말의 기능 중 하나는 거짓말을 하는 것이기 때문이다.

그들의 말이 아닌, 그들이 살아간 모습을 통해 그들도 인생을 살아가기 위해 어떤 의미를 필요로 했다는 사실을 알 수 있다. 그것도 평범한 의미가 아니라 특별하고 멋진 의미를 필요로 한 듯하다.

마지막 장에서는 '인생을 살아가는 의미'라는 관점에서 인생을 살아가기 위한 철학에 대해 생각해보자.

위기의 철학자

끊임없이 자살 위기에 직면하면서 인생의 의미에 대해 사색하고 스스로 위기를 극복하려 했던 철학자가 있었다. 그는 허무주의 철학자는 아니었지만 마음에 거대한 허무를 안고 있었다. 자신이 안고 있는 허무와 마주하는 것에서 출발해 철저히 허무에 대해 생각하는 것으로 허무주의를 극복한 사람이라고도 할 수 있다. 그 철학자의 이름은 루트비히 비트겐슈타인이다. 그는 앞에서 소개한 쇼펜하우어의 애독자로, 쇼펜하우어 철학의 영향을 크게 받는다.

비트겐슈타인은 1889년 오스트리아의 수도 빈에서 태어났다. 비트겐슈타인의 집안은 할아버지 헤르만 때부터 장사로 재산을 일궜는데 아버지 카를은 신념이 강한 인물로, 젊은 시절에는 아버지에게 반항해 집을 뛰쳐나가 미국으로 건너가서 바텐더부터 바이올린을 켜는 악사까지 온갖 일을 경험했다. 모국에 돌아온 후에는 철강회사를 경영해 큰 성공을 거두어 엄청난 부를 쌓았다.

그러나 에너지와 자신감 넘치는 스파르타식 교육을 한 아버지는 자식들에게 꼭 좋은 아버지는 아니었다. 자식들은 모두 예술가 기질의 섬세한 성격이어서 엄격한 아버지의 교육은 도리어 결벽적인 성격을 조장하게 되었다. 다섯 명의 아들 가운데 위의 세 명은 자살한다. 루트비히는 막내로, 그 외에 세 명의 누나가 있었다. 형들의 연이은 자살은 당연히 사춘기를 맞은 비트겐슈타인에게도 어두운 그림자를 드리웠고 그 자신도 종종 자살을 생각하게 된다.

비트겐슈타인은 열네 살 때까지 학교에 다니지 않고 가정교사의 지도를 받았는데 공부는 신통치 않았다. 기계를 만지작거리는 것을 좋아했기 때문에 자연과학에 무게를 두는 실업학교에 다니게 되었다. 그러나 그곳에서 거둔 성적도 신통치 않았다. 비행기 조립에 흥미를 갖게 된 비트겐슈타인은 공과 대학에 진학했지만 대학의 공부는 그가 기대했던 것이 아니었다.

비트겐슈타인은 1년 만에 공과 대학 공부를 포기하고 영국 더비셔에 있는 상층기상연구소에서 근무하며 비행 실험에 종사했다. 그리고 비행기의 엔진과 프로펠러를 연구하기 위해 다시 맨체스터 대학 연구소로 옮겼는데 프로펠러 연구에는 매우 높은 수준의 수학이 필요했다. 이로써 수학에 대한 관심이 깊어진 그는 수학의 기초 연구에 더욱 흥미를 갖게 되었다. 수학에 대한 흥미는 그의 천직이 되는 논리학과 철학 연구로 이어졌다. 이렇게 사람의 인생은 사슬처럼 신기하게 이어져 있다.

러셀과의 만남과 아버지의 죽음

당시 그 영역에서 첨단 연구를 했던 사람이 철학자 버트런드 러셀Bertrand Russell이었다. 비트겐슈타인은 케임브리지 대학까지 찾아가 러셀을 만났는데, 이 만남이 그의 운명을 개척하게 된다. 당시 비트겐슈타인은 스물두 살이었다.

러셀의 친절한 주선으로 비트겐슈타인은 다음 해부터 러셀의 강의를 수강하게 되었다. 게다가 대학원생으로서 러셀의 지도를 받게 되었다. 물을 만난 물고기처럼 비트겐슈타인은 논리학, 철학, 심리학을 배우고 순식간에 흡수해 갔다.

케임브리지 대학에서 비트겐슈타인은 러셀 외에도 많은 지인을 얻었는데, 그중에서 특히 가까워진 이가 두 살 연하의 수학과 학생이었던 데이비드 핀센트David Pinsent였다. 비트겐슈타인은 핀센트와 논리학과 음악에 대한 관심을 공유할 수 있어서 그를 상대로 의견을 나누고 함께 여행도 했다.

드디어 인생의 방향성이 정해진 것처럼 보였다.

그때 그의 인생에서 중대한 사건이 연이어 일어난다. 하나는 아버지 카를의 죽음이었다. 아버지가 암으로 수술을 받았는데 그 보람도 없이 사망한 것이다.

비트겐슈타인은 아버지의 죽음을 어떻게 받아들였을까. 그는 러셀에게 보낸 편지에 이렇게 썼다.

> 친애하는 저의 아버지가 어제 오후에 돌아가셨습니다. 그것은 제가 상상할 수 있는 가장 아름다운 죽음이었습니다. 조금의 고통도 없이 어린아이처럼 잠이 들었습니다. 저는 아버지가 숨을 거둘 때까지 몇 시간 동안 한순간도 슬픔을 느끼지 않았고 오히려 최고의 기쁨을 느꼈습니다. 저는 이 죽음에 어떤 한 인생 전체에 필적하는 가치가 있었다고 생각합니다.[1]

서머싯 몸이 큰아버지의 죽음을 심술궂다고 할 만큼 냉혹하게 묘사한 것과는 완전히 다르지만, 아버지의 죽음을 슬퍼하는 통상적인 감각과도 멀리 떨어진 심경을 이 편지에서 엿볼 수 있다. 그의 엄숙하고 고조된 마음을 통해 육친에게 갖는 애정 이상으로 비트겐슈타인에게 아버지의 존재가 얼마나 컸는지를 느낄 수 있다. 위대한 아버지의 평온한 죽음에 대한 감명을 '최고의 기쁨'이라 한 데는 비트겐슈타인 자신을 구속했던 것으로부터 해방되면서 느낀 감정도 포함되어 있는 듯하다.

실제로 아버지의 죽음 이후 비트겐슈타인은 그 고양감을 지속시키듯 자기다운 삶을 거리낌 없이 추구하기 시작했다. 그중 하나는 아버지의 막대한 유산을 포기하는 것이었다. 노르웨이의 피오르에 있는 작은 마을 숄덴에 머물다가 그곳이 마음에 들자 아예 숄덴에 틀어박혀 은둔 생활을 할 계획을 세웠다. 세속적인 사회에서 사는 것은 섬세하고 상처 입기 쉬운 비트겐슈타인에게는 너무나 번거롭고 불쾌한 일이었다.

그런 상황에서 비트겐슈타인의 인생뿐만 아니라 세계를 뒤흔드는 일대 사건이 일어난다. 1914년 7월 28일 1차대전이 발발한 것이다.

죽음의 위기와 마주하면서

비트겐슈타인은 즉시 군대에 지원했다. 그때 그의 나이 스물다섯이었다. 명성 높은 《논리-철학 논고》는 이 종군 기간 중에 쓰여 종전 직전에 사실상 완성된다. 게다가 그는 그 많은 기간을 전선에서 보냈다.

특히 1916년 6월에는 격전으로 알려진 브루실로프 공세*의 한가운데에 있었다. 언제 죽을지 모를 상황에서 비트겐슈타인은 손으로 원고를 썼다. 그런 상황에 처했기 때문에 정신을 유지하고 살아남기 위해 자신의 철학을 추구하고 사색하며 글을 쓴 것이다. 당시에 쓴 글에서는 그의 잘 알려진 냉정한 문체와는 다른, 삶의 의미에 대한 갈망으로 가득 찬 격렬한 사고의 흔적을 볼 수 있다.

그의 종군 생활은 4년 후인 1918년 11월에 대전이 끝나고 포로가 되기까지 계속된다.

이후에 그는 이렇게 말한다. "전쟁이 나를 구원했다"고. 비트겐슈타인은 결코 군국주의나 전쟁을 찬미한 것이 아니다. 전쟁은 인간성을 짓밟는 비극으로, 비트겐슈타인도 죽음의 공포에 사로잡혀서 처참하기 짝이 없는 비참함을 눈으로 직접 봐야 했다. 전쟁은 세상에 둘도 없는 친구 핀센트를 빼앗아 가기도 했다. 전쟁에서 돌아왔을 때 예전의 밝고 매력적인 청년은 신경질적이고 음울한 인물로 변해 있었다고 전해진다.

★ 알렉세이 브루실로프Aleksei Brusilov 장군이 이끄는 러시아군이 독일군, 오스트리아-헝가리군 등에 맞서 벌인 전투로, 1차대전 중에 벌어진 전투들 중 유일하게 장군의 이름을 따서 명명되었다.

7장 인생을 살아가는 의미를 찾아서

그래도 그는 또 하나의 마음의 실상으로 "나를 구원했다"고 회상한다. 실제로 그의 자살 충동은 이 전쟁을 계기로 약해진다. 그는 산다는 것에 이전과는 다른 자세를 보이기 시작한다.

그것은 이 종군 생활 속에서 이뤄낸 철학의 완성과도 무관하지 않다. 그는 인생을 살기 위해 철학하고 그 철학을 스스로 실천해나간다.

종군 중에 직접 쓴 원고는 《비트겐슈타인 철학일기Notebooks 1914~1916》로 엮어져 그가 죽은 후 출판되었다. 그 원고 중에는 그가 완성한 《논리-철학 논고》에 수록된 부분도 있는데 삭제된 부분도 적지 않다. 그러나 그의 철학의 완성품인 《논리-철학 논고》에 실리지 못한 원고에서는 인간 비트겐슈타인의 삶에 대한 신음이 생생하게 울린다.

러시아군의 맹공격을 받아 후퇴하는 중에 집필된 비트겐슈타인의 글은 그때까지의 차분한 논리적 주제에서 형이상학적인 것으로 비약된다.

1916년 6월 11일

신과 삶의 목적에 대해 나는 무엇을 알고 있는가?

나는 이 세계가 존재한다는 것을 안다.

마치 내 눈이 내 눈의 시야 속에 있듯 나는 세계에 있는 것을.

우리가 세계의 의미라 명명하는 무언가는 세계에서 문
제적이라는 의미가 세계 안이 아니고 세계 밖에 있다는
것을.

삶이 세계라는 것을.

나의 의지가 세계를 뚫고 나간다는 것을.

나의 의지는 선하거나 악하다는 것을.

선과 악은 세계의 뜻과 함께 어떻게든 연결되어 있다는
것을.

삶의 의미를, 즉 세계의 의미를 우리는 신이라 명명할 수
있다.

그리고 우리는 아버지로서 신에 대한 비유를 연결시킬
수 있다.

기도는 삶의 의미에 대한 생각이다.

나는 세계의 사건들을 내 의지로 조종할 수 없으며, 완전
히 무력하다.

나는 세계로부터 스스로 독립적일 수 있다.—그리고 사
건들에 개입을 포기함으로써 세계를 확실한 의미에서 지
배할 수 있다.[2]

이 단락에서도 쇼펜하우어의 영향을 느낄 수 있다. 세계

는 나에게 속해 있지만 나의 생각대로 되지 않아서, 거꾸로 생각대로 하려는 것을 포기함으로써 지배할 수 있다는 발상은 쇼펜하우어로부터 이어받은 것이다.

그러나 쇼펜하우어에게는 의미가 없는 맹목적인 의지가 비트겐슈타인에게는 의미를 갖는 신으로 인식된다.

신이라고 하면 위화감을 느끼는 사람도 많을 수 있는데 특정 종교의 신앙을 대상으로 하기보다는 세계에 의미를 주는 것, 우리를 움직이게 하는 커다란 의지 같은 것이라고 생각하면 된다.

사람은 극단적인 상황에 처했을 때 현실 자체보다 그것을 뛰어넘는 무언가를 느끼고 거기서 의미를 찾아 살아가려고 한다. 현실만 마주하면 찌부러질 것처럼 구원이 없는 상황에서도 현실을 뛰어넘는 무언가를 느끼는 것으로 살아갈 의미가 생긴다. 비트겐슈타인 역시 전선에서 죽음의 위험에 직면했을 때 현실을 초월한 의미를 느낀다. 그것은 그가 말로는 할 수 없는 것으로, 철학에서 배제하고 있는 것이기도 했다.

여기서 알 수 있는 비트겐슈타인의 사상에서는, 뜻대로 되지 않는 불쾌한 세계로부터 거리를 둠으로써 세계에 농락당하지 않고 자신을 지키려 하는 생각과 그런 세계의 배후에 뭔가 숭고한 의미가 있다고 믿으려는 바람이 서로 교차하고 있다.

현실로부터 거리를 두는 것과 현실에서 사실을 초월한 의미를 찾는 것. 이것들은 모두 인생을 살아가기 위한 철학으로서 정신적 파탄으로부터 자신을 지키려는 행위다. 인생을 살아가기 위한 철학이 먼저 있는 것이 아니라 살아가기 위한 행위가 그 철학을 자연스럽게 필요로 하기 때문에 아슬아슬한 생을 지탱하기 위해서 철학이 만들어진 것이다.

그의 말은 더욱 예리해져 과격할 정도로 자신의 물음에 대한 답을 타협 없이 찾아간다.

1916년 7월 8일

신을 믿는다는 것은 삶의 의미에 대한 질문을 이해한다는 것을 말한다.

신을 믿는다는 것은 세계의 사실들로는 여전히 끝나지 않음을 안다는 것을 말한다.

신을 믿는다는 것은 삶이 의미를 가짐을 안다는 것을 말한다.

세계는 내게 주어졌다. 다시 말해, 나의 의지는 이미 완성된 어떤 것으로 나아가는 것처럼 바깥에서부터 세계로 접근한다(무엇이 나의 의지인지, 나는 아직 알지 못한다).

그런 이유로 우리는 하나의 낯선 의지로부터 독립적인 감정을 갖는다.

그̇것̇이̇ 어̇떻̇든̇, 우리는 어떤 의미에서 의존적이̇고̇ 우리가 의존하는 그것을 신이라고 명명할 수 있다.

이 의미에서 신은 단순히 운명이거나—우리의 의지들에 의존하는—세계와 동일하다.

나는 운명으로부터 독립적일 수 있다.

두 가지 신성이 있다. 그것은 세계와 독립적인 나이다.

나는 행복하거나 불행하다. 이것이 전부이다. 선하고 동시에 악한 것은 존재하지 않는다고 말할 수 있다.

행복한 사람은 두려움을 가질 필요가 없다. 죽음 앞에서도 두려워할 필요가 없다.

시간 속에서가 아니라, 오직 현재에 사는 사람만이 행복하다.

현재 삶에 있어 죽음이란 없다.

죽음은 삶의 사건이 아니다. 죽음은 세계의 사실이 아니다.

영원을 무한한 시간의 지속이 아닌 무시간성으로 이해할 때, 현재를 사는 사람은 영원히 사는 것이다.

행복하게 살기 위해 나는 세계와 일치해야 한다. 그리고 이것이 바로 '행̇복̇하̇다'를 뜻한다.

나는 내가 의지하는 것처럼 보이는 저 낯선 의지와 일
치시키고 있다. 이것은 '나는 신의 의지를 행한다'를 뜻
한다.

죽음에 대한 두려움은 잘못된, 다시 말해 나쁜 삶을 가리
키는 최고의 표시이다.

내 양심이 마음의 평정을 잃는다면, 나는 어떤 것과도 일
치함에 있지 않는다. 그 어떤 것이란 무엇인가? 세계인
가?

양심을 신의 목소리라고 하는 것은 확실히 옳다.

예를 들어, 내가 그렇고 그런 사람을 모욕했다는 생각은
나를 불행하게 만든다. 이것이 나의 양심인가?

'그것이 무엇이든, 양심에 따라 행동하라'라고 말할 수 있
을까?

행복하게 살기를!**3**

분열과 파탄의 갈림길에서 아슬아슬하게 균형을 유지
하려는 사색을 담고 있는 글이다. 말로는 표현할 수 없는 것
을 말하려 한 탓에 혼란을 드러내고 있지만, 통합할 수 없는
것을 통합하려는 절박한 정열을 느낄 수 있다.

비트겐슈타인은 다가오는 죽음의 한가운데에서 필사적
으로 '살아가는 의미란 무엇인가'에 대해 묻는다. 신을 믿는

다는 것이란 이 세계의 현실을 초월한 의미가 있다는 것과 같다며 두 가지 신적인 존재를 언급한다. 즉 세계와 자신(자아)이다. 양자는 어떤 부분에서 독립된 존재지만 자신은 세계에 의존하는 부분도 있다. 왜냐하면 세계는 자신이 태어나기 전부터 알 수 없는 의지에 의해 그곳에 존재해온 것이기 때문이다. 자신과 세계가 일치한 상태는 행복한 상태로, 그 상태에서는 죽음도 두렵지 않지만 양자의 불일치가 일어나면 마음이 괴롭고 불행해진다. "행복하게 살기를!" 하고 스스로 외칠 때 그는 세계, 즉 신의 의지와 일치한 삶을 통해 죽음의 공포로부터 자유로워지려 한다. 세계와 일치되어 지금 이 순간을 살면 죽음도 두렵지 않고 자기의 유한성을 초월한 의미를 가질 수 있다.

6월 11일에 쓴 글에서 볼 수 있는, 세계로부터 거리를 둔 태도와는 또 다른 모습이 위 글에 담겨 있다.

이 문장에서 느껴지는 것은 죽음을 두려워하지 않고 부끄럼 없는 인생을 살고 싶다는 비트겐슈타인의 강한 의지다. 설령 다음 순간 목숨을 잃더라도 지금 이렇게 살아 있는 데에 의미가 있다는 생각이다.

그러나 그로부터 약 한 달 후 비트겐슈타인은 그의 물음에 또 다른 답을 내린다.

1916년 8월 13일

인간이 자신의 의지를 이행할 수 없고 세계의 모든 고난에 시달려야 한다고 가정해볼 때, 무엇이 그를 행복하게 만들 수 있을까?

인간이 세계의 고난을 막을 수 없을 때, 인간은 도대체 어떻게 행복할 수 있는 걸까?

지식의 삶을 통해서.

좋은 양심은 지식의 삶이 수호하는 행복이다.

지식의 삶이란 세계의 곤궁에도 불구하고 행복한 삶이다.

오로지 세계의 안락함을 포기할 수 있는 삶만이 행복하다.

삶에 있어서 세계의 안락함이란 은총이 많은 운명일 뿐이다.[4]

위 글에서 비트겐슈타인은 세계로부터 거리를 두고 현세적인 즐거움을 단념한 채, 오로지 사고하고 인식하는 삶을 살면 어떤 가혹한 고난이 닥치더라도 행복할 수 있다고 말한다. 이것은 세계와 일치해서 사는 삶의 방식과는 다른 삶의 방식이다.

비트겐슈타인 안에 있는 두 가지 모순된 충동은 분명하다. 하나는 세계로부터 거리를 두어 마음의 평안을 유지하려고 하고, 다른 하나는 세계와 일치해서 신의 의지를 체현하려고 한다.

그것은 《의지와 표상으로서의 세계》의 분열된 구도를 극복하려 하는 시도이기도 하다. 쇼펜하우어의 철학에서는 인간이 벗어날 수 없었던 맹목적이고 무목적인 의지가 비트겐슈타인의 철학에서는 소극적인 수동성을 벗어나 적극적인 능동성 안에서 삶의 의미를 주는 신으로 부활한다.

표상으로서의 세계에 대해서도 마찬가지다. 쇼펜하우어의 철학에서는 존재 자체의 가상假象, 즉 환상에 불과했던 표상의 세계는 비트겐슈타인의 철학에서는 어떤 고난에도 마음의 행복을 지키는 행위로서 해방된다.

비트겐슈타인의 초고는 《논리-철학 논고》로 합쳐진다. 거기서 그가 행한 것은 결국 표상으로서의 세계와 의지로서의 세계의 경계를 명확히 하는 것이었다. 언어로 말할 수 있는 것과 말할 수 없는 것을 구분해서, 말할 수 있는 것은 세계의 진실뿐이며 그것을 초월한 것을 말하는 것은 무의미한 행위라고 한 것이다. 사실을 초월해 의미를 논하고 철학하는 것은, 아무 말도 하지 않는 것과 같거나 오히려 기만과 그릇된 생각을 만들어낸다. 그는 《논리-철학 논고》를 이런 말로 끝맺는다.

"말할 수 없는 것에 관해서는 침묵해야 한다"고.

비트겐슈타인의 이 결론은 후세의 철학에 큰 영향을 미

쳤다. 기만과 그릇된 생각의 덫에 빠지지 않기 위해서는 형이상의 의미와 가치를 논하는 것을 삼가야 한다는 분위기가 형성되어 오로지 언어 비판에 전념하는 분석철학이 철학의 주류가 된다.

그러나 그것은 비트겐슈타인이《논리-철학 논고》에서 시도하는 것의 절반에 불과하다. 그는 언어가 말할 수 없는 한계를 정하면서도 말할 수 없는 부분에 대해 완전히 잘라버린 것은 아니다.

그는 "철학은 말할 수 있는 것을 제대로 말하는 것으로 말할 수 없는 부분을 암시한다"고 말했듯이 말할 수 없는 것도 드러낼 수 있다고 생각한다.《논리-철학 논고》에 쓰여 있는 것도 비트겐슈타인 식으로 생각하면 말할 수 없는 것이고 무의미한 것인데, '나의 말은 전부 틀렸다'는 패러독스를 굳이 범하는 것으로 언어의 한계를 나타내려고 했던 셈이다.

비트겐슈타인이 전쟁터에서 쓴 말도 '무의미한' 명제인데, 거기에는 명석하게 말할 수 있는 한계를 초월한 무언가가 나타나 있고, 그것은 한 인간의 정신을 지탱했다. 인생의 의미와 가치에 대해 과학적인 명제처럼 말할 수는 없지만 그것을 받아들이고 살아갈 수는 있다. 철학한다는 것은 말로 할 수 없는 것의 한계에 도전해 거기에서 세계를 초월한 어떤 의미를 찾으려는 시도로, 인생을 살아가기 위한 어쩔 수

7장 인생을 살아가는 의미를 찾아서

없는 행위다.

따라서 그것은 사색하는 것만으로는 끝나지 않는다. 오
히려 말로 할 수 없으므로 직접 인생을 살 수밖에 없다. 그
것이 '세계와 일치하는' 것이다. 비트겐슈타인의 철학은 어
떤 의미에서 언어의 한계를 정함으로써 말에서 해방되어
세계에 몸을 던지는 것이다. 언어를 봉인해 말에서 자유로
워짐으로써 불필요한 구속에서 벗어나 가벼워질 수 있다는
것이다.

초등학교 선생님이 되다

포로수용소에서 석방된 비트겐슈타인이 제일 먼저 한 일은
막대한 상속 재산을 전부 포기하는 것이었다. 그 결과, 그는
정식으로 무일푼이 되어 일을 해서 생활해야 했다. 그리고
포로수용소에 있을 때부터 결심했던 일을 실행에 옮긴다. 바
로, 초등학교 교사가 되기 위해 교원 양성 학교에 다니는 것
이었다.

그는 궁전 같은 본가가 아니라 검소한 하숙집에 살면서
학교를 다니며 자신보다 나이 어린 사람들과 수업을 들었다.
틀림없는 천재이고 그렇기에 자존심도 남보다 강했던 비트

겐슈타인에게는 인내가 필요했던 경험이었지만 그는 그것을 감수했다.

1년간의 학교생활을 마친 비트겐슈타인은 트라텐바흐라는 시골 마을의 초등학교에 부임한다. 교원 시험에 합격해 정식 교원이 된 것은 2년 후의 일이다.

그 사이, 완성한 《논리-철학 논고》를 출판하려고 몇 곳의 출판사에 문의했지만 무명 저자의 철학서를 내주려 하는 별난 출판사는 없었다. 재산이 있으면 자비로 출판하는 것도 가능했을 텐데 이제는 먹고 생활하는 것만 해도 빠듯했고, 재력으로 출판하는 것은 그의 자존심이 허락하지 않았다.

겨우 스승인 러셀의 서문을 싣는다는 조건으로 영국의 출판사가 그의 제안에 응해주었다. 《논리-철학 논고》가 출판된 것은 비트겐슈타인이 푸흐베르크의 초등학교에 근무했을 때였다. 비트겐슈타인은 매우 열정적인 교사였다. 그는 성인용 사전이 어린이가 쓰기에는 불편하다는 것을 알고 어린이용 사전을 편집해 출판한다. 참고로, 그가 살아 있는 동안에 출판한 책은 《논리-철학 논고》와 사전, 이렇게 두 권뿐이다.

물론 부잣집 자제였던 비트겐슈타인이 가난하고 보수적인 농촌에서 교사로 살아가는 데 적응하기란 쉽지 않았다. 그래도 그는 시골 교사 생활이 나름대로 마음에 들었던 것 같다. 《논리-철학 논고》가 출간된 후 케임브리지 대학의 옛 친구들이 대학으로 돌아오라고 여러 번 제안했지만 그는 응하지 않았다. 그의 철학은 《논리-철학 논고》에서 완성해 더 이상 할 말이 없고, 남아 있는 것은 인생을 살아가는 것이라는 생각도 있었을 것이다.

그러나 그의 마음과는 반대로, 운명은 밖에서부터 찾아와 그가 교사로 살아가는 것이 아니라 철학자가 될 수밖에 없도록 움직인다.

그때까지도 비트겐슈타인은 타협을 모르는 성격과 열의 때문에 학부모들과 대립했고 충돌은 점점 심해졌는데, 어느 날 너무 열심인 나머지 학생에게 체벌을 가했다. 운 나쁘게도, 따귀를 맞은 학생은 기절하고 만다. 이전부터 비트겐슈타인에게 불신감을 갖고 있던 학부모들은 잠자코 있지 않았다. 그 일로 그는 지방재판소에 고소를 당했고 정신 감정까지 받는 굴욕적인 입장에 처했다. 무죄를 선고받았지만 더 이상 교사로서 아이들을 가르칠 수 없었다. 잔혹한 형태로 교직에서 쫓겨난 비트겐슈타인이 입은 마음의 상처는 크고 깊었다.

재산과 명성을 버리고 한 사람의 교사로 조용히 사는 것에서 행복한 인생을 찾을 수 있다고 생각했던 철학자가 거부당한 것이다.

실의에 빠져 수도원에 들어갈 것을 진지하게 생각한 비트겐슈타인은 '자비의 형제 수도회'의 헛간에서 먹고 자며 정원사로 일하면서 여름 한철을 보냈다.

상심한 비트겐슈타인에게 누나는 새로 짓는 저택의 설계를 맡긴다. 누나가 동생의 기분을 달래주려고 했던 것이다. 이 작전은 성공했다. 비트겐슈타인은 그 일에 열중하여 활력을 되찾았다. 이때 지어진 저택은 지금도 빈에 '비트겐슈타인의 집'으로 남아 있다. 그러던 시기에 그는 친구의 권유로, 기분이 내키지는 않았지만 어느 강연회를 찾게 된다. 그곳에서 들은 수학자 라위트전 브라우어Luitzen Egbertus Jan Brouwer의 강연이 그의 지성에 새로운 불을 지폈다. 우연히도 브라우어의 강연 주제가 비트겐슈타인의 관심과 일치했던 것이다.

인생의 전기는 자기 마음에서만 일어나는 것은 아니다. 외부에서 찾아오는 경우도 적지 않다. 자기와 세계, 이 두 가지의 시기가 일치했을 때 새로운 변화가 일어난다.

그는 케임브리지로 돌아가 대학원생으로서 다시금 철학 연구에 몰두하기 시작한다. 비트겐슈타인은 마흔이 되어 있었다.

그는 생활인이 되려 했으나 생활을 해나가기에는 너무 부족한 자신의 현실을 깨달았다. 그에게 남겨진 것은 또 다른 길, 세계로부터 거리를 두고 인식의 삶을 사는 것이었다.

인간이 세계의 고난을 막을 수 없을 때, 인간은 도대체 어
떻게 행복할 수 있는 걸까?
지식의 삶을 통해서.[5]

그가 전쟁터에서 했던 사색이 실천된 것이다.
어떤 의미에서 위기가 지나갔을 때 인생을 살기 위한 철
학은 본래의 역할을 끝내고 그 순간 갖고 있던 목숨과 빛을
잃어버린다. 한 생명을 구한 철학도 그때가 지나고 보면 과
장되고 진부하게 여겨질 것이다.
자신이 발견한 삶의 의미에 대해서도 마찬가지다.
비트겐슈타인은 말한다.

삶의 문제에 대한 해결을 우리는 그 문제의 소멸을 통해
깨닫는다.
이것이, 오랫동안 의심해온 끝에 삶의 의미를 깨달은 사
람이 그 의미가 도대체 무엇인지 말로써 표현할 수 없었
던 이유가 아닐까.
물론 말로써 표현할 수 없는 것도 있다. 그것은 스스로
드러난다. 그것이 신비로운 것이다.[6]

인생을 사는 것은 끊임없이 새로운 고민과 문제를 안게 되는 것이다. 이 일만 해결하면 된다고 생각하지만 막상 해결되면 더 이상 그 일은 살아갈 목표나 의미가 되지 않는다. 거기에 최종 목표가 있다고 생각하지만 곧 그 기대를 저버리게 된다. 최종 목표라고 생각한 곳은 단지 갈림길일 뿐이다. 손에 넣었다고 생각했을 때 이미 그것은 지금까지의 의미를 잃게 된다.

그러나 위기에서 벗어나도록 도와준, 인생을 살기 위한 철학은 그 사람 안에 계속 깃들어 있는 것도 사실이다. 그 위기를 극복하기 전과 극복한 후를 비교하면 그 사람은 똑같지 않다. 인생을 살기 위한 철학은 피가 되고 살이 되어 그 사람 안에 살아 있다.

그것은 겉으로는 모습을 감추고 안쪽에 몸을 숨기고 있을지도 모르지만 다시 위기가 닥쳤을 때 되살아난다.

자신을 초월한 존재와 이어지다

고난과 시련을 겪는 상황에서 다시 인생을 살아가기 위해서는 자신을 초월한 존재와 이어질 필요가 있다. 비트겐슈타인은 전쟁터에서 신의 존재를 느끼고, 살아가는 것에 의미가 있다고 믿게 되었다. 그는 전쟁터에서 전우의 죽음을 목격하고, 자신도 죽음의 위기에 직면했을 때 그 사실을 분명히 느낄 수 있었다. 그 체험이 그에게 살아갈 힘과 자신감과 용기를 주었다.

전쟁터에서 돌아온 비트겐슈타인은 초등학교 교사로 아이들을 위해 사는 데 의미를 찾으려 한다. 그러나 그것조차 거부당했을 때 그는 교육 현장에서의 삶에서 물러나 인식의 세계에서 사는 것으로 자기 역할을 다하려고 한다. 실제로 그 천직을 완수함으로써 비트겐슈타인은 자신을 초월한 존재와 하나가 되려고 했던 것이다.

삶의 고통을 느끼는 사람에게 살아가기 위한 원동력이 되는 것은 자신만을 위한 목적으로는 부족하다. 자신만을 위해 사는 것은 편하고 간단할 것 같지만 사실은 고통스럽고 매우 어려운 일이다.

물론 그렇게 할 수 있는 사람도 드물지만 있다. 일도 가족도 버리고 타히티로 건너가 그곳에서 죽을 때까지 자신의 예술에만 몰두했던 폴 고갱Paul Gauguin. 젊어서 억만장자가 되어 할리우드 여배우들과 염문을 퍼뜨리고, 원하는 것은 전부 실현했지만 중년 이후로는 결벽증이 심해져 세균공포증에 걸려 타인과의 접촉을 전부 끊어버리고 무균실에서 지령을 내리며 자신의 제국을 지배한 미국의 부호 하워드 휴스

Howard Hughes.

일본으로 눈을 돌리면, 서민적인 생활이 싫어서 독신으로 살며 요시와라*를 드나들었던 나가이 가후.** 그는 마지막에 나가야***에서 고독사했다고 하는데 그 자신은 만족한 생애였을 것이다.

그러나 이들처럼 자기애를 추구하며 사는 삶이 많은 인간에게 행복할지는 의문이 든다. 자신만을 위해 사는 것은 어느 일정 시기만이라면 좋을 수 있지만 평생 그렇게 사는 것은 자기애가 어지간히 강하지 않는 한 평범한 인간으로서는 불가능한 일이다. 바꿔 말하면, 그것이 가능한 사람은 문제를 안고 있다는 것이다.

그렇기 때문에 연약한 인간이 살아가기 위해서는 자신 이외의 무언가와 이어져 거기서 의미를 찾는 것이 필요하다. 거창하게 타인이나 사회를 위한 것일 필요는 없다. 아무리 사소한 존재라도 당신 자신에게 소중하면 된다.

보통은 그 소중한 존재가 가족인 경우가 많다. 그러나

★ 吉原. 에도 시대 이래로 도쿄 다이토 구에 있던 유곽가.

★★ 永井荷風(1879~1959). 일본의 소설가이자 수필가. 일본 자연주의 문학의 기수이자 탐미주의 문학의 선구자로 알려졌다. 에도 문화에 탐닉하고 산책을 즐긴 것으로 유명하다.

★★★ 長屋. 일본의 목조 연립주택.

7장 인생을 살아가는 의미를 찾아서

부모 자식 관계에 문제를 가진 사람의 경우, 가족에 대해 복잡한 감정을 느껴서 가족이 단순히 소중한 존재, 지켜야 할 존재가 되기 어렵다. 그로 인해 부모 자식 관계로 고민하는 사람은 종종 가족의 틀을 넘어 자신에게 소중한 것을 찾는 경우도 많다. 아니, 그런 소중한 것을 발견하지 않으면 자신을 지탱할 수 없다.

자기애를 추구하며 산다는 각오를 하는 것도 그중 하나인데, 그 정도로 자기애가 강하지 않으면 자신을 초월한 곳에서 그것을 위해 살 무언가가 필요하다. 당신이 지키지 않으면 안 되는 무언가를 갖는 것이 당신을 지켜주기 때문이다.

자살로부터 구원해준 것

어느 초로의 부인은 남편과 이혼하고 아들도 결혼해 완전히 혼자가 되었다. 남편과 이혼했을 때는 아들이 있었기에 아들을 위해 열심히 살아야 한다고 생각해서 약한 소리도 못하고 일했지만 아들이 독립하자 공허함이 밀려왔다. 빈둥지증후군이었다. 자녀들이 성장해 부모 품을 떠난 후, 자녀를 키우는 것이 인생의 목적이었던 사람에게 일어나기 쉬운 증상이다. 완전히 기분이 가라앉아서 약을 처방받아 잠은 잘 수 있게 되었지만 여전히 집안일을 할 기분은 나지 않았다. 아무튼 무슨 일을 해도 의욕이 없었다. 약을 먹는 자신이 한심하게 생각되었고, 그렇게까지 살아야 하나 우울해졌다.

마침 한신·아와지 대지진*이 일어나서 다행히 집은 큰 피해를 면했지만 노후 자금을 위해 구입했던 투자신탁 가격이 크게 떨어져 장래의 생활 설계에도 차질이 생겼다. 그래서 아들에게 짐이 될 바에는 죽는 편이 낫다는 생각까지 하게 되었다.

어느 날 그녀는 비가 오는 둑길을 걷고 있었다. 물이 불어난 것을 바라보면서 여기서 뛰어내리면 죽을 수 있겠구나 하는 유혹을 느꼈다. 그때 어디선가 낑낑거리는 소리가 났다. 소리 나는 쪽으로 가보니 강아지 한 마리가 몸을 잔뜩 웅크린 채 비를 맞고 있었다. 상당히 쇠약한 상태였다. 그대로 두면 내일에는 죽은 채 발견될 것 같았다.

부인은 강아지를 소중히 품에 안고 집으로 돌아왔다. 비에 젖은 털을 말려주고 따뜻한 우유를 먹여주었다. 오래전 아이를 키웠을 때처럼 꼬박 곁에 붙어서 보살폈다. 노력한

★ 阪神·淡路大震災. 1995년에 고베와 한신 지역에서 일어난, 일본 지진 관측 사상 최대 규모의 지진.

7장 인생을 살아가는 의미를 찾아서

보람이 있어 강아지는 차츰 건강을 회복했다. 버려졌던 강아지는 부인의 새로운 가족이 되었다. 새 가족에 대해 말할 때 부인의 눈은 초롱초롱하게 빛났다. 부인은 어느새 강아지에게서 살아갈 힘을 얻었다는 것을 깨달았다. 후에 부인은 그때 버려진 강아지를 만나지 못했다면 정말 죽었을지도 모른다고 말했다.

기르는 애완동물이 살아가기 위한 최소한의 힘이 되어주거나 의욕을 가질 수 있는 계기가 되는 경우는 종종 볼 수 있다. 그 존재 자체가 위안을 주는 것 이상으로 자신을 필요로 하고 또 자신이 도움이 된다는 것이 삶에 대한 의욕과 원동력을 주는 것이다.

부양가족을 만든다

부양해야 할 가족을 갖는 것은 살아가는 힘을 강하게 해준다. 자신감이 없고 무엇을 위해 사는지 모르면 울적해지는 사람이 부모가 된 순간 다른 사람이 된 것처럼 강하고 빈틈없는 인물로 변하는 경우를 자주 본다.

자신을 위해서는 강해질 수 없어도, 지켜야 할 존재를 위해서는 자신을 잊고 강해질 수 있다. 동물의 세계에서도 새끼를 지키기 위해서라면 어미는 자신보다 몸집이 큰 동물도 기꺼이 상대한다. 한 발짝도 물러서지 않는다. 자신만 지키기 위해서라면 꼬리를 말고 도망칠 텐데, 새끼를 위해서라면 맞서 싸운다. 자식을 키우는 부모에게는 그런 식으로 강해지는 시스템이 갖춰져 있다.

선교사의 딸로 중국에서 자란 펄 벅Pearl S. Buck(1892~1973)은 애초부터 작가를 꿈꿨던 것은 아니다. 그녀는 자신이 낳은 아이가 중증 지적장애를 지녀 평생 도움이 필요하고 자립이 불가능하다는 사실을 알고는 한동안 절망하며 지냈다. 그러던 어느 날 펄 벅은 다락방 계단을 올라가더니 책상 앞에 앉아 펜을 잡았다. 아이를 위해 돈이 필요했다고 펄 벅은 솔직하게 회상한다. 무엇을 쓰겠다는 예정이나 계획이 있었던 것도 아니었다. 단지 자신이 쓸 수 있는 것은 어릴 때부터 살았던 중국에 대한 이야기라는 것만큼은 확실했다.

그녀는 펜 끝에서 흘러넘치는 대로 중국의 가난한 농민 일가의 힘든 삶에 대한 이야기를 써내려갔다. 그 글이《대지 The Good Earth》라는 책으로 완성되었고 세계적인 베스트셀러가 되었을 뿐만 아니라 그녀에게 노벨문학상의 영광을 가져다주었다.

사그라다 파밀리아 성당 등의 독창적인 건축으로 알려진 스페인의 건축가 안토니오 가우디Antonio Gaudi(1852~1926)

는 경제적 어려움과 병약한 몸 때문에 건축학교를 3년이나 유급했다. 가우디는 건축 현장에서 아르바이트를 하며 고학해야 했다. 석고 데생을 하는 데 필요한 석고를 살 수 없어서 학점을 받지 못한 적도 있었다. 그러는 동안에 형과 어머니가 차례로 죽고 겨우 건축가가 되어 생활이 편해졌다고 생각했을 즈음 누나의 사망으로 지적장애를 가진 조카 로사를 맡아야만 했다.

가우디는 연애에도 재능이 없어 평생 결혼하지 않았는데, 그런 그에게 로사의 존재는 큰 구원이 된다. 지켜야 할 존재가 생겼기에 부모처럼 강함과 부드러움도 갖게 되었다. 평범한 가정적 행복을 누릴 수는 없었지만 가족에 대한 그의 애정과 동경은 사그라다 파밀리아 성당, 즉 성가족 성당의 건축에 대한 정열로 승화된다. 40년을 같이 지낸 로사는 가우디가 60세 때 사망한다. 가우디는 자신이 로사를 위해 희생했다고 생각했는데 로사를 잃었을 때 사실은 로사가 희생해 자신을 지켜주었던 것이라고 깨닫는다. 가우디는 슬픔에 잠겼지만 오랜 세월 자신에게 삶의 기쁨을 주었던 로사에게 진심으로 감사했다.

작곡가 루트비히 판 베토벤Ludwig van Beethoven(1770~1827)도 여러 번 사랑에 실패했는데 현실의 가정적 행복을 누리지는 못했다. 청력을 잃고 세상과 교류하는 일로부터도 멀어져 점점 고독해지는 상황에서 그에게 위로와 살아갈 힘을 준 것은 음악에 대한 열정과 그가 맡아서 돌보았던 조카 카를의 존재였다. 이 개구쟁이 조카는 뭔가 문제를 일으켜 베토벤의 머리를 아프게 했지만 말썽꾸러기 조카가 단조로운 생활에 활기를 불어넣어 살아가는 활력이 되어주었다.

그러나 베토벤의 지나치게 강한 생각은 카를에게 무거운 짐이 되었다. 카를은 나쁜 짓을 한 끝에 권총으로 자살 기도까지 해서 베토벤을 힘들게 했다. 그러나 카를에 대한 애정이 없었다면 베토벤의 만년은 더욱 어둡고 희망이 없었을 테고 그의 교향곡 9번도 다른 작품이 되었을지도 모른다. 언뜻 귀찮은 짐처럼 보이는 것이라 해도 그것을 키우고 보살피는 일은 고독을 잊게 할 정도로 힘을 내게 해준다.

조현병을 앓던 한 여성은 신경안정제를 복용했고, 또다시 증상이 악화할까 걱정되어 아기를 갖는 것을 포기했다. 그런데 어느 날 그녀는 자신의 배 속에서 뭔가가 움직이는 느낌을 받았다. 깜짝 놀라 병원에 가보니 임신 8개월이었다. 원래 생리 불순이라 전혀 신경 쓰지 않았는데, 8개월이나 되었으니 낳을 수밖에 없었다. 약을 많이 먹었기 때문에 영향을 받지는 않았을까 걱정되었지만 무사히 건강한 아이가 태어났다.

그 후로 그녀의 생활은 완전히 달라졌다. 이전에는 매사에 무기력해서 집안일도 남편에게 부탁했는데 이제는 바지런하게 아이를 돌보고 집안일을 하게 되었다. 부담이 되기도 했지만 다른 가족이 도와주기도 해서 자신이 이렇게 아이를 키운다는 것에 큰 기쁨을 느끼게 되었다. 그림책을 읽어주고 쇼핑에 데려가는 여유도 생겼다. 자신을 필요로 하는 존재가 그 사람 속에 갖춰져 있는 자상함과 힘을 끌어내어 주는 것이다.

프랑클의 선택

인생을 살다 보면 상상을 초월하는 가혹한 일도 일어난다. 사랑하는 사람과 익숙해진 일과 평온한 생활을 갑자기 빼앗기기도 한다. 그런 불합리한 운명에 부딪쳤을 때 사람은 거기에 어떻게 맞설까. 절망의 수렁에 내몰려 삶의 의미를 잃게 되었을 때 어떻게 그 힘든 상황에서 삶의 의미를 되찾아 인생을 살아갈 수 있을까.

그런 근원적인 물음에 비트겐슈타인과는 다른 답을 준 사람은 정신과 의사로, 아우슈비츠 강제수용소에서 살아 돌아온 빅토르 프랑클Viktor Frankl(1905~1997)이다.

프랑클은 나치의 위협이 시시각각 다가오고 있을 때 오

스트리아 빈의 병원에서 근무하고 있었다. 프랑클에게는 두 가지 선택지가 있었다. 부모를 남겨두고 혼자 미국으로 망명하거나 조국에 남아 부모와 운명을 함께하는 것이었다. 프랑클은 처음에는 미국에 갈 생각으로 미국대사관에 비자를 신청했다. 그러나 비자가 쉽게 발급되지 않았다. 그러는 동안에도 강제수용소로 보내질 날은 하루하루 다가왔다. 그런데 겨우 비자가 발급되었을 때 프랑클은 오스트리아에 남기로 마음을 굳혔다. 그것이 자신의 삶이라면, 그 삶을 완수하려 한 것이다.

이런저런 소문을 통해 강제수용소가 단순한 수용소가 아니라 죽을 위험이 있는 곳이라는 것을 알게 되지만 프랑클은 자기만 도망칠 수 없었다. 그는 체포되어 그때까지 해온 일은 물론이고 모든 것을 잃은 채 아우슈비츠로 보내졌다.

강제수용소는 프랑클의 상상 이상으로 잔혹하고 희망이 없는 '죽음의 공장'이었다. 그곳에서 그는 부모와 아내와도 헤어져 결국 홀로 생존한다.

그는 재산은 물론 인간으로서의 존엄성과 미래에 대한 희망도 빼앗기고 변덕스러운 악의와 노골적이고 추한 욕망에 끊임없이 생존을 위협받으며 그나마 없는 자존심을 짓밟혔다. 그는 그런 상황에서 살아가는 것이 어떤 것인지 직접 체험한다.

놀랍게도 그런 상황에서도 인간다운 숭고한 마음을 잃지 않는 사람이 있었다. 프랑클은 자기만 살아남으려 하는 이기적이고 추한 인간의 행동보다 그런 상황에서도 친절과 배려를 끊임없이 베풀 수 있는 사람에게 관심을 갖는다. 그렇게 하는 것이 살아갈 희망을 잃은 절망적인 상황에서 자신을 지키는 힘이 되었다.

프랑클이 그의 저서인 《죽음의 수용소에서Man's Search for Meaning》에서 이야기한 어느 여성의 죽음은 어떤 역경에서도 사람은 거기서 의미를 찾을 수 있다는 것을 가르쳐준다. 그 젊은 여성은 자기가 며칠 안으로 죽으리라는 것을 알고 있었다. 그럼에도 그녀는 결코 절망하지 않았고 쾌활하기까지 했다.

"운명이 내게 이런 혹독한 시련을 준 데 감사하고 있어요." 그녀는 내게 말했다. "예전엔 내 멋대로 살았고, 정신적인 성취에 대해서는 진지하게 생각해본 적도 없었거든요." 그녀는 막사의 창밖을 손가락으로 가리키면서 말했다. "외로운 내게 이 나무가 유일한 친구가 되어주었어요." 그 창문을 통해 그녀가 볼 수 있는 것은 밤나무의 가지 한 개뿐이었다. (중략) "나는 이 나무와 자주 이야기를 해요" 하고 그녀가 말했다. 그 말에 나는 잠시 망설였다.

그 말을 어떻게 받아들여야 할지 몰랐기 때문이다. 이 여자가 정신착란을 일으키고 있나? 가끔씩 환각 증상을 보이는 걸까? 이렇게 의아해하면서 나무가 대답을 하더냐고 물었다. "그럼요. 나무는 이렇게 대답해요. 나는 여기 있다. 바로 여기 있다." (후략)**7**

이처럼 '여기 있다'고 하는 존재의 확실함과 맑고 깨끗함에 대한 감동은 모든 것을 빼앗겨 더 이상 방해받을 것이 없는 처지에 놓였기 때문에 맛볼 수 있는 것이 아닐까. 그 기회를 준 운명에 감사하는 것은 인간 정신이 이룰 수 있는 기적이라고 할 수 있다. 거기에는 인생을 살아가기 위한 철학의 극한의 모습이 있다.

인생은 뜻대로 되지 않는다. 이상은커녕 바라지 않는 죽음이라는 도망칠 수 없는 현실과 마주해야 할 때도 찾아온다. 이 여성이 보여준 삶에 대한 태도, 그리고 그것을 전하려는 프랑클의 감명과 사명감은 불합리한 운명 앞에서도 사람은 거기에서 긍정적인 의미를 찾을 수 있다는 가능성을 가르쳐준다.

프랑클도 절망한 나머지 자살하고 싶은 유혹을 느낀 적도 있었다. 그때 그는 어떻게 그 위기를 극복했을까. 그 후의 가혹한 운명을 어떻게 살아낼 수 있었을까.

7장 인생을 살아가는 의미를 찾아서

프랑클을 지켜준 것 중 하나는 대화였다. 그는 마음속으로 끊임없이 아내, 어머니와 대화를 했다. 이런 장면에서 아내와 어머니라면 어떤 식으로 말하고 위로해줄까, 어떻게 나를 웃겨줄까. 온몸이 얼어붙을 듯한 눈 속에서 몇 시간씩 꼼짝 않고 서 있는 고통스러운 상황에서도 아내라면 이렇게 말해주겠지 하고 마음속으로 떠올리면서 아내의 목소리를 듣는 것으로 현실의 고통에서 도망칠 수 있었다.

사랑하는 존재와 마음속에서 대화하는 방법은 실제로 곁에 없다 해도 안전기지가 되어주는 존재가 그 사람의 생존을 도와준다는 것을 보여준다.

동시에, 어려운 상황을 말로 표현하는 것은 프랑클이 "고통을 객관화하는 시도"라 말하는 방법과도 통한다. 추위와 영양실조로 발이 퉁퉁 부어오르고, 고통과 절망 외에 아무 희망도 위로도 없다고 여겨졌을 때 그는 지금 자신이 청중 앞에 서서 강제수용소에서의 체험에 대해 말하는 상황을 떠올렸다고 한다. 그렇게 하면 자신이 뒤집어쓰고 있는 고통을 객관화할 수 있어서 견디기 쉽다는 것을 깨달았다. 그 후 프랑클은 실제로 그런 강연을 하게 된다.

사람에 따라서는 수렁에 떨어진 것으로 결정적인 타격을 받아 재기할 수 없게 되는 경우도 있다. 그러나 일부의 사람은 그런 타격이 치명상이 되는 것을 피해 오히려 그것을 강점으로 바꾼다. 이 둘의 차이는 어디에 있을까.

거기에는 자신에게 일어난 일을 조금 거리를 둔 시점에서 바라볼 수 있는 힘이 관계되어 있다. 시베리아의 감옥 생활에서 살아남은 도스토옙스키에게서도 그런 점을 볼 수 있다. 자신이 맛본 비참한 체험을 가령 편지 속에서 제3자의 시점으로 유머까지 섞어 말하는데, 그에게는 분명 몇 가지 체험을 작품에 담아내고 싶다는 생각이 있었을 것이다. 그렇게 생각하는 것으로 비참한 체험은 단순히 불행하고 고통스러운 일이 아니라 창조적인 의미를 갖는 일로 받아들일 수 있다.

작가 헤르만 헤세는 자신의 체험을 일기로 쓰는 습관이 있었다. 그는 일기에서, 일어난 일들을 단순히 나열하지 않고 그 정경을 세세히 묘사했다. 일기에 그려진 장면은 그 후 소설 작품 속에 묘사되어 효과적으로 활용되었다. 그런 습관을 가짐으로써 가령 불쾌한 체험을 했다 해도 그것을 일기에 자세히 쓰는 일을 통해 긍정적인 가치로 전환시킬 수 있었다.

프랑클이 자신을 지킬 수 있었던 또 한 가지 비결은, 아무리 작은 것이라도 미래의 즐거움을 가지는 것이었다. 그는 강제수용소에서 지내면서 감춰놓은 빵과 담배를 몽땅 먹고 피우기 시작하면 그 사람은 곧 죽어버린다는 것을 깨달았다. 살려고 하는 사람은 장래를 위해 즐거움을 조금이라도 남겨

두려고 한다. 장래에 입에 물 수 있는 담배 한 개비와 빵 한 조각이 살아갈 희망과 용기를 준다.

프랑클은 후에 자서전에서 그가 살아남을 수 있었던 또 한 가지 요인에 대해 말한다. 그것은 자신이 수용소에 들어가기 전부터 쓰고 있던 저서를 출판하지 않고는 죽을 수 없다는 생각이었다. 그는 잃어버린 원고를 재구성할 수 있도록 요점과 키워드를 적어둔 작은 종잇조각을 옷에 꿰매 감췄다. 발진티푸스에 걸려 사경을 헤맸을 때도 그의 머릿속에는 아직 빛을 보지 못한 책 생각뿐이었다. 고열과 심한 복통에 시달리면서 게다가 발각되면 총살당할 위험을 감수하고 다른 막사에 있는 내과 의사에게 진료를 받기 위해 한밤중에 그곳까지 기어서 갔다. 여기서 죽을 수 없다는 일념 때문이었다. 자신이 이뤄야 하는 사명과 책임을 갖는 것도 살아가는 데 의미를 부여하여 시련을 견딜 수 있게 한다.

시련에서 의미를 찾다

강제수용소 생활처럼 가혹한 체험을 했을 경우, 죄수로서 자유와 생존의 보증을 빼앗긴 기간에만 위기가 찾아오는 것은 아니다. 감옥에서 해방되어 자유가 찾아와도 더 큰 위기가 기다리고 있다. 강제수용소 생활을 오래 체험한 사람은 강한 무기력과 공허감에 시달려서 자유를 얻어도 주체적으로 살기 어려운 경우도 적지 않다고 한다.

거기에 《트라우마Trauma and Recovery》를 쓴 정신의학자 주디스 허먼Judith Lewis Herman이 '단절disconnection'이라 부르는 상황이 더해지게 된다. 원래의 생활로부터 오랫동안 격리된데다 사랑하는 사람과 소중히 여겼던 일을 잃어서 원래 생활을 되찾을 수 없다고 느끼는 것이다. 가혹한 운명을 이겨내고 살아남은 사람조차 비관적이고 무기력하고 자포자기하며 도피적인 사람이 된다.

강제수용소에서 해방된 프랑클에게 같은 상황이 일어나도 이상할 것은 없었다. 그가 자유를 되찾았을 때 맨 처음 알게 된 것은 자신과 함께 아우슈비츠에 보내졌던 아내 틸리가 이미 죽었다는 사실이었다. 틸리는 아우슈비츠행을 피할 수 있었는데 스스로 남편과 함께 행동할 것을 선택해 지원했다. 프랑클이 아내를 설득해 막으려 했지만 아내의 결심을 뒤집을 수는 없었다. 겨우 자유의 몸이 된 프랑클을 기다린 것은 자신과 행동을 같이하려 했던 아내가 죽고 자신은 살아남았다는 가혹한 운명이었다. 게다가 아버지와 어머니, 형도 수용소에서 목숨을 잃었다.

이렇게 많은 사랑하는 사람들을 잃고 자신만 살아남았

다는 현실 앞에서 도의道義를 중시했던 프랑클은 자신을 얼마나 책망했을까. 프랑클이라고 해도 절망과 자포자기에 빠질 수 있는 상황이었다. 실제로 주위 사람들은 프랑클이 자살하지는 않을까 걱정했다.

빈으로 돌아온 프랑클이 가장 먼저 한 일은 은사와 친구를 찾아가 자신에게 일어난 운명을 말하는 것이었다. 그는 체면을 신경 쓰지 않고 진심으로 눈물을 흘렸다고 한다. 이때 눈물을 흘렸다는 것은 프랑클의 마음이 아직 완전히 지쳐버리지 않았음을 증명한다. 사람은 지나치게 가혹한 체험을 하면 눈물조차 나오지 않게 되기 때문이다. 이때 그에게 위로가 된 것은 자신의 슬픔을 충분히 말할 수 있는 사람이 있었다는 것이었다.

그러나 그것만으로 프랑클이 빠르게 회복해 이전보다 더 정력적으로 활약할 수는 없었을 것이다. 그는 어떻게 자신의 위기를, 가혹한 운명을 극복했을까.

그는 친구 파울 폴락Paul Polak에게 아내와 부모, 형이 죽었다는 소식을 전하고 눈물을 흘리면서 이렇게 말했다.

"파울, 인간이 갑자기 어려운 일을 당해 매우 고통스러운 시련에 부닥치는 건 그 자체로 어떤 의미가 있다고 생각해. 마치 뭔가가 기다리고 있는 듯한, 내게 뭔가를 요구하는 듯한, 마치 뭔가가 결정되어 있는 듯한 그런 느낌이 들어."[8]

친구는 즉시 프랑클을 병원 일에 복귀시킨다. 그에게 필요한 것은 쓸데없는 생각을 할 여유가 아니라 그를 필요로 하는 바쁜 일이라고 생각한 것이다. 또한 그에게 구상했던 작품을 완성시키라고 권한다. 그는 수용소에 끌려가기 이전부터 쓰고 있었던 《영혼을 치유하는 의사The Doctor and the Soul》를 완성시키고, 그 여세를 몰아 《죽음의 수용소에서》를 불과 9일 동안 구술한다. 그의 마음속에 쌓여 있던 것들을 단번에 뱉어낸 것이다. 여러분이 알고 있는 대로 《죽음의 수용소에서》는 세계적인 베스트셀러가 되었고 여전히 많은 독자에게 읽히는 필수 문헌이 되었다.

《트라우마》에서 허먼은 이렇게 말한다. 트라우마의 최종적인 회복은 자신이 맛본 운명에서 긍정적인 의미를 찾아 그 체험을 극복한 사람으로서의 사명을 자각하는 것이라고. 프랑클은 자신이 맛본 가혹한 운명에서 의미와 사명을 찾는 것으로, 커다란 슬픔을 극복하려 했다고 할 수 있다.

이것은 오랜 학대와 강한 지배를 받으며 성장한 사람에게도 적용된다. 불쾌한 체험에 대한 기억으로부터 도망치기만 해서는 농락당할 뿐, 본래의 자신을 되찾기 어렵다. 스스로 체험한 것에 정면으로 맞서서 자신에게 무엇이 일어났는지를 볼 수 있게 되어야 비로소 자기다운 인생을 회복할 수 있다.

그렇기는 해도 놀랍고 감동적인 것은 프랑클이 이토록 가혹한 체험을 했음에도 인간이라는 존재에 대해 절대 비관적이지 않았다는 것이다. 아니, 오히려 그는 자신을 수용소에 가두고 가족의 목숨을 빼앗은 나치에 대해서조차 지극히 냉정한 태도를 취하며, 나치와 독일인을 거기에 속해 있었다는 것만으로 전부 부정하고 공동 책임을 지우려는 생각에 반박했다. 당시의 시대 상황에서 그런 발언을 하는 데는 대단한 용기가 필요했다. 이분법적인 선악론에는 동의하지 않는, 성숙하고도 이지적인 정신에 깊은 경의를 느끼지 않을 수 없다.

프랑클이 일찍 일에 복귀한 것은 다른 행운으로도 이어졌다. 죽은 아내와 마찬가지로 병동 간호사로 일하고 있던 여성을 만나 종전 2년 후에 결혼하게 된 것이다. 그녀와의 사이에는 딸이 태어나 가정적인 행복도 누릴 수 있었다.

마찬가지로 아우슈비츠에서 살아남은 작가 엘리 위젤의 경우에는 회복이 쉽지 않았다. 아직 마음의 저항력이 약한 나이인 열다섯, 열여섯이었다는 점, 고난을 함께 견뎠던 아버지가 석방되기 며칠 전에 사망했다는 점도 그의 마음에 깊은 절망을 안겨주었을 것이다. 그는 누구에게도 마음을 열지 않았고 몇십 년의 시간이 지난 후에도 마음에 입은 깊은 상처를 지우지 못했다. 그러다가 저널리스트로서 사회의 모순에 맞서고 자신의 체험을 작품으로 결실을 맺는 것으로 서서히 극복하게 된 것이다.

불만과 감사

사람은 많은 시련과 고난을 겪는다. 적극적으로 노력해서 극복할 수 있는 시련도 있지만 아무리 노력해도 극복할 수 없는 불합리한 시련도 있다. 그리고 진짜 시련이란 불합리한 것이다. 부당하고 심술궂어서 극복하기 어렵다. 그것을 긍정적으로 헤쳐 나가려 해도 도저히 되지 않는다. 긍정적인 사고만으로는 아무리 노력해도 상황이 바뀌지 않아서 결국 실망할 것이다.

　큰 시련을 극복하고 살아남은 사람을 만나면 그들로부터 공통적으로 운명을 수용하는 자세와 감사하는 마음을 볼 수 있다. 상황을 있는 그대로 받아들이고 거기에 고마워할 수 있는 사람은 출구가 보이지 않는 긴 고난의 날들 속에서도 희망과 의미를 발견하고 작은 기쁨에 의지해 살아갈 수 있다. 감사하는 마음을 잃어버린 사람은 불리한 것에만 관심을 두고 불만만 느껴 자신을 더욱 고통스럽게 만든다. 눈앞의 손실과 이득으로만 행동의 기준을 따짐으로써 그보다 더 중요한 것을 잃게 된다.

불행한 삶을 사는 사람은 사소한 불만도 견디지 못하고 주위에 책임을 전가하거나 공격하려 하는데 그것이 더 큰 불행을 낳는다. 늘 행복해하는 사람은 남보다 풍족한 것에 대해서는 물론이고 어렵고 힘든 시련에서도 작지만 좋은 점을 발견해 감사하는 마음을 유지하며 살아가려 한다.

똑같은 경우에 처했어도 매사를 불만스럽게 생각할지, 오히려 좋은 기회라고 감사히 받아들일지에 따라서 불행해질 수도 있고 행복해질 수도 있다.

감사하는 마음을 가질지 어떨지는 자기 마음대로 할 수 없는 타자와 세계를 어떻게 받아들이느냐에 달려 있다. 바꿔 말하면, 자신이라는 유한성을 어떻게 받아들이느냐에 달려 있다. 자신이 한없이 불완전한 존재라는 것을 부정하느냐, 긍정하느냐의 문제다. 감사하는 것이란, 자신에게 불리한 점이 많더라도 지금 이렇게 살아 있다는 데 의미를 두고 그것을 긍정하는 것이다.

감사하는 마음을 갖지 못하는 사람은 자신이 할 수 없는 것 또는 자신에게 주어지지 않은 것이나 자신에게 불리한 상황을 자신에 대한 공격, 적의, 구속으로 받아들이기 쉽다. 자신을 부정한다고 인식하기도 한다. 자신에게 한계가 있다는 사실 자체가 화나고 불만스럽다. 뭐든 이룰 수 있고 모든 것을 손에 넣을 수 있는 자신이야말로 이상적인 자신이다.

감사하는 마음을 가질 수 있는 사람은 자신이 할 수 없는 것, 자신에게 주어지지 않은 것, 자신에게 불리한 상황이 자신을 부정하는 것이라고 결코 여기지 않는다. 그런 어려움과 불쾌함조차 이렇게 주어지는 데는 뭔가 의미가 있을 것이고 그것은 하나의 은혜라고 생각한다. 유한한 존재이기 때문에 자신을 초월하는 힘과 의미를 찾는 것이다.

단, 감사라는 결론이 지나치게 전제되면 사람을 구속하는 의무가 되어버리기도 한다. 착한 아이, 좋은 사람에게 자주 볼 수 있는데, 강요된 감사는 그 사람을 자유롭지 못하게 해서 본래의 인생을 빼앗아버릴 수 있다. 때로는 반대의 인생을 걷게 할 수도 있다. 매사에 감사하는 마음은 여러 시련을 극복해나가는 가운데 긴 시간을 두고 이르게 되는 경지다.

중증 장애가 있어도

한 청년은 10대 후반에 조현병을 앓게 되어 피해망상과 환청으로 집 밖에도 나가지 못했다. 증상이 악화되자 가족에게 폭력을 휘두르기도 했다. 두 번의 입원 후에 약을 복용하는 것으로 증상이 크게 악화되지는 않았지만 일을 하기는 어려운 상황이었다. 매일 멍하니 시간을 보냈다. 처음에는 신문을 읽거나 하루에 한 차례 근처의 공원을 산책하는 것이 그가 할 수 있는 일이었다. 그러나 젊은 남자가 대낮부터 공원에 있으면 사람들이 이상한 눈으로 보는 것 같아서 공원에 가기도 어려워졌다. 청년은 아버지에게 혼이 나면 곧잘 불만을 털어놓았다. 얼른 일을 시작하라고 하는데 어떻게 해야 하느냐며 답답한 마음을 말하기도 했다. 아들이 게으름을 피우는 것이 아닌데도 아버지는 그것을 도무지 이해하지 못하는 듯했다.

그 후 아버지도 차츰 아들의 상태를 받아들여 무리한 것을 요구하지 않게 되었다. 장애를 가져서 일하고 싶어도 할 수 없는 아들의 괴로움을 인정하게 된 것이다. 아버지는 그에게 일을 시작하는 것을 초조하게 생각하지 말라고 말해주었다.

십수 년의 세월이 흘러 청년도 30대 중반이 되었다. 청년은 빨래와 청소를 일과로 하며 지냈는데 밖에서 일하는 것은 아직 어려운 상태였다. 그러나 청년의 마음속에서는 언젠가 일하고 싶다는 생각이 있었다. 구인광고를 보고 전화를 걸기도 했는데, 취직한 경험도 없는 30대 중반의 남자를 선뜻 써주는 회사는 없었다.

그런 청년에게 어느 날 아버지가 말을 걸었다. 내일부터 아버지의 일을 도와보지 않겠냐는 것이었다. 청년은 갑작스러운 제안에 당황했지만 마음먹고 가보기로 했다. 이리하여 청년은 아버지의 조수로 일하기 시작했다. 아버지와 같이 일하게 되면서 처음으로 아버지가 어떤 일을 하는지 알았다. 간단한 일밖에 할 수 없었지만 도움을 줄 수 있다는 사실이 기뻤다. 그리고 70세가 넘은 아버지가 정년 후에도 가정의 살림을 책임지기 위해 10년 이상 일을 계속해왔다는 것도 알았다. 그때까지는 아버지가 좋아서 일을 한다고 생각했다. "정말 고생 많이 하셨다는 생각이 들었어요. 그렇게 고생해서 우리를 지켜주었다고 생각하니 너무 죄송했어요" 하고 아버지에 대해 감사하는 마음을 말하게 되었다. 이것은 부모와 자식이 함께 이룬 성장이다.

조현병처럼 중증 장애를 가진 사람도 주위에 도움을 주고 싶고, 인정받고 싶은 마음은 다르지 않다. 작은 일이라도 자신이 무언가를 해냈다고 느끼고 수고했다는 말을 들을 때

7장 인생을 살아가는 의미를 찾아서

기쁨을 느낄 수 있다. 그런 매일 속에서 자기 삶을 긍정하고 지금까지 자신을 돌봐준 사람에게 감사하는 경지에 이를 수 있다.

에필로그

내가 그 소녀를 만난 것은 아직 초보 정신과 의사였을 때다. 그녀는 고등학생이었다. 정신적으로 불안정했지만 겉모습은 요정이 지상에 내려온 것 같았다. 게다가 그녀가 하는 말 하나하나는 깊은 본질을 찌르는 것들이라서 놀란 적이 꽤 있었다. 그런데 항상 밝게 행동했던 소녀가 고개를 숙인 채 마음에 안고 있던 것들을 털어놓았다. 그것은 슬픈 일이었다. 그녀가 중학생일 때 어머니가 자살했다. 분신자살이었다. 비명 소리에 마당으로 나가보니 뭔가 이상한 물체가 눈에 들어왔다.

"까만 돌 같은 것이 보였는데 그게 엄마였어요……."

소녀는 울먹이며 더 이상 말을 잇지 못했다.

나는 무슨 말을 해야 할지 몰라서 머뭇거렸다. 소녀의

말에 귀를 기울이고 그 슬픔을 생각하는 것 외에 할 수 있는 일이 없었다.

그녀 역시 자신이 어머니를 구하지 못했다는 것에 죄의식을 갖고 있었다. 자신이 멋대로 말했기 때문에 그렇게 된 게 아닐까 자책했다.

그로부터 수년 후 그녀는 자살을 기도했다. 소녀는 20대의 아가씨가 되었는데, 방문에 목을 매려 한 것이다. 그때 나는 자신도 모르게 그녀를 야단쳤다. 통상적인 정신 요법에서는 자살하려는 사람의 기분을 조용히 들어서 안심감을 주고 상대가 자신의 기분을 수용한다는 것을 보여주는 것이 일반적인 방법이다. 그러나 나는 그렇게 했다가는 머지않아 그녀가 정말 죽게 된다고 본능적으로 느꼈다. 나는 자세한 이야기도 듣지 않고 위로도 하지 않았다. "왜 그런 짓을 했어요. 지금까지 해온 것은 뭡니까" 하고 화난 얼굴로 그녀를 다그쳤다. 지금 돌이켜보건대 그때는 나도 아직 젊었구나 하는 생각이 든다.

그때까지 태연하게 앉아 있던 그녀는 눈물을 글썽이며 빨갛게 충혈된 눈으로 "죄송해요" 하고 사과했다. 그럼에도 나는 "사과는 됐어요. 두 번 다시 그런 짓 하지 말아요" 하고 따끔하게 말했다. 이에 그녀는 "알겠어요" 하고 울면서 내게 약속했다.

그로부터 다시 10년 넘게 세월이 흘렀다. 그러는 사이에 항상 그녀에게 힘이 되어주었던 아버지가 돌아가셨다. 그러나 그녀는 지금도 건강하게 살고 있다. 어떻게 극복했냐고 그녀에게 물어본 적이 있다. 그녀는 웃으면서 "극복한 건지 어떤 건지 아직 모르겠는데…… 하지만 힘이 되어주는 사람이 있었으니까……" 하고 조심스럽게 말했다. 그것만으로도 그녀가 무얼 말하고 싶은지 알 것 같았다.

살아간다는 것은 개인적인 행위가 아닐지도 모른다. 사람이 인생을 살아갈 때는 필연적으로 여러 인간과 얽히게 된다. 거기서 한 사람이 빠져나가는 것이란 잡고 있던 손을 푸는 것이다. 자신이 손을 풀 때 거기에는 당연히 손을 풀린 사람이 생긴다. 자신의 슬픔이 아니라 손을 풀린 자의 아픔에 생각이 미칠 때 사람은 자신이 혼자가 아니란 것을 깨닫고 죽으려는 생각을 단념할지도 모른다. 손을 놓지 마, 놓지 않을게, 이렇게 서로 의사 표시를 하는 것 외에 달리 아무것도 할 수 없다고 해도 그것이 삶을 가능하게 한다.

살아가기 위한 철학을 시도하면서, 말은 과장되지만 내용이 없는 철학 용어를 남용하거나 이렇게 하면 행복해질 수 있다는 식으로 실용주의에 빠지는 것만은 피하고 싶었는데 그 부분은 달성하지 않았나 생각한다. 흔히 말하는 '철학'을 기대해 이 책을 읽었거나 실천적인 지도를 바란 독자는 허탕

을 쳤다고 느낄지도 모른다. 그러나 만일 그랬다면 말할 수
없는 것을 말하려 한 이 책의 의도가 어느 정도 달성된 것이
라고 생각하고 싶다.

인생을 살아가기 위한 철학이란, 살아가기 위해 노력하
는 인생 속에만 있다는 사실을 이 책을 쓰면서 다시 한 번 강
하게 확신했다. 이 책이 소개한 여러 사람의 인생으로부터
인생을 살아가기 위한 자신만의 철학을 여러분들이 깨닫기
를 바란다.

오카다 다카시

주

- 국내에도 소개된 번역서의 경우에는 관련 정보를 함께 적었고, 그렇지 않은 경우에는 원서의 정보를 함께 적었다. 일본 저자의 책일 경우에는 제목을 번역해 병기했다.

1장 부모와 사이가 나쁜 사람에게

1 リュディガー・ザフランスキー,《ショーペンハウアー——哲学の荒れ狂った時代の一つの伝記》, 山本尤 訳(法政大学出版局, 1990) = 뤼디거 자프란스키Rüdiger Safranski,《쇼펜하우어와 철학의 야성기Schopenhauer und Die wilden Jahre der Philosophie》(Büchergilde Gutenberg, 1990).
2 〈최후의 초고, 그라시안의 신탁最後の草稿, グラシアンの神託〉, 같은 책.
3 〈대화対話〉, 같은 책.
4 〈왕복서간往復書簡〉, 같은 책.
5 〈대화〉, 같은 책.
6 〈대화〉, 같은 책.
7 〈초기의 초고初期の草稿〉, 같은 책.
8 〈초기의 초고〉, 같은 책.

2장 자기부정과 죄악감으로 고통받는 사람에게

1 ラルフ・フリードマン,《評伝 ヘルマン・ヘッセ——危機の巡礼者 上・下》, 藤川芳朗 訳(草思社, 2004) = 랠프 프리드먼Ralph Freedman,

327   주

《헤르만 헤세 평전 : 위기의 순례자Hermann Hesse : Pilgrim of Crisis》(Sphere, 1981).

*** 부분은 필자가 정확히 명기하기 어려워 부호로 나타냈다.

2 같은 책.

3 같은 책.

4 같은 책.

3장 자신답게 살 수 없는 사람에게

1 모치다 아키코持田明子,《조르주 상드 1804~1876 : 자유, 사랑, 그리고 자연ジョルジュ・サンド1804-76——自由, 愛, そして自然》(藤原書店, 2004).

2 같은 책.

4장 '굴레'에 속박된 사람에게

1 サマセット・モーム,《人間の絆 第1~3》, 中野好夫 訳(新潮文庫, 1959)=서머싯 몸,《인간의 굴레에서 1・2》, 송무 옮김(민음사, 1998).

2 같은 책.

3 マーガレット・ミード,《女として人類学者として——マーガレット・ミード自伝》, 和智綏子 訳(平凡社, 1975)=마거릿 미드Margaret Mead,《블랙베리 겨울 : 나의 초년기Blackberry Winter : My Earlier Years》(William Morrow&Co, 1972).

4 같은 책.

5장 자신이 누구인지 모르는 사람에게

1 ルソー,《告白録 上・中・下》, 井上究一郎 訳(新潮文庫, 1958)=장 자크 루소,《고백1・2》, 박아르마 옮김(책세상, 2015).

2 같은 책.

3 같은 책.

4 같은 책.

5 같은 책.

6 같은 책.

7 같은 책.

8 エルジビェータ・エティンガー,《アーレントとハイデガー》, 大
島かおり 訳(みすず書房, 1996), 일부 재구성해서 인용＝엘즈비에타
에팅거,《한나 아렌트와 마틴 하이데거》, 황은덕 옮김(산지니, 2013).

9 같은 책.

10 L・J・フリードマン,《エリクソンの人生──アイデンティティの
探求者 上・下》, やまだようこ・西平直監 訳/鈴木眞理子・三宅真
季子 訳(新曜社, 2003)＝로런스 제이컵 프리드먼Lawrence Jacob Friedman,
《정체성의 건축가 : 에릭 H. 에릭슨 전기Identity's Architect : A Biography of Erik
H. Erikson》(Harvard University Press, 2000).

11 リチャード・ノル,《ユングという名の〈神〉──秘められた生と教
義》, 老松克博 訳(新曜社, 1999)＝리처드 놀Richard Noll,《아리아인 그
리스도 : 카를 융의 비밀스러운 삶The Aryan Christ : the secret life of Carl Jung》
(Random House, 1997).

6장 절망을 희망으로 바꾸는 철학

1 エリック・ホッファー,《エリック・ホッファー自伝──構想され
た真実》, 中本義彦 訳(作品社, 2002)＝에릭 호퍼,《길 위의 철학자》, 방
대수 옮김(이다미디어, 2014).

2 같은 책.

3 같은 책.

4 같은 책.

5 같은 책.

6 고바야시 히데오小林秀雄,〈옴스크에서 형에게 쓴 편지オムスクより兄宛の手紙〉,
《도스토옙스키의 생활ドストエフスキイの生活》〔고바야시 히데오 전집 제5권
小林秀雄全集第五巻〕(新潮社, 1967).

7 같은 책.

7장 인생을 살아가는 의미를 찾아서

1 구로사키 히로시黒崎宏,《비트겐슈타인의 생애와 철학ウィトゲンシュタイン
の生涯と哲学》(頸草書房, 1980).

2 ウィトゲンシュタイン,〈草稿一九一四——一九一六〉,《ウィトゲ
ンシュタイン全集1》, 奥雅博 訳(大修館書店, 1975)=루트비히 비
트겐슈타인,《비트겐슈타인 철학일기》, 변영진 옮김(책세상, 2015),
178~179쪽.

3 같은 책=《비트겐슈타인 철학일기》, 181~183쪽.

4 같은 책=《비트겐슈타인 철학일기》, 195~196쪽.

5 같은 책=《비트겐슈타인 철학일기》, 195쪽.

6 〈論理哲学論考〉, 같은 책=루트비히 비트겐슈타인,《논리-철학 논
고》, 이영철 옮김(책세상, 2006), 116쪽 참고.

7 ヴィクトール·E·フランクル,《夜と霧 —— ドイツ強制収容所の
体験記録》, 霜山徳爾 訳(みすず書房, 1956)=빅터 프랭클,《죽음의 수
용소에서》, 이시형 옮김(청아출판사, 2005).

8 V·E·フランクル,《フランクル回想録 —— 20世紀を生きて》, 山
田邦男 訳(春秋社, 1998)=빅토르 E. 프랑클,《책에 쓰지 않은 이야기 :
빅토르 프랑클 회상록》, 박현용 옮김(책세상, 2012), 162쪽.

참고 문헌

リュディガー・ザフランスキー,《ショーペンハウアー──哲学の荒
れ狂った時代の一つの伝記》, 山本尤 訳(法政大学出版局, 1990)=뤼
디거 자프란스키Rüdiger Safranski,《쇼펜하우어와 철학의 야성기Schopen-
hauer und Die wilden Jahre der Philosophie》(Büchergilde Gutenberg, 1990).

ショーペンハウアー,《意志と表象としての世界》〔世界の名著45〕, 西
尾幹二 訳(中央公論新社, 1980)=아르투어 쇼펜하우어,《의지와 표상
으로서의 세계》, 홍성광 옮김(을유문화사, 2015).

ラルフ・フリードマン,《評伝 ヘルマン・ヘッセ──危機の巡礼者
上・下》, 藤川芳朗 訳(草思社, 2004)=랠프 프리드먼Ralph Freedman,《헤
르만 헤세 평전 : 위기의 순례자Hermann Hesse : Pilgrim of Crisis》(Sphere,
1981).

エリック・ホッファー,《エリック・ホッファー自伝──構想された
真実》, 中本義彦 訳(作品社, 2002)=에릭 호퍼,《길 위의 철학자》, 방
대수 옮김(이다미디어, 2014).

모치다 아키코持田明子,《조르주 상드 1804~1876 : 자유, 사랑, 그리고 자연
ジョルジュ・サンド1804-76──自由、愛、そして自然》(藤原書店, 2004).

マーガレット・ミード,《女として人類学者として──マーガレット・

ミード自伝》, 和智綏子 訳(平凡社, 1975)=마거릿 미드Margaret Mead, 《블랙베리 겨울 : 나의 초년기Blackberry Winter: My Earlier Years》(William Morrow&Co, 1972).

고바야시 히데오小林秀雄, 《도스토옙스키의 생활ドストエフスキイの生活》〔고바야시 히데오 전집 제5권小林秀雄全集第五卷〕(新潮社, 1967).

マルグリット・デュラス, 《愛人 ラマン》, 清水徹 訳(河出書房新社, 1985)=마르그리트 뒤라스, 《연인》, 김인환 옮김(민음사, 2007).

カール・G・プファイファー, 《サマセット・モーム──あるがままの肖像》, 守屋陽一 訳(紀伊國屋書店, 1959)=칼 G. 파이퍼Karl G. Pfeiffer, 《서머싯 몸 : 있는 그대로의 초상Somerset Maugham : A Candid Portrait》(W. W. Norton, 1959).

サマセット・モーム, 《人間の絆 第1~3》, 中野好夫 訳(新潮文庫, 1959)=서머싯 몸, 《인간의 굴레에서 1·2》, 송무 옮김(민음사, 1998).

マイクル・クライトン, 《インナー・トラヴェルズ 上・下》, 田中昌太郎 訳(ハヤカワ文庫NF, 1993)=마이클 크라이튼, 《마이클 크라이튼의 여행》, 신현승 옮김(터치아트, 2007).

ルソー, 《告白録 上・中・下》, 井上究一郎 訳(新潮文庫, 1958)=장 자크 루소, 《고백1·2》, 박아르마 옮김(책세상, 2015).

エルジビェータ・エティンガー, 《アーレントとハイデガー》, 大島かおり 訳(みすず書房, 1996)=엘즈비에타 에팅거, 《한나 아렌트와 마틴 하이데거》, 황은덕 옮김(산지니, 2013).

ハンナ・アーレント,《ラーエル・ファルンハーゲン——ドイツ・ロマン派のあるユダヤ女性の伝記》, 大島かおり 訳(みすず書房, 1999)=한나 아렌트,《라헬 파른하겐 : 어느 유대인 여성의 삶》, 김희정 옮김(텍스트, 2013).

L・J・フリードマン,《エリクソンの人生——アイデンティティの探求者 上・下》, やまだようこ・西平直監 訳/鈴木眞理子・三宅真季子 訳(新曜社, 2003)=로런스 제이컵 프리드먼Lawrence Jacob Friedman,《정체성의 건축가 : 에릭 H. 에릭슨 전기Identity's Architect : A Biography of Erik H. Erikson》(Harvard University Press, 2000).

リチャード・ノル,《ユングという名の〈神〉——秘められた生と教義》, 老松克博 訳(新曜社, 1999)=리처드 놀Richard Noll,《아리아인 그리스도 : 카를 융의 비밀스러운 삶 The Aryan Christ : the secret life of Carl Jung》(Random House, 1997).

구로사키 히로시黒崎宏,《비트겐슈타인의 생애와 철학ウィトゲンシュタインの生涯と哲学》(頸草書房, 1980).

クリスティアンヌ・ショヴィレ,《ウィトゲンシュタイン—その生涯と思索》, 野崎次郎・中川雄一 訳(国文社, 1994)=크리스티안 쇼비레Christiane Chauviré,《루트비히 비트겐슈타인Ludwig Wittgenstein》(Seuil, 1989).

ウィトゲンシュタイン,《ウィトゲンシュタイン全集1》,〈草稿一九一四——一九一六〉, 奥雅博 訳(大修館書店, 1975)=루트비히 비

트겐슈타인, 《비트겐슈타인 철학일기》, 변영진 옮김(책세상, 2015).

기타가와 게이코北川圭子, 《가우디의 기적 : 평전 · 건축가의 사랑과 고뇌ガ

ウディの奇跡─評伝·建築家の愛と苦悩》(アートダイジェスト, 2003).

ロマン·ロラン, 《ベートーヴェンの生涯》, 片山敏彦 訳(岩波文庫,

1938)=로맹 롤랑, 《베토벤의 생애》, 이휘영 옮김(문예출판사, 2005).

エリ·ヴィーゼル, 《夜》, 村上光彦 訳(みすず書房, 1967)=엘리 위젤, 《나

이트》, 김하락 옮김(예담, 2007).

エリ·ヴィーゼル, 《そしてすべての川は海へ──20世紀ユダヤ人の

肖像 上·下》, 村上光彦 訳(朝日新聞社, 1995)=엘리 위젤Elie Wiesel,

《모든 강은 바다로 흐른다All Rivers Run to the Sea》(Schocken, 1994).

ヴィクトール·E·フランクル, 《夜と霧──ドイツ強制収容所の体験

記録》, 霜山徳爾 訳(みすず書房, 1956)=빅터 프랭클, 《죽음의 수용소

에서》, 이시형 옮김(청아출판사, 2005).

V·E·フランクル, 《フランクル回想録── 20世紀を生きて》, 山田邦

男 訳(春秋社, 1998)=빅토르 E. 프랑클, 《책에 쓰지 않은 이야기 : 빅

토르 프랑클 회상록》, 박현용 옮김(책세상, 2012).

エリザベス·キューブラー·ロス, 《死ぬ瞬間──死とその過程につ

いて》, 鈴木晶 訳(中公文庫, 2001)=엘리자베스 퀴블러 로스, 《죽음과

죽어감》, 이진 옮김(이레, 2008).

ジュディス·L·ハーマン, 《心的外傷と回復》, 中井久夫 訳(みすず書

房, 1995)=주디스 허먼, 《트라우마》, 최현정 옮김(열린책들, 2012).

エリザベス・キューブラー・ロス/デーヴィッド・ケスラー,《永遠の
別れ——悲しみを癒す智恵の書》, 上野圭一 訳(日本教文社, 2007)=
엘리자베스 퀴블러 로스·데이비드 케슬러,《상실수업》, 김소향 옮
김(인빅투스, 2014).

옮긴이 홍성민

성균관대학교를 졸업하고 교토국제외국어센터에서 일본어를 수료했다. 현재 일본어
전문 번역가로 활동하고 있다.《나를 사랑할 용기》《최고의 휴식》《심료내과》《아들
러에게 배우는 대화의 심리학》《처음 시작하는 심리학》《처음 시작하는 타인의 심리
학》《인생이 빛나는 정리의 마법》《2020 하류노인이 온다》《가족의 파산》《철학 읽는
힘》등 200여 종이 넘는 책을 우리말로 옮겼다.

힘겨운 삶에 지친 이들을 위한 철학 처방전

그럼에도 불구하고 살아갈 이유

펴낸날 초판 1쇄 2018년 2월 20일
        초판 3쇄 2019년 2월 28일

지은이 오카다 다카시
옮긴이 홍성민
펴낸이 김현태

펴낸곳 책세상
주소 서울시 마포구 잔다리로 62-1, 3층(04031)
전화 02-704-1251(영업부), 02-3273-1334(편집부)
팩스 02-719-1258
이메일 bkworld11@gmail.com

홈페이지 chaeksesang.com
페이스북 /chaeksesang
트위터 @chaeksesang
인스타그램 @chaeksesang
네이버포스트 bkworldpub

등록 1975. 5. 21. 제1-517호

ISBN 979-11-5931-212-0 03100

이 도서의 국립중앙도서관 출판시도서목록(CIP)은 서지정보유통지원시스템 홈페이지
(http://seoji.nl.go.kr)와 국가자료공동목록시스템(http://www.nl.go.kr/kolisnet)에서
이용하실 수 있습니다.(CIP제어번호 : CIP2018002268)